거룩한빛광성교회는 무엇이 다른가?

모든 인간은 하나님의 형상을 닮은 존엄한 존재입니다. 전 세계의 모든 사람들은 인종, 민족, 피부색, 문화, 언어에 관계없이 존귀합니다. 예영커뮤니케이션은 이러한 정신에 근거해 모든 인간이 존귀한 삶을 사는 데 필요한 지식과 문화를 예수 그리스도의 사랑으로 보급함으로써 우리가 속한 사회에 기여하고자 합니다.

거룩한빛광성교회는 무엇이 다른가?

초판 1쇄 찍은 날 · 2012년 4월 20일 | **펴낸 날** · 2012년 4월 25일
엮은이 · 목회사회학연구소 | **펴낸이** · 김승태
등록번호 · 제2-1349호(1992. 3. 31.) | **펴낸 곳** · 예영커뮤니케이션
주소 · (136-825) 서울 성북구 성북1동 179-56 | **홈페이지** www.jeyoung.com
출판사업부 · T. (02)766-8931 F. (02)766-8934 e-mail: edit1@jeyoung.com
출판유통사업부 · T. (02)766-7912 F. (02)766-8934 e-mail: sales@jeyoung.com

copyright©2012, 거룩한빛광성교회

ISBN 978-89-8350-792-1 (03230)

값 10,000원

■ 잘못 만들어진 책은 교환해 드립니다.
■ 본 저작물은 저작권법에 의하여 한국 내에서 보호를 받는 저작물이므로 무단 전제와 무단 복제를 금합니다.

[거룩한빛광성교회 창립 15주년 기념 목회사회학적 평가보고서]]

거룩한빛광성교회는 무엇이 다른가?

목회사회학연구소편

정성진 | 조성돈 | 정재영

예영커뮤니케이션

　거룩한빛광성교회를 이 땅에 세우시고 자라게 하신 하나님께 영광을 올려드립니다.

　우리 교회는 개척을 시작하면서 '섬기는 교회', '인재를 양성하는 교회'라는 목표를 이루기 위해 '한나래선교원'을 시작했습니다. 1대 박정오 원장의 수고로 기틀을 닦았고, 2대 송희숙 원장의 노고로 유아교육의 명문이 되었습니다. 그 후 드림초·중학교를 세워 바른 대안학교의 모델이 될 만큼 성장했습니다.

　또한 지역사회를 섬기는 프로그램을 끊임없이 시도했습니다. 상담실, 도서관, 수지침치료교실, 문화강좌, 아름다운 청소년 공동체, 십대들의 둥지 등을 운영한 경험을 바탕으로 지역사회 복지를 위해 해피월드 복지재단을 설립하고, 파주시 노인복지회관, 문산 종합사회복지관, 해피월드 노인요양원, 해피뱅크, 해피천사운동본부 등을 운영하고 있습니다. 교회에서 운영하는 복지시설인 만큼 모범이 되도록 투명성과 건강성을 늘 염두에 두고 바르게 운영하도록 심혈을 기울이고 있습니다.

교회 창립 15주년을 맞이하면서 목회사회학연구소(소장 조성돈 박사)에 용역을 의뢰하여 객관적인 평가를 받았습니다. 지적받은 부족한 점들을 보완하고 잘 한 점들은 더욱 분발하여 20주년이 될 때에는 한국교회 복지사역의 모델 교회가 되리라 다짐해 봅니다.

목회사회학연구소의 평가에 앞서 독자들에게 거룩한빛광성교회에 대한 기본적인 소개의 글이 앞부분에 실렸으면 좋겠다는 출판사의 요청에 의해 2011년에 「월간 목회」에 청탁을 받아 소개했던 "나의 목회 중간 평가" 연재물 중에서 저의 목회 비전과 거룩한빛광성교회의 간략한 역사, 성장배경 등을 소개하는 글을 실었습니다.

교회의 사회복지는 본질적인 영역입니다. 예수님의 사역을 자세히 보면 명확하게 알 수 있습니다. 예수님은 복음을 전하시고, 병든 자를 치유하시고, 가난한 자를 먹이셨습니다. 그리고 "너희는 세상의 소금이요, 세상의 빛"이라고 말씀하시며 "세상 속에 들어가 녹는 소금이 되라, 어두운 세상을 밝히는 빛이 되라."고 말씀하셨습니다.

아이러니하게도 한국교회는 1970-80년 부흥시대에 교회를 관리하느라고 교회 안에 갇히게 되면서 병들기 시작했습니다. 그 구체적 증거가 1990년대 후반부터 교인수가 감소하기 시작한 것입니다. 그것은 바로 세상으로 나아가지 않고 교회 안에 머물게 됨으로써 얻은 결과입니다.

이제부터라도 교회는 세상을 향해 나아가야 합니다. 그 제일 좋은 방법이 지역사회를 섬기는 일입니다. 섬기는 형태는 여러 가지 방법이 있습니다. 중요한 것은 진정성이 있어야 합니다. 전도를 위해 속보이게 봉사하면 오히려 사람들이 멀어질 수 있습니다. 멀리 보고, 크게 보고,

그리고 묵묵히 섬겨야 합니다. 그러면 어느 날 돌아옵니다.

"너는 네 떡을 물 위에 던져라 여러 날 후에 도로 찾으리라."(전 11:1)

"교회는 주다 망해도 성공이다."라는 정신으로 오늘까지 섬겨왔는데 망하기는커녕 엄청난 복을 내려주셨습니다.

"주는 것이 받는 것보다 복이 있다."(행 20:35)

오늘도 말씀은 살아 역사하는 것을 보여 주신 하나님께 감사드리며 연구를 맡아 수고하신 목회사회학연구소 조성돈 교수님과 장재영 교수님, 그리고 책을 만들어 주신 예영커뮤니케이션 김승태 장로님께 감사를 드립니다.

정성진(거룩한빛광성교회 담임목사)

| 차 례 |

서문 정성진(거룩한빛광성교회 담임목사) | **5**

● 제1장 날마다 개혁하는 교회를 추구하며
  정성진(거룩한빛광성교회 담임목사) | **11**

● 제2장 거룩한빛광성교회 교인의식 조사/정재영(목회사화학연구소 부소장, 실천신학대학원대학 종교사회학 교수) | **29**

● 제3장 거룩한빛광성교회 지역 조사/정재영(목회사회학연구소 부소장, 실천신학대학원대학 종교사회학 교수) | **81**

● 제4장 거룩한빛광성교회 면접조사를 통한 교회분석과 제안/ 조성돈 교수(목회사회학연구소 소장, 실천신학대학원대학교 교수) | **129**

부록
1. 교인의식 조사 설문지 | **191**
2. 지역사회조사 설문지 | **207**

거룩한빛광성교회는 무엇이 다른가?

창립 15주년 기념 목회사회학적 평가보고서

"섬기는 교회, 인재를 양성하는 교회, 상식이 통하는 교회"라는 3대 목표와 "지역사회 문화중심, 고양파주 성시본부, 한국교회 개혁모델, 북한선교 전초기지, 세계선교 중심센터"라는 5대 비전을 내세워 창립 15년만에 1만 3천 명의 교회로 성장한 거룩한빛광성교회가 목회사회학연구소(소장 조성돈)에 의뢰하여 목회사회학적 관점에서 다면적 평가를 받은 보고서

목회사회학연구소 편

날마다 개혁하는 교회를 추구하며

Chapter01

날마다 개혁하는 교회를 추구하며

정 성 진 [거룩한빛광성교회 담임목사]

「월간 목회」로부터 나의 목회 이야기를 써 줄 것을 부탁 받고 처음에는 거절하였다. 아직 다른 목사님들에게 목회에 대하여 말할 나이나 위치에 있지 않을뿐더러 내세울 만한 것이 없다고 생각했기 때문이다. 그런데 자세히 듣고 보니 목회중간보고를 하라는 것이었다. 어차피 한 번쯤 지나온 길을 돌아보면서 정리하는 일을 하리라 생각했기 때문에 좋은 기회라 생각하고 원고청탁을 받아들이게 되었다.

내가 걸어 온 길

필자는 어려서 공부에 취미가 없었다. 장위국민학교를 졸업하고 동대문중학교에 지원했으나 낙방하고 광운중학교에 입학했다. 청량공업고등학교 화공과를 나와 대학진학에 실패하고, 방송통신대학 행정학과에 입학한 후 군대에 입대했다. 군에서 제대한 후 환경관리기사 자격을 따고 동아제약에 생산직 사원으로 근무했었다. 1980년 전두환 정권이 들어서면서 신민당에 입당하려던 일이 좌절되면서 마음의 상처를 안고 서울장로회신학교 야간부에 입학하게 되었다. 그해 10월 3일 작고하신 현기봉 목사의 은사집회에 참석했다가 하나님의 살아계심을 확신하면서 성경말씀을 하나님의 말씀으로 받아들이고 예수를 구주로 고백하게 되었다. 이때부터 지금까지 30년 동안 한 번도 뒤돌아보지 않고 오직 하나님의 영광을 위해 한 길로 달려왔다.

서울장로회신학교에서 민중신학 서클을 만들고 활동하면서 민중과 함께 살겠다고 다짐하고 졸업과 동시에 금광이 폐광되어 어려워진 충북 음성군 금왕읍 용계리의 금왕교회를 찾아가 담임전도사가 되었다. 평생 전도사로 가난한 사람들과 함께 살겠다고 다짐하며 신학교를 졸업하자마자 시작한 목회였지만 주말부부 생활을 하며 경제적 뒷받침을 하던 아내의 간염 발병과 유산으로 인해 2년 만에 정든 교회를 뒤로한 채 서울로 돌아오게 되었다.

그 후 방송통신대를 졸업하고 장로회신학대학원에 재수해서 들어가게 되었다. 입학한지 한 달 만에 시국사건과 관련되어 데모를 주동했다가 징계를 받았다. 오랜 시간 투쟁 끝에 2학년 때 신대원 학우회장에 당선되고, 전국 신학대학원 학생대표자협의회를 조직하여 의장이 되었다. 여러 시위에 참가하고 학생운동을 하다가 졸업을 하게 되었다.

거룩한빛광성교회 개척

졸업 후에 봉천제일교회 전도사를 거쳐, 5년간의 천호동 광성교회 부목사를 거쳐 1997년 1월 일산에 거룩한 빛 광성교회(전 일산광성교회)를 개척하게 되었다. 그 당시 이미 일산에는 신도시 입주가 끝난 상태로 280여 개의 교회가 자리 잡고 있었다. 건축을 했으나 목회에 실패한 교회를 매입하여 개척을 시작하게 되었다.

큰 교회를 한 번도 꿈꾸어 본 적이 없었고, 건물은 있으니까 10년쯤 지나면 밥 먹을 수 있는 정도의 자립교회를 이룰 수 있지 않겠나 하는 소박한 생각을 했다. 그런데 그 해 국가 경제사정이 눈에 띄게 나빠지더니 11월에 이르러 IMF사태가 터졌다. 상상하지 못했던 일이 몰아닥친 것이다. 일산에 교회를 개척할 때 광성교회 김창인 목사님께서 10억 원을 주셔서 17억 원짜리 건물을 사면서 7억 원의 빚을 안고 시작했는데 IMF사태로 은행이자가 치솟기 시작했다.

그런데 상상치 못할 기적이 일어났다. 1년 만에 성인이 400명 이상 출석하는 기적이 일어난 것이다. 그리하여 어려움 없이 은행이자를 감당할 수 있었다. 지금도 이 일을 생각하면 전적인 하나님의 은혜임을 고백하지 않을 수가 없다.

스스로 먼저 시작한 교회개혁

신학교에 다닐 때부터 교회개혁에 대한 열망이 있었다. 수도사들의 영성을 연구하고, 종교개혁자들의 발자취를 따르리라 다짐했다. 개척을 하면서 이를 실천하기 시작했다. 첫 달 부터 열두 곳을 선교하기 시작해서 1년 만에 스물네 곳을 선교하게 되었다. 첫 해부터 장학금 천만 원을 지급했다. 3개월 만에 교회재정을 제직회에 넘겼고, 교회 재산을 노회유지재단에 귀속시켰다. 깨끗하고 바른 교회를 만들고, 날마다 개혁하는 교회를 만들기 위해 노력했다.

개척 2년 만에 성인 800명이 출석하면서 교회개혁법안을 준비하기 시작해서 1년의 연구와 6개월의 토론 끝에 종합개혁법안을 만들었다.

이를 구체적으로 살펴보면 목사와 장로의 정년을 65세로 하고, 원로목사나 원로장로제를 폐지하고, 목사는 6년 시무 후 신임투표를 받고, 장로는 6년만 시무하기로 했다. 당회에 청년회장, 여전도회장, 남선교회장, 안수집사회장, 권사회장, 각 위원회를 대표한 운영협의회장 등 여섯 명이 기관당회원으로 참석하도록 했다. 이렇게 개혁법안을 추진하게 된 배경은 개척한 목사의 독재가 지나치면 다음 대에서 장로들의 독재가 시작되는 것을 보면서 목사도, 장로도 권한을 내려놓고 모두가 섬기는 교회를 만들자는 취지였다.

그 다음에 노력을 기울인 것이 재정의 투명성이다. 목사가 재정에 손을 대지 않는 대신 엄격한 감사를 실시하도록 했으며, 목사의 재량권 남용을 막기 위해 정확한 예산편성을 원칙으로 했다. 특히 목사를 비롯한 교회직원들은 보너스가 없고, 찬양대지휘자, 반주자들의 사례를 하지 않기로 하고 이를 지금까지 지키고 있다. 이렇게 하는 이유는 교회의 직원들은 헌신해야지 교회를 통하여 부를 축적하는 것은 옳지 않다는 믿음 때문이다. 목회자가 부를 축적하는 것은 어떤 말로도 합리화할 수 없을 것이다.

이런 개혁추진과정에서 반대가 전혀 없었던 것은 아니다. 그러나 대화하고 설득하고 함께 기도하는 과정에서 지금까지 잘 지내고 있다.

작금 한국교회에서 일어나는 많은 문제는 목사가 교회를 위해 살지 않고 자기를 위해 목회하고, 교인들이 자신을 위해 신앙생활하기 때문이다. 목회자는 교회를 위하여 죽는 것이 마땅하고, 교인들도 교회를 위해 희생할 때 교회를 통한 하나님의 영광이 나타나게 될 것이다. 그런데 자신이 살기 위해 교회를 죽이고, 자신의 명예와 영광을 위해 교회를 죽이는 사태가 각 교회와 교단과 한국기독교총연합회 같은 교회

연합기관에서 일어나고 있다. 참으로 불행한 일이다. 사도 바울이 "나는 날마다 죽노라."(고전 15:31)고 말한 것처럼 목회자가 날마다 자기를 부인할 때 교회가 살게 되는 것이다.

나의 목회 철학

필자의 목회좌우명은 '아사교회생(我死敎會生)', '내가 죽어야 교회가 산다' 이다. 목양을 위해 하나님께 받은 말씀은 요한1서 3장 16절이다.

"그가 우리를 위하여 목숨을 버리셨으니 우리가 이로써 사랑을 알고 우리도 형제들을 위하여 목숨을 버리는 것이 마땅하니라."

본인이 하나님을 만난 후에 가장 후회되는 것이 학생시절 불성실했던 점이다. 그래서 가훈을 "성실로 음식을 삼자."(시 37:3)로 정하고 모든 일에 최선을 다하고자 힘쓰고 있다.

필자의 목회철학은 다섯 가지가 있다.

첫째, '성령으로 인도하심을 받는 교회' 이다. 하나님의 뜻을 말하면서 자신의 욕구를 실현시키는 많은 목회자들을 보면서 저러면 안 되겠다고 생각했다. 그래서 인본적이고, 작위적인 것을 배제하고 최선을 다한 후에 결정권을 성령님께 내어드리는 목회를 꿈꾼다. 목회는 기술, 기교, 프로그램이 아니다. 신령한 은혜를 받고 신령한 목회를 해야 한다.

둘째, '평신도들이 주인이 되는 교회' 이다. 교회의 주인은 하나님이시지만 실제 운영의 주도권은 평신도들이 가지고 목사와 장로는 뒤에서 섬기고 밀어주는 형태로 교회를 운영하는 것을 원칙으로 삼았다. 이를 위해 평신도 제자화에 힘쓰고 은사를 계발하여 전문가로 사역현장의 주체가 되도록 은사중심적 사역에 힘쓰고 있다.

셋째, '개인구원과 사회구원의 조화를 꾀하는 교회'이다. 초창기 한국교회는 개인구원을 위한 전도에 힘쓸 뿐 아니라 병원, 학교, 고아원 등을 설립하고 남녀 차별, 신분 차별 철폐, 국채보상운동, 독립운동 등등 사회구원에 적극적으로 참여했다. 그랬던 한국교회가 1970년 교회의 급성장과 함께 교인관리에 급급한 나머지 세상의 빛과 소금이 되어야 할 막중한 사명을 잃어버리고 교회 안에 안주하고 말았다. 이에 대한 반성으로 언제나 개인구원과 사회구원을 동등한 가치로 놓고 교회의 모든 프로그램 속에 이를 실천하기 위해 힘썼다. 그 결과 광성평생배움터를 설립해서 200여 종류의 문화강좌를 실시하고 있다. (재)해피월드복지재단을 설립하고, 파주노인복지회관, 광성요양원, 주간보호센터, 문산종합사회복지관, 해피뱅크 등을 운영하고 있다. 또한 대내외 구제를 위한 해피천사운동본부와 천사가게를 운영하고 있다. 기독교 세계관 교육을 실천하기 위해 한나래선교원, 드림초등학교, 드림중학교를 설립했다.

이런 사회구원을 위한 노력과 함께 교인들에게 성경말씀을 철저히 교육하고 기도훈련을 통해 영적 군사로 양육하여 복음을 전하는 개인구원사역에도 최선을 다하여 두 날개를 활짝 펴고 비상하는 교회를 이루기 위해 노력하고 있다.

넷째, '수도사적인 영성을 강조하는 교회'이다. 목회자들이 수도사적인 삶의 모범을 보이고 이를 본받아 성도들이 재가(在家) 수도사로서의 삶을 살아가는 공동체를 구현하고자 한다. 교회 내에서만 거룩한 사람들이 아니라 세상에 나아가서도 수도의 향기가 배어나도록 신앙과

생활이 일치하는 영성을 추구하는 것이다.

다섯째, '민주시민을 양성하는 교회'이다. 교회를 운영함에 있어서 신의 뜻을 빙자한 독재와 부패를 막고, 합리적이고 민주적인 절차와 방법으로 회의하는 성숙한 공동체가 되도록 교인들을 교육하고 있다. 토론과 회의하는 훈련을 받은 젊은이들이 세상에 나가 세상을 변혁시키는 주인공이 되도록 성숙한 민주시민을 양성하는 교회가 되도록 힘쓰고 있다.

거룩한빛광성교회의 3대 목표와 5대 비전

거룩한빛광성교회는 앞에서 설명한 다섯 가지 목회철학에 기초하여 전교인이 함께 추구하는 3대 목표와 5대 비전을 세웠다.

3대 목표는 '섬기는 교회, 인재를 양성하는 교회, 상식이 통하는 교회'이다.

'섬기는 교회란' 하나님을 섬기고, 지역사회를 섬기며, 형제와 이웃을 섬기는 교회를 말한다.

'인재를 양성하는 교회'란 평신도 지도자와 미래의 지도자인 자녀들의 교육에 힘쓰는 것으로 나눌 수 있다.

'상식이 통하는 교회'란 하나님 한 분만 영광을 받으시고, 예수님이 주인 되시며, 평신도들이 주체적으로 참여하여 합리적으로 운영하는 공동체를 만드는 것을 말한다. 또한 인간에게는 기적이 되는 일이 하나님께는 상식임을 알고 하나님의 상식을 내 상식으로 받아들여 날마다 기적을 맛보는 교회가 됨을 의미한다.

5대 비전은 개척 처음부터 세운 것이 아니라 교회가 부흥하고 새 성전을 짓게 되면서 세운 것이다.

1) 지역사회 문화중심
2) 고양파주 성시본부
3) 한국교회 개혁모델
4) 북한선교 전초기지
5) 세계선교 중심센터

'지역사회 문화중심'이란 교회가 지역사회의 문화를 거룩하게 변화시키는 중심에 서야 한다는 소신 때문에 세운 비전이다. 교회는 지역의 영적 기상도를 좌우하는 보루가 되어야 하고, 목회자는 지역사회의 영적 사령관이 되어야 한다. 지역사회의 문화를 변화시키기 위해 공연과 음악회를 계속하고 있으며, 성인오케스트라와 유스오케스트라를 운영하고 있다. 또한 갤러리를 만들고 미술전시회를 하면서 미술선교회를 운영하고 있다.

우리 교회는 고양시와 파주시 경계선에 위치하고 있다. 이것은 하나님께서 두 도시를 성시화하라고 우리에게 주신 선교과제라고 믿고 두 도시를 거룩한 도성으로 만드는 일에 앞장서고 있다.

'한국교회 개혁모델'을 자임하면서 바른 교회상 정립에 힘쓰고 있다. 현재 14개의 교회를 개척했으며 한국교회의 모델이 될 만한 개척 방법을 연구하고 있다. 작은 교회를 살리기 위해 여러 가지 지원사업에 힘쓰고 있다.

고양시와 파주시는 지정학적으로 북한과 대치하고 있는 접경지역이다. 우리는 북한을 품고 기도하면서 전교인이 북한선교헌금에 동참하는 것을 목표로 하고 있다. 북한에 양로원을 건축하고, 농장을 운영하고, 여러 개의 공장을 운영하는 등 통일선교팀이 활발하게 활동하고 있다.

'세계선교 중심센터'를 이루기 위해 해마다 2명 이상씩 선교사를 파송하고 있으며, 중국선교, 필리핀 선교, 일본 선교, 베트남 선교, 태국 선교에 힘쓰고 있다.

거룩한빛광성교회의 사명선언문

거룩한 빛 광성교회의 사명선언문은 다음과 같다.

> "하나님의 사랑과 예수님의 은혜로 구원을 받은 우리는 이제부터 자신을 위해서 살지 않고 형제와 이웃을 섬기며 하나님의 영광을 위해서 산다. 이를 위하여 세상에 거룩한 영향력을 미치는 바른 교회를 이루어 세상에 빛과 소금의 사명을 다하고자 한다."

오랜 시행착오를 거치면서 성숙해진 양육시스템

지난 15년 동안 하나님께서 우리 교회를 축복해 주신 것은 말로 표현할 수 없다. 15년간 한 주일도 빠짐없이 새 가족이 등록한 것은 한국 선교역사에 그 유래를 찾아보기 힘든 일이 아닐까 한다. 8년 만에 새 성전을 짓고 입당해서 폭발적인 성장과 더불어 고양과 파주를 대표하는 교회가 되었다.

3대 목표(섬기는 교회, 인재를 양성하는 교회, 상식이 통하는 교회)

와 5대 비전(지역사회 문화중심, 고양파주 성시본부, 한국교회 개혁모델, 북한선교 전초기지, 세계선교 중심센터)과 핵심가치(성경중심의 교회, 선교중심의 교회, 지역사회 중심의 교회), 5대 목회 철학(성령의 인도하심을 받는 교회, 평신도들이 주인이 되는 교회, 개인구원과 사회구원의 조화를 꾀하는 교회, 수도사적인 영성을 강조하는 교회, 민주시민을 양성하는 교회)에 맞는 양육시스템을 갖추기 위해 부단히 노력을 기울였다. 그 결과 오늘의 양육시스템을 갖추게 되었다.

먼저 성인교육으로는 새가족은 새가족 안내 4주 교육을 필수로 한다. 새가족 안내 4주 교육을 마치면 새가족양육반 4주를 실시한다. 교육을 마친 사람은 알파코스 10주나 일대일 제자양육 16주를 선택하여 교육 받게 하고, 생활신앙(1년 과정)을 교육받게 함으로 기본 교육을 마치게 된다.

그 다음 봄, 가을에 성경대학과 여름, 겨울에 특강을 통해 제자훈련을 실시하고, 여성리더십학교, 섬김사관학교, 죠이선교회제자학교, 행복한 제자학교(예수전도단 DTS를 우리 교회에 맞게 새롭게 구성함), 예닮동산, 아버지학교, 어머니학교, 신혼부부학교를 연중 실시함으로 누구나 자신이 원하는 교육을 받게 하였다.

목자 훈련과정으로 선한목자학교는 목장 목자로서 소명과 비전을 심어주고, 목자의 역할과 자질을 함양하며, 목장을 건강하게 인도할 수 있도록 실제적인 이론과 실습을 통해 목자를 파송하는 훈련을 11주 동안 진행한다.

개척 15년 만에 7,000명의 성인이 출석하고, 주일학교 3,000명이 출석하는 1만명의 성도가 출석하게 되기까지 모든 것이 전적으로 하나님의 은혜임을 고백한다.

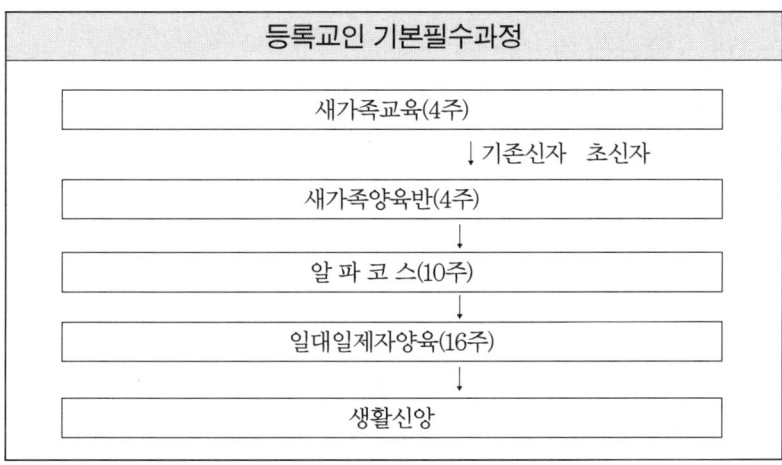

등록교인 기본필수과정
새가족교육(4주)
↓ 기존신자 초신자
새가족양육반(4주)
↓
알 파 코 스(10주)
↓
일대일제자양육(16주)
↓
생활신앙

⇩

광성성경대학과정	
봄학기	·기독교교리 ·신약의 파노라마 ·성경통독학교 ·공관복음 ·요한복음 ·사도행전 ·바울서신 ·일반서신 ·관상기도 ·전도학교 ·일대일동반자반 ·일대일양육자반 ·제자양육 ·묵상훈련(1학기) ·하나님을 경험하는 삶
가을학기	·기독교교리 ·구약의 파노라마 ·성경통독학교 ·모세오경 ·역사서 ·시가서 ·대선지서 ·소선지서 ·관상기도 ·전도학교 ·일대일동반자반 ·일대일양육자반 ·제자양육 ·예수마음 중보기도학교(2학기) ·하나님을 경험하는 삶
방학특강	·주제에 따른 특강

⇩

평신도 지도자 훈련 과정	
목자훈련과정	·목자양성학교(예비목자양성과정) ·수요목자훈련학교 (지구장,목자,부목자훈련과정) ·영적지도력 (제직 필수과정) ·목양장로훈련학교
직분자훈련과정	·섬김사관학교(피택후) ·팀장리더십학교(팀장임명 후,1월) ·여성리더십학교 ·행복한 제자학교
외부위탁훈련과정	·예닮동산 ·아버지학교 ·어머니학교 ·죠이선교회 제자훈련

교회가 직면했던 위기

지난 15년 간 베풀어 주신 하나님의 은혜 속에서도 위기가 여러 차례 있었다. 교회를 개척해서 지금까지 가장 어렵고 힘들었던 시기는 교회가 부흥하여 새롭게 예배당을 신축할 때였다. 지하 150평에서 더 이상 예배를 드릴 수 없을 정도로 교회는 폭발적으로 성장하여 교회를 신축하게 되었다. 건축과정이 마무리되어 입당해야 하는데 입당 두 달 전에 건축회사가 자금난으로 하청업체에 공사대금을 주지 못해 공사가 중단되었다. 이로 인하여 교회는 입당도 하지 못하고, 공사도 마무리되지 못한 상황에 처하게 되었다.

이때 모든 성도들이 함께 기도하였다. 그리고 곧바로 직영으로 전환하였다. 직접 공사를 진두지휘해서 공사는 마무리되었고, 계획된 날짜에 입당할 수 있게 되었다. 이것이 목회 15년 동안의 가장 힘들었던 기억이며, 가장 은혜로운 순간이었다.

또 사람과의 관계 속에서 힘든 일이 있었다. 교회 내규를 제정할 때 반대하는 장로 한 분 때문에 마음고생이 심했다. 나는 반대도 자유라고 생각하고 그분의 생각을 존중했다. 결국 내규를 만들고 찬반투표를 했는데, 반대가 3.5%밖에 나오지 않자 그 장로가 우리 교회의 첫 번째 개척교회로 따라가면서 갈등이 마무리되었다.

거룩한빛광성교회의 성장 비결

개척 15년 동안 1만명의 성도가 출석할 수 있었던 비결은 다음과 같다.

첫째, 전적인 하나님의 은혜이다. 고린도전서 15장 10절의 말씀처럼 모든 것이 하나님의 은혜이다. 우리 교회는 교회와 지역을 위해 시간과 물질을 아끼지 않았다. 한나래선교원, 드림초등학교와 중학교, 초등학생과 청소년을 위한 예수배움터, 장년을 위한 광성문화원과 평생배움터, 노인을 위한 노아스쿨을 통해 인재를 양성하고, 해피월드복지재단과 천사운동, 해피뱅크와 파주노인복지회관, 문산사회종합복지관을 통해 지역사회를 섬기고, 작은 교회세우기 운동을 할 수 있었던 것도 전적인 하나님의 아이디어요, 하나님의 은혜이다.

둘째, 개혁적인 운영이다. 철저하게 예산을 세우고 투명하게 재정을 운영하고, 평신도에게 권한을 위임한 것이다. 진정한 교회 개혁은 모두가 동참할 때 가능하다. 목사 혼자, 당회 중심의 운영으로는 급격하게 변하는 세상을 선도할 수 없고 따라갈 수도 없다. 우리의 몸도 매일 씻지 않으면 때가 끼는 것처럼 교회도 날마다 개혁하지 않으면 뒤쳐지고, 부패하고, 예수의 정신에서 벗어나고, 하나님의 교회가 아니라 사람의 교회가 될 위험이 크다. 그래서 스스로를 돌아보아 비본질적인 부분은 과감하게 바꾸고, 새로운 것을 도입하는 것을 주저하지 않았다. 교회의 모든 언로를 터서 막힘이 없게 하고, 은사중심적으로 사역하여 교인들이 보람을 느낄 수 있도록 권한을 위임하고 일을 맡겼다. 다만 본질적인 부분은 놓치지 않기 위해 노력했다. 종교개혁 시대에 외쳤던 '오직 믿음,' '오직 은혜,' '오직 성경'의 구호가 오늘날 교회가 외쳐야 할 구호라고 생각한다. 그리하여 세속화를 거부하고, 겸손하게 사회를 섬기며, 성경대로 믿는 교회, 한국 교회의 개혁모델이 되는 교회로 만들어 나가고자 애 쓴 것이 많은 사람들에게 공감을 주게 되었다고 생각한다. 우리 교회는 매주마다 주보와 홈페이지에 헌금 수입내역을 기재하고 있다. 또한 모든 헌금 내역을 분기별로 결산보고서를 통해 성도들에게 간지와 홈페이지를 통하여 보고하고, 의문사항이나 문의사항은 제직회를 통하여 자유롭게 질문하고 답변한다. 그리고 자산 부채현황까지도 보고함으로써 온 교인들이 구경꾼이 아니라 주인 된 마음으로 교회를 살피고 섬기고 있다.

셋째, 은사중심적 사역으로 교인들이 교회 운영에 적극적으로 참여하도록 한다. 교회와 하나님의 사역을 위해 하나님께서 모든 성도들에게 은사를 주신다는 것을 믿고 교회 안에서 받은 은사를 적극적으로 활용하도록 했다. 그래서 각종 사역과 봉사의 장을 만들고 자율적으로 운영하도록 했다. '망할 자유를 준다.'는 것이 조직관리의 원칙이다. 성도들이 자율적이고, 적극적이고, 능동적으로 교회운영에 참여하도록 했다. 그 결과 353개의 사역 및 제직부서가 있다. 모든 성도들은 은사에 따라 기획, 관리, 예배, 제1찬양, 제2찬양, 사회선교, 문화선교, 전도사역, 봉사사역, 미디어사역, 제1교육(교회학교), 제2교육(어른교육), 선교사역, 스포츠사역, 중보기도사역 등 각각 자기의 은사대로 사역에 참여하고 있다.

해마다 교회개척의 열매 맺어

가장 보람 있었던 일은 개척해서 지금까지 15년 동안 14개 교회를 개척한 일이다. 2000년 파주광성교회를 시작으로 안산광성교회, 제자광성교회, 큰빛광성교회, 물댄동산수림교회, 두란노광성교회, 생명의빛광성교회, 사랑의빛광성교회, 은혜광성교회, 우리광성교회, 행복한

광성교회, 예수광성교회, 덕양중앙교회, 일영교회를 차례로 개척하였다.

14개의 개척교회 중 첫째로 개척한 파주광성교회(현 주사랑교회)가 성인 2,000명이 출석하는 대형교회가 되어 지역과 한국교회를 섬기는 모습을 볼 때 보람을 느낀다. 앞으로 우리 교회에서 개척한 교회들이 하나님의 은혜로 더 부흥하기를 원하고 무엇보다 개혁정신을 실천하는 건강한 교회가 되기를 원한다.

거룩한빛광성교회 교인 의식 조사

Chapter02

거룩한빛광성교회
교인 의식 조사

정 재 영
[목회사회학연구소 부소장, 실천신학대학원대학 종교사회학 교수]

1. 들어가는 말

 교회에서 회중은 교회 구성 요소 중 가장 핵심을 이루는 요소라고 할 수 있다. 그것은 교회라는 말 자체가 예배처소나 건물을 가리키는 것이 아니라 믿는 이들의 모임을 뜻하기 때문이기도 하다. 그리고 목회의 차원에서도 회중은 매우 중요한 의미를 갖는다. 교회의 인적 요소인 회중을 제대로 알지 못하고서는 회중에게 적절한 목회가 되지 않고 목회자 입장에서 일방적이고 획일적인 목회가 될 수 있기 때문이다. 뿐만 아니라 교회가 공동체성을 회복하기 위해서는 교회 회중들 사이에 깊이 있는 교류와 다양한 활동에의 참여가 필수라고 할 수 있다.
 이번 조사는 거룩한빛광성교회가 창립 15주년을 맞이하여 교인들의 의식을 파악하고 교회가 제2의 도약을 하기 위한 기초 자료로 삼기 위한 목적으로 실시되었다. 거룩한빛광성교회는 창립 이래 신도들의 영적 성숙뿐만 아니라 지역 사회를 위한 다양한 사역을 통해 일산 지역만 아니라 한국교계 전체에서 대표할 만한 교회로 성장하였다. 그러나 현재의 수준에 만족하지 않고, 교회가 안팎으로 직면한 다양한 상황들을 적절하게 파악함으로써 보다 신실한 신앙 공동체를 이루고자 하는 것이다.

이러한 문제의식에 따라, 본 조사는 거룩한빛광성교회의 신도들의 신앙생활 실태와 교회에 대한 의식을 파악하고 교회 사역에 대한 교인들 스스로의 평가를 받음으로써 교회가 앞으로 더 온전한 신앙공동체를 이루고 하나님 나라를 확장하는 사역을 하기 위한 기초 자료로 삼고자 하는 목적으로 실시되었다. 교회에서 교인들의 의식을 파악하기 위하여 500명에 가까운 표본을 대상으로 의식 조사를 실시한 예는 거의 없다는 점에서 이번 조사는 한국 교계에도 상징성이 있는 조사라 하겠다. 따라서 이번 조사는 기본적으로 거룩한빛광성교회에 속한 교인들의 의식을 파악하고자 실시된 것이지만, 다른 교회들에서도 참고 자료로 활용될 수 있을 것이다. 다음에서는 조사 결과를 자세하게 소개하고 그 의미를 분석하도록 하겠다.

2. 자료의 성격

(1) 조사 방법

이번 조사는 앞에서 말한 바와 같이, 거룩한빛광성교회 성도들의 의식을 파악하기 위해 조사되었다. 표본 추출은 교회 일람을 이용하여 성별과 직분을 고려하여 비례층화추출 방법을 사용하였고, 설문 조사는 2011년 9월에서 10월까지 교역자들의 도움을 받아 두 달에 걸쳐 실시되었으며 총 500부를 배포하여 479부를 회수하였다. 그리고 이 설문지를 여론조사 전문기관인 〈G. H. 코리아〉에 자료 입력 및 통계 처리를 의뢰하여 조사 결과를 도출하였다.

(2) 설문 문항 구성

설문 문항은 〈목회사회학연구소〉 연구위원들이 거룩한빛광성교회의 당회원들과 일반교인들을 대상으로 한 면접 조사에서 파악한 교인들의 의식과 교회 상황을 고려하여 구성하였다. 설문 문항의 내용은 먼저, 교인들의 교회 출석 동기와 교회 생활에 대한 만족도, 자신의 신앙생활에 대한 평가, 교회에 대한 평가, 그리고 통계 처리를 위한 인구학 변수들에 관한 문항들로 구성되었다. 자세한 설문 문항은 이 글의 끝에 덧붙인 설문 문항을 참고하기 바란다.

〈표1〉 설문 문항 구성

구 분	내 용
교회 생활	• 교회 출석 동기 • 3대 목표, 5대 비전 • 교회 프로그램 참여
신앙생활	• 자신의 기도, 말씀, 예배, 봉사, 교제, 헌금, 전도 생활 등에 대한 평가
교회 평가	• 예배, 설교, 교제 등에 대한 평가 • 담임목회자 재신임과 장로 임기제에 대한 평가 • 교회의 문제점과 미래에 대한 기대
인구학 변수	• 성별, 연령, 학력, 직분 • 신앙 연수, 교회 출석 연수

3. 조사 결과

(1) 응답자 특성

응답자 총 479명 중에서 남성은 190명(39.7%), 여성은 279명(58.2%)으로 여성들의 비율이 다소 높게 표집되었다. 연령은 20대 11.1%(53명), 30대 19.4%(93명), 40대 40.9%(196명), 50대 이상 26.1%(125명)로 40대가 다소 높게 표집된 것은 교회 연령 구성이 반영된 것으로 보인다. 이 중에 학력은 중졸 이하가 5.2%(25명), 고졸이 25.1%(125명), 대졸 이상이 68.7%(329명)로 나타났다. 직분은 장로가 4.2%(20명), 안수집사가 8.8%(42명), 서리집사가 54.3%(260명), 무직분자가 25.7%(123명)였다. 신앙연수는 10년 미만이 20.7%(99명), 10~19년이 15.0%(72명), 20~29년이 24.6%(118명), 30~39년이 20.3%(97명), 40년 이상이 16.1%(77명)로 10년 미만이 5분의 1을 차지하였으나 30년 이상인 사람도 36.4%로 다소 높은 비중을 차지하였다. 이 중에 거룩한빛광성교회 출석 연수는 2년 이하가 28.8%(138명)으로 거의 3분의 1을 차지하였고, 3~5년이 35.1%(168명), 6~9년이 23.2%(111명), 10년 이상이 9.2%(44명)으로 나타나 교회 다닌 지 5년 이상 되지 않은 사람이 거의 3분의 2를 차지하고 있는 것으로 나타났다.

<표2> 응답자 특성

		결과	
		사례수	%
전 체		479	100.0
성 별	남자	190	39.7
	여자	279	58.2
	모름/무응답	10	2.1
연 령	20대	53	11.1
	30대	93	19.4
	40대	196	40.9
	50대 이상	125	26.1
	모름/ 무응답	12	2.5
학 력	중졸 이하	25	5.2
	고졸	125	26.1
	대졸 이상	329	68.7
직 분	장로	20	4.2
	안수집사	42	8.8
	권사	34	7.1
	서리집사	260	54.3
	직분 없음	123	25.7
신앙 연수	9년 이하	99	20.7
	10~19년	72	15.0
	20~29년	118	24.6
	30~39년	97	20.3
	40년 이상	77	16.1
	모름/ 무응답	16	3.3
교회출석연수	2년 이하	138	28.8
	3~5년	168	35.1
	6~9년	111	23.2
	10년 이상	44	9.2
	모름/ 무응답	18	3.8

(2) 교회 생활

교회 생활과 관련하여 먼저 교회 출석 동기에 대해서는, 가장 많은 47.8%가 "목사님의 좋은 설교"라고 응답하였으며, 다음으로 36.3%는 "교회의 좋은 이미지"로 두 항목이 80% 이상의 다수를 차지하였다. 그 밖에 "민주적인 교회 운영"(4.2%), "교회의 위치"(4.2%), "교회 프로그램"(1.3%), "친구/지인의 권유"(1.0%)라는 응답이 있었다.

이에 대해서 연령별로 차이가 있었는데, 20대는 "교회의 좋은 이미지"라는 응답이 47.2%로 거의 절반에 가까웠으며 "목사님의 좋은 설교"는 30.2%로 다소 낮게 나타났다. 그 밖에 "교회의 위치"라는 응답이 7.5%로 다른 연령대에 비해 다소 높게 나타났다. 또한 30대에서는 "목사님의 좋은 설교"라는 응답이 58.1%로 매우 높게 나타났으며, 50대 이상에서는 20대와 마찬가지로 "교회의 좋은 이미지"라는 응답이 상대적으로 더 많았다. 그리고 교회 출석 연수별로 보면, 출석 연수가 5년 이하인 사람들이 그 이상의 사람들에 비해 "목사님의 좋은 설교" 때문에 교회에 나온 사람들이 "교회의 좋은 이미지" 때문에 나온 사람들보다 더 많았다.

또한 2순위까지 복수 응답한 것을 합산하면, 가장 많은 전체의 73.9%가 "목사님의 좋은 설교"라고 응답하였고, 39.2%가 "교회의 좋은 이미지"라고 응답하였으며 "민주적인 교회 운영"이라는 응답도 29.6%로 상대적으로 높게 나와 이 세 가지가 거룩한빛광성교회에 출석하게 된 주요 동기라는 것을 알 수 있다.

<표3> 교회 출석 동기

		사례수	목사님의 좋은 설교	교회의 좋은 이미지	민주적인 교회 운영	교회의 위치	교회 프로그램	친구/지인의 권유	모름/무응답
			%	%	%	%	%	%	%
전체		(479)	47.8	36.3	4.2	4.2	1.3	1.0	1.0
성별	남자	(190)	46.8	33.7	7.4	3.7	1.1	1.6	2.1
	여자	(279)	48.4	37.6	2.2	4.7	1.4	0.7	0.4
	모름/무응답	(10)	50.0	50.0	0.0	0.0	0.0	0.0	0.0
연령	20대	(53)	30.2	47.2	3.8	7.5	3.8	0.0	1.9
	30대	(93)	58.1	28.0	4.3	6.5	0.0	1.1	0.0
	40대	(196)	51.5	32.1	4.1	2.6	1.0	1.5	1.5
	50대 이상	(125)	41.6	43.2	4.8	4.0	1.6	0.8	0.8
	모름/무응답	(12)	50.0	50.0	0.0	0.0	0.0	0.0	0.0
학력	중졸 이하	(25)	48.0	32.0	4.0	4.0	8.0	0.0	0.0
	고졸	(125)	37.6	45.6	4.0	6.4	0.8	0.8	0.8
	대졸 이상	(329)	51.7	33.1	4.3	3.3	0.9	1.2	1.2
교회 출석 연수	2년 이하	(138)	51.4	31.9	2.9	7.2	1.4	0.7	0.0
	3~5년	(168)	51.2	33.3	4.8	3.0	1.2	0.6	1.2
	6~9년	(111)	42.3	41.4	6.3	2.7	0.9	1.8	1.8
	10년 이상	(44)	40.9	38.6	2.3	4.5	2.3	2.3	2.3
	모름/무응답	(18)	38.9	61.1	0.0	0.0	0.0	0.0	0.0

 교회의 3대 목표와 5대 비전에 대한 인지도는 30.3%가 "매우 잘 인식하고 있다"고 응답하였고, 50.3%가 "대체로 인식하고 있다"고 응답하여 전체 응답자의 80% 이상이 긍정의 응답을 하였다. 연령별로는 20대와 30대에서 "매우 잘 인식하고 있다"는 응답은 10%를 밑돌아 낮은 인지도를 나타냈으며 "잘 모르고 있다"는 응답이 20% 안팎으로 다

소 높게 나타났다. 5점 척도의 평균 점수를 비교해도 30대는 3.56으로 전체 평균인 4.01을 훨씬 밑돌았으며 20대는 3.19로 모든 항목들 중에서 가장 낮았다.[1]

학력별로는 중졸 이하에서 "매우 잘 인식하고 있다"는 응답이 60.0%로 가장 높게 나타났으나 고졸에서 38.4%, 대졸 이상에서는 24.9%로 나타나 학력과 인지도는 반비례하는 것으로 나타났는데 이는 평균 점수도 마찬가지이다. 직분별과는 강한 정비례 관계를 나타냈는데, 장로의 80.0%가 "매우 잘 인식하고 있다"고 응답하였으나 안수집사와 권사에서는 이 응답이 60% 이하로 떨어졌고, 서리집사에서는 30%에도 미치지 못하였으며, 무직분자들에서는 10%에도 못 미쳐 매우 낮게 나타났다. 그리고 교회 출석 연수와는 정비례 관계를 나타내 10년 이상 된 교인들은 97.7%의 동의율을 보였으며 평균 점수도 4.64로 모든 항목 중에 가장 높게 나타났다.

---

[1] 3.19는 100점 만점으로 환산하면 63.8점, 3.56은 71.2점이다.

<표4> 3대 목표 5대 비전 인지도

		사례수	⑤매우 잘 인식하고 있다	④대체로 인식하고 있다	③그저 그렇다	②잘 모르고 있다	①전혀 모른다	TOP 2 (④+⑤)	MID (③)	BOT 2 (①+②)	모름/무응답	평균
			%	%	%	%	%	%	%	%	%	5점 척도
전체		(479)	30.3	50.3	9.0	9.0	0.6	80.6	9.0	9.6	0.8	4.01
성별	남자	(190)	28.9	51.1	8.9	8.9	1.1	80.0	8.9	10.0	1.1	3.99
	여자	(279)	30.5	49.8	9.3	9.3	0.4	80.3	9.3	9.7	0.7	4.01
	무응답	(10)	50.0	50.0	0.0	0.0	0.0	100.0	0.0	0.0	0.0	4.50
연령	20대	(53)	5.7	45.3	17.0	26.4	5.7	50.9	17.0	32.1	0.0	3.19
	30대	(93)	8.6	57.0	16.1	18.3	0.0	65.6	16.1	18.3	0.0	3.56
	40대	(196)	33.2	54.6	7.7	4.1	0.0	87.8	7.7	4.1	0.5	4.17
	50대이상	(125)	51.2	40.0	3.2	3.2	0.0	91.2	3.2	3.2	2.4	4.43
	무응답	(12)	41.7	58.3	0.0	0.0	0.0	100.0	0.0	0.0	0.0	4.42
학력	중졸이하	(25)	60.0	36.0	0.0	0.0	4.0	96.0	0.0	4.0	0.0	4.48
	고졸	(125)	38.4	44.8	8.0	7.2	0.8	83.2	8.0	8.0	0.8	4.14
	대졸이상	(329)	24.9	53.5	10.0	10.3	0.3	78.4	10.0	10.6	0.9	3.93
직분	장로	(20)	80.0	15.0	5.0	0.0	0.0	95.0	5.0	0.0	0.0	4.75
	안수집사	(42)	57.1	35.7	2.4	2.4	0.0	92.9	2.4	2.4	2.4	4.51
	권사	(34)	58.8	38.2	0.0	0.0	0.0	97.1	0.0	0.0	2.9	4.61
	서리집사	(260)	28.8	59.6	7.7	3.5	0.0	88.5	7.7	3.5	0.4	4.14
	직분없음	(123)	8.1	44.7	17.1	26.8	2.4	52.8	17.1	29.3	0.8	3.30
광성교회 출석 연수	2년 이하	(138)	9.4	51.4	14.5	22.5	2.2	60.9	14.5	24.6	0.0	3.43
	3~5년	(168)	28.6	58.9	7.7	4.2	0.0	87.5	7.7	4.2	0.6	4.13
	6~9년	(111)	45.0	45.0	7.2	0.0	0.0	90.1	7.2	0.0	2.7	4.39
	10년이상	(44)	65.9	31.8	2.3	0.0	0.0	97.7	2.3	0.0	0.0	4.64
	무응답	(18)	27.8	38.9	5.6	27.8	0.0	66.7	5.6	27.8	0.0	3.67

다음으로, 3대 목표와 5대 비전에 동의하는지 물어보았는데, 전체 응답자의 55.3%가 "매우 그렇다", 36.3%가 "대체로 그렇다"고 응답하여 91.6%가 동의하는 것으로 나타났고 평균도 4.5로 비교적 높았다. 이에 대해서도 연령별로 차이가 있었는데 20대는 긍정률이 80%에 미

치지 못하였고, 평균도 4.12로 비교적 낮게 나타났다. 또한 학력에 반비례하고 직분과 출석 연수에 비례하는 경향도 마찬가지로 나타났다.

〈표5〉 3대 목표 5대 비전 동의도

		사례수	⑤매우 그렇다	④대체로 그렇다	③그저그렇다	②별로 그렇지 않다	TOP 2 (④+⑤)	MID (③)	BOT 2 (①+②)	모름/무응답	평균
			%	%	%	%	%	%	%	%	5점 척도
전체		(479)	55.3	36.3	5.0	0.8	91.6	5.0	0.8	2.5	4.50
성별	남자	(190)	51.6	39.5	6.3	1.1	91.1	6.3	1.1	1.6	4.44
	여자	(279)	57.3	34.8	3.9	0.7	92.1	3.9	0.7	3.2	4.54
	무응답	(10)	70.0	20.0	10.0	0.0	90.0	10.0	0.0	0.0	4.60
연령	20대	(53)	26.4	52.8	11.3	1.9	79.2	11.3	1.9	7.5	4.12
	30대	(93)	45.2	38.7	9.7	2.2	83.9	9.7	2.2	4.3	4.33
	40대	(196)	61.7	34.7	2.6	0.0	96.4	2.6	0.0	1.0	4.60
	50대 이상	(125)	64.0	31.2	2.4	0.8	95.2	2.4	0.8	1.6	4.61
	무응답	(12)	66.7	25.0	8.3	0.0	91.7	8.3	0.0	0.0	4.58
학력	중졸 이하	(25)	72.0	20.0	4.0	0.0	92.0	4.0	0.0	4.0	4.71
	고졸	(125)	65.6	28.0	4.8	0.0	93.6	4.8	0.0	1.6	4.62
	대졸 이상	(329)	50.2	40.7	5.2	1.2	90.9	5.2	1.2	2.7	4.44
직분	장로	(20)	85.0	15.0	0.0	0.0	100.0	0.0	0.0	0.0	4.85
	안수집사	(42)	78.6	19.0	2.4	0.0	97.6	2.4	0.0	0.0	4.76
	권사	(34)	79.4	17.6	0.0	0.0	97.1	0.0	0.0	2.9	4.82
	서리집사	(260)	56.9	37.7	3.5	0.4	94.6	3.5	0.4	1.5	4.54
	직분 없음	(123)	32.5	48.0	11.4	2.4	80.5	11.4	2.4	5.7	4.17
광성교회 출석 연수	2년 이하	(138)	39.9	43.5	10.1	1.4	83.3	10.1	1.4	5.1	4.28
	3~5년	(168)	53.6	42.9	2.4	0.0	96.4	2.4	0.0	1.2	4.52
	6~9년	(111)	70.3	26.1	1.8	0.0	96.4	1.8	0.0	1.8	4.70
	10년 이상	(44)	75.0	22.7	2.3	0.0	97.7	2.3	0.0	0.0	4.73
	무응답	(18)	50.0	16.7	16.7	11.1	66.7	16.7	11.1	5.6	4.12

3대 목표와 5대 비전을 이루기 위해 교회가 효율적으로 노력하고 있느냐는 질문에 28.6%가 "매우 그렇다", 53.0%가 "대체로 그렇다"고 응답하여 81.6%의 긍정률을 나타내었고 평균은 4.09로 나왔다. 연령과 학력에는 반비례하고 직분과 출석 연수에 비례하는 경향은 이 문항에 대해서도 마찬가지로 나타났다. 다만, 교회에서 실무 책임을 맡고 있는 안수집사들이 권사나 서리집사들보다 낮게 평가하여 긍정률이나 평균이 낮게 나온 것이 특징적이다.

〈표6〉 교회의 3대 목표와 5대 비전 실천 노력

		사례수	⑤ 매우 그렇다	④ 대체로 그렇다	③ 그저 그렇다	② 별로 그렇지 않다	① 전혀 그렇지 않다	◐ TOP 2 (④+⑤)	◑ MID (③)	◐ BOT 2 (①+②)	모름/무응답	평균
			%	%	%	%	%	%	%	%	%	5점 척도
전체		(479)	28.6	53.0	12.1	2.9	0.6	81.6	12.1	3.5	2.7	4.09
성별	남자	(190)	24.7	52.1	16.8	3.7	0.5	76.8	16.8	4.2	2.1	3.99
	여자	(279)	30.5	54.1	9.3	2.5	0.7	84.6	9.3	3.2	2.9	4.14
	무응답	(10)	50.0	40.0	0.0	0.0	0.0	90.0	0.0	0.0	10.0	4.56
연령	20대	(53)	15.1	50.9	15.1	9.4	1.9	66.0	15.1	11.3	7.5	3.73
	30대	(93)	22.6	54.8	17.2	0.0	1.1	77.4	17.2	1.1	4.3	4.02
	40대	(196)	27.0	59.2	9.7	3.1	0.0	86.2	9.7	3.1	1.0	4.11
	50대 이상	(125)	39.2	44.0	12.0	2.4	0.8	83.2	12.0	3.2	1.6	4.20
	무응답	(12)	50.0	41.7	0.0	0.0	0.0	91.7	0.0	0.0	8.3	4.55
학력	중졸 이하	(25)	44.0	40.0	8.0	0.0	0.0	84.0	8.0	0.0	8.0	4.39
	고졸	(125)	38.4	47.2	10.4	3.2	0.8	85.6	10.4	4.0	0.0	4.19
	대졸 이상	(329)	23.7	56.2	13.1	3.0	0.6	79.9	13.1	3.6	3.3	4.03
직분	장로	(20)	50.0	45.0	5.0	0.0	0.0	95.0	5.0	0.0	0.0	4.45
	안수집사	(42)	31.0	47.6	19.0	0.0	2.4	78.6	19.0	2.4	0.0	4.05
	권사	(34)	50.0	41.2	5.9	2.9	0.0	91.2	5.9	2.9	0.0	4.38

	서리집사	(260)	28.1	56.5	10.4	3.1	0.4	84.6	10.4	3.5	1.5	4.11
	직분 없음	(123)	19.5	52.0	16.3	4.1	0.8	71.5	16.3	4.9	7.3	3.92
광성 교회 출석 연수	2년 이하	(138)	23.9	52.2	15.2	2.9	0.0	76.1	15.2	2.9	5.8	4.03
	3~5년	(168)	23.8	58.9	11.9	4.2	0.0	82.7	11.9	4.2	1.2	4.04
	6~9년	(111)	36.0	49.5	9.9	2.7	0.9	85.6	9.9	3.6	0.9	4.18
	10년 이상	(44)	43.2	47.7	6.8	0.0	2.3	90.9	6.8	2.3	0.0	4.30
	무응답	(18)	27.8	38.9	16.7	0.0	5.6	66.7	16.7	5.6	11.1	3.94

다음으로 교회 프로그램 참여에 대하여 조사하였는데, 전체의 63.0%가 교육 프로그램을 1년 이상 받았다고 응답하였다. 성별로는 여성의 응답이 67.7%로 남성(57.4%)보다 높았다. 연령별로는 20대와 30대가 50% 안팎으로 평균보다 낮았고, 40대와 50대 이상은 평균보다 높았다. 교회 출석 연수로는 2년 이하인 사람들만 평균보다 낮았고, 나머지는 평균보다 높은 것으로 나와 교회에 3년 이상 다닌 사람들 중의 4분의 3은 1년 이상 교육 프로그램에 참여한 것으로 나타났다.

참여한 프로그램(복수 응답)에 대해서는 가장 많은 50.3%가 "알파"라고 응답하였고, 48.3%는 "생활신앙", 32.5%는 "일대일", 11.9%는 "성경 대학"이라고 응답하였다.

<표7> 교회 교육 프로그램 1년 이상 참여

		사례수	받았다	받지 않았다	모름/무응답	계
			%	%	%	%
전체		(479)	63.0	35.7	1.3	100.0
성별	남자	(190)	57.4	41.1	1.6	100.0
	여자	(279)	67.7	31.5	0.7	100.0
	모름/무응답	(10)	40.0	50.0	10.0	100.0

연령	20대	(53)	54.7	43.4	1.9	100.0
	30대	(93)	44.1	54.8	1.1	100.0
	40대	(196)	66.8	32.7	0.5	100.0
	50대 이상	(125)	76.0	22.4	1.6	100.0
	모름/무응답	(12)	50.0	41.7	8.3	100.0
학력	중졸 이하	(25)	52.0	44.0	4.0	100.0
	고졸	(125)	72.8	27.2	0.0	100.0
	대졸 이상	(329)	60.2	38.3	1.5	100.0
직분	장로	(20)	85.0	15.0	0.0	100.0
	안수집사	(42)	76.2	21.4	2.4	100.0
	권사	(34)	88.2	11.8	0.0	100.0
	서리집사	(260)	68.5	30.8	0.8	100.0
	직분 없음	(123)	36.6	61.0	2.4	100.0
교회 출석 연수	2년 이하	(138)	34.1	64.5	1.4	100.0
	3~5년	(168)	67.9	31.5	0.6	100.0
	6~9년	(111)	85.6	12.6	1.8	100.0
	10년 이상	(44)	84.1	15.9	0.0	100.0
	모름/무응답	(18)	50.0	44.4	5.6	100.0

교회 프로그램에 참여하는 것이 신앙 성숙에 도움이 되느냐는 질문에 54.7%가 "매우 그렇다", 39.0%가 "대체로 그렇다"고 응답하여 93.7%의 높은 긍정률을 보였고 평균도 4.49로 비교적 높았다. 특히 교육 프로그램에 1년 이상 참여한 사람들의 65.2%가 "매우 그렇다"고 응답하였고 평균도 4.65(100점 만점으로 92.6)로 매우 높았다.

<표8> 프로그램의 도움 정도

		사례수	⑤ 매우 그렇다	④ 대체로 그렇다	③ 그저 그렇다	② 별로 그렇지 않다	TOP 2 (④+⑤)	MID (③)	BOT 2 (①+②)	모름/무응답	평균
			%	%	%	%	%	%	%	%	5점 척도
전체		(479)	54.7	39.0	4.6	0.6	93.7	4.6	0.6	1.0	4.49
성별	남자	(190)	50.5	41.1	5.8	0.5	91.6	5.8	0.5	2.1	4.45
	여자	(279)	57.7	37.6	3.6	0.7	95.3	3.6	0.7	0.4	4.53
	무응답	(10)	50.0	40.0	10.0	0.0	90.0	10.0	0.0	0.0	4.40
연령	20대	(53)	50.9	47.2	1.9	0.0	98.1	1.9	0.0	0.0	4.49
	30대	(93)	59.1	37.6	3.2	0.0	96.8	3.2	0.0	0.0	4.56
	40대	(196)	55.6	37.8	5.6	0.0	93.4	5.6	0.0	1.0	4.51
	50대 이상	(125)	52.8	37.6	4.8	2.4	90.4	4.8	2.4	2.4	4.44
	무응답	(12)	41.7	50.0	8.3	0.0	91.7	8.3	0.0	0.0	4.33
직분	장로	(20)	70.0	25.0	0.0	0.0	95.0	0.0	0.0	5.0	4.74
	안수집사	(42)	64.3	33.3	2.4	0.0	97.6	2.4	0.0	0.0	4.62
	권사	(34)	61.8	32.4	5.9	0.0	94.1	5.9	0.0	0.0	4.56
	서리집사	(260)	53.5	39.2	5.0	0.8	92.7	5.0	0.8	1.5	4.48
	직분 없음	(123)	49.6	44.7	4.9	0.8	94.3	4.9	0.8	0.0	4.43
광성교회 출석 연수	2년 이하	(138)	52.9	42.0	4.3	0.7	94.9	4.3	0.7	0.0	4.47
	3~5년	(168)	51.8	38.7	6.0	1.2	90.5	6.0	1.2	2.4	4.45
	6~9년	(111)	61.3	36.0	2.7	0.0	97.3	2.7	0.0	0.0	4.59
	10년 이상	(44)	63.6	31.8	2.3	0.0	95.5	2.3	0.0	2.3	4.63
	무응답	(18)	33.3	55.6	11.1	0.0	88.9	11.1	0.0	0.0	4.22
1년 이상 교육 경험	받음	(302)	65.2	31.8	1.3	0.0	97.0	1.3	0.0	1.7	4.65
	받지않음	(171)	36.3	52.6	9.4	1.8	88.9	9.4	1.8	0.0	4.23
	무응답	(6)	50.0	16.7	33.3	0.0	66.7	33.3	0.0	0.0	4.17

다음으로 교인들이 현재 교회에서 하는 사역의 수를 물어보았는데 가장 많은 28.8%가 "1개"라고 응답하였고, 다음으로 25.1%가 "2개", 11.9%가 "3개", "4개 이상"이 5.6%였으며, "없다"는 응답은 26.7%로

나왔다. 평균은 1.4개였다. 이 결과로 볼 때, 교인 4명 중 3명은 한 개 이상의 사역을 하고 있는 것을 알 수 있다. 평균값으로 볼 때, 연령별로는 50대 이상이 1.8개, 직분별로는 권사가 2.8개로 가장 많았고, 교회 출석 연수가 6년 이상인 사람은 평균 1.9개로 거의 2개의 사역에 참여하고 있는 것으로 나타났다.

참여하는 활동으로는 가장 많은 50.3%가 "소그룹 활동"이라고 응답했고, 31.5%는 "성경공부 모임", 24.6%는 "선교회 모임", 16.3%는 "찬양대", 15.3%는 "중보기도 모임", 14.4%는 "전도활동", 10.2%는 "교회 내 봉사활동", 7.1%는 "심방"이라고 응답했으며, 교회 밖 활동과 관련해서는 6.7%가 "교회 밖 신앙 활동", 6.1%가 "교회 밖 봉사 활동", 3.3%가 "교회 밖 사회 활동"이라고 응답하여 교회 밖의 활동에 대한 참여는 저조한 것으로 나타났다.

〈표9〉 참여하는 사역 수

		사례수	1개	2개	3개	4개 이상	없다	무응답	평균
			%	%	%	%	%	%	(개)
전체		(479)	28.8	25.1	11.9	5.6	26.7	1.9	1.4
성별	남자	(190)	31.1	22.1	13.2	3.2	28.4	2.1	1.3
	여자	(279)	27.2	25.8	11.5	7.2	26.5	1.8	1.4
	무응답	(10)	30.0	60.0	0.0	10.0	0.0	0.0	1.9
연령	20대	(53)	34.0	26.4	0.0	0.0	39.6	0.0	0.9
	30대	(93)	35.5	15.1	4.3	2.2	41.9	1.1	0.9
	40대	(196)	29.6	27.6	15.3	4.6	20.4	2.6	1.5
	50대 이상	(125)	20.8	24.8	18.4	12.0	21.6	2.4	1.8
	무응답	(12)	25.0	58.3	0.0	8.3	8.3	0.0	1.8

학력	중졸 이하	(25)	16.0	28.0	20.0	16.0	20.0	0.0	2.0
	고졸	(125)	25.6	28.8	12.0	4.8	27.2	1.6	1.4
	대졸 이상	(329)	31.0	23.4	11.2	5.2	27.1	2.1	1.4
직분	장로	(20)	10.0	40.0	25.0	10.0	10.0	5.0	2.2
	안수집사	(42)	28.6	33.3	23.8	7.1	7.1	0.0	2.0
	권사	(34)	8.8	17.6	29.4	35.3	5.9	2.9	2.8
	서리집사	(260)	31.5	26.9	12.3	3.5	23.5	2.3	1.4
	직분 없음	(123)	31.7	17.9	0.0	0.8	48.8	0.8	0.7
광성교회 경력	2년 이하	(138)	29.7	11.6	2.9	2.2	51.4	2.2	0.7
	3~5년	(168)	32.1	26.8	13.7	5.4	20.2	1.8	1.5
	6~9년	(111)	25.2	34.2	20.7	7.2	11.7	0.9	1.9
	10년 이상	(44)	25.0	34.1	13.6	11.4	11.4	4.5	1.9
	무응답	(18)	22.2	33.3	5.6	11.1	27.8	0.0	1.5

(2) 개인 신앙 생활

신도 자신의 신앙생활과 관련하여서는 먼저 자신의 신앙을 평가하도록 하였다. 선택식 문항으로 네 개의 선택지를 제시하였는데, 1단계로 "나는 하나님을 믿지만, 내 믿음은 삶에서 큰 비중을 차지하지 않는다", 2단계는 "나는 예수님을 믿으며, 그분을 알기 위해 여러 가지 노력을 하고 있다", 3단계는 "나는 그리스도와 가까이 있으며, 매일 그분의 인도하심에 의지한다", 4단계는 "하나님은 내 삶의 전부이며, 나의 모든 일은 그리스도를 드러낸다"였다. 이에 대해 가장 많은 35.9%가 3단계로 평가했고, 다음으로 35.1%는 2단계, 15.2%가 1단계였고, 4단계로 평가한 사람은 가장 적은 11.9%였다. 각 단계를 점수화 하여 계산한 평균값은 2.45(100점 만점으로 61.25)였다.

성별로는 여성은 가장 많은 38.7%가 3단계로 평가하였고, 남성 평균은 2.37, 여성 평균은 2.51이었다. 연령별로는 정비례 관계를 보였는데 40대의 41.3%가 3단계로 평가하였고, 평균은 2.53이었으며 50대는 18.4%가 4

단계로 평가하였고 평균은 2.60으로 가장 높았다. 학력별로는 반비례하였는데, 중졸이하의 20.0%가 4단계로 평가하였고, 평균이 2.65로 가장 높았으며, 대졸이상은 10.6%만이 4단계로 평가하였고 평균은 2.40이었다. 직분별로는 장로 중 30.0%와 권사의 23.5%가 4단계로 평가하였고, 안수집사의 9.5%만이 4단계로 평가하였다. 평균값은 장로가 3.05(100점 만점으로 76.25)로 모든 범주 중에 가장 높았으며, 다음으로 권사가 2.85, 안수집사 2.56, 서리집사 2.47, 무직분자 2.17 순이었다. 신앙연수에 따라서도 정비례 관계를 나타냈는데, 9년 이하의 사람들은 평균이 모든 범주 중에 가장 낮은 1.99였고, 30년 이상인 사람들은 2.80으로 매우 높았다. 또한 교회 출석 연수에 따라서도 대체로 비례하는 관계를 나타냈다.

　이러한 신앙 상태에 따라서 여러 문항에 대한 의견에서 차이를 나타냈는데, 다음에서 보게 될 교회의 3대 비전과 5대 목표에 대한 인지도와 동의 정도에 대해서 정비례하여 4단계로 평가한 사람들의 인지도와 동의 정도가 가장 높은 것으로 나타났다. 교육 프로그램에 참여하는 것이 신앙 성숙에 도움이 되는지에 대해서도 신앙 상태에 따라 대체로 비례하는 것으로 나타났으며, 참여하는 사역의 수도 정비례하여 1단계는 0.6개 사역에 참여하는 데 반해, 4단계는 2.0개 사역에 참여하는 것으로 나타났다. 또한 담임 목회자 재신임제와 장로 임기제에 대해서도 신앙 상태에 따라 찬성율이 높았고, 교회 이외에 설교를 듣는 정도도 신앙 상태와 비례하는 경향을 나타냈다. 다만 담임 목회자의 설교 만족도에 대해서는 신앙 상태에 따라 큰 차이가 없었는데, 오히려 1단계에 속한 사람들의 만족도가 다소 높게 나와 신앙이 여린 사람들이 담임 목회자의 설교를 더 좋아한다고 볼 수 있다.[2]

---

[2] 자세한 내용에 대해서는 별책으로 나와 있는 교인 의식 조사 결과표를 참고할 것.

<표10> 자신의 신앙 상태 평가

		사례수	나는 하나님을 믿지만, 내 믿음은 삶에서 큰 비중에 차지하지 않는다.	나는 예수님을 믿으며, 그 분을 알기 위해 여러 가지 노력을 하고 있다.	나는 그리스도와 가까이 있으며 매일 그분의 인도하심에 의지한다.	하나님은 내 삶의 전부이며, 나의 모든 일은 그리스도를 드러낸다.	모름/무응답	평균
			%	%	%	%	%	(4점 척도)
전체		(479)	15.2	35.1	35.9	11.9	1.9	2.45
성별	남자	(190)	17.9	37.9	31.6	11.6	1.1	2.37
	여자	(279)	13.3	33.7	38.7	12.5	1.8	2.51
	무응답	(10)	20.0	20.0	40.0	0.0	20.0	2.25
연령	20대	(53)	15.1	54.7	26.4	3.8	0.0	2.19
	30대	(93)	21.5	39.8	28.0	10.8	0.0	2.28
	40대	(196)	12.8	31.6	41.3	11.2	3.1	2.53
	50대 이상	(125)	14.4	28.8	37.6	18.4	0.8	2.60
	무응답	(12)	16.7	33.3	33.3	0.0	16.7	2.20
학력	중졸 이하	(25)	12.0	28.0	32.0	20.0	8.0	2.65
	고졸	(125)	13.6	28.8	41.6	13.6	2.4	2.57
	대졸 이상	(329)	16.1	38.0	34.0	10.6	1.2	2.40
직분	장로	(20)	0.0	25.0	45.0	30.0	0.0	3.05
	안수집사	(42)	7.1	38.1	42.9	9.5	2.4	2.56
	권사	(34)	5.9	26.5	44.1	23.5	0.0	2.85
	서리집사	(260)	15.8	33.1	35.8	13.1	2.3	2.47
	직분 없음	(123)	22.0	42.3	30.1	4.1	1.6	2.17
신앙 연수	9년 이하	(99)	31.3	39.4	26.3	2.0	1.0	1.99
	10~19년	(72)	20.8	34.7	33.3	8.3	2.8	2.30
	20~29년	(118)	6.8	42.4	36.4	12.7	1.7	2.56
	30~39년	(97)	8.2	29.9	45.4	15.5	1.0	2.69
	40년 이상	(77)	9.1	26.0	39.0	24.7	1.3	2.80
	무응답	(16)	25.0	31.3	31.3	0.0	12.5	2.07
광성교회 경력	2년 이하	(138)	18.1	38.4	29.7	13.0	0.7	2.38
	3~5년	(168)	18.5	38.1	32.1	10.1	1.2	2.34
	6~9년	(111)	9.0	30.6	43.2	14.4	2.7	2.65
	10년 이상	(44)	6.8	29.5	52.3	9.1	2.3	2.65
	무응답	(18)	22.2	22.2	33.3	11.1	11.1	2.38

다음으로 자신의 신앙을 여러 가지로 평가해 보도록 하였는데, 먼저 "나는 교회의 각종 예배와 집회에 잘 참석하고 있다"에 대해서 전체의 34.9%가 "매우 그렇다", 33.0%가 "조금 그렇다"고 응답하여, 67.8%의 긍정률을 보였고, 평균은 3.96이었다. "나는 십일조나 헌금생활을 매우 적극적으로 행하고 있다"에 대해서는 각각 26.3%와 25.9%가 응답하여 52.2%의 긍정률을 보였고, 평균은 3.58이었다. "나는 열심히 기도생활을 하고 있다"에 대해서는 각각 10.6%, 23.4%가 응답하여 34.0%의 긍정률을 보였고, 평균은 3.17이었다. "나는 열심히 성경말씀을 읽고 묵상한다"에 대해서는 각각 10.2%, 20.9%가 응답하여 31.1%의 긍정률을 보였고, 평균은 3.07이었다. "나는 교회 봉사활동을 적극적으로 하고 있다"에 대해서는 각각 13.4%와 22.1%가 응답하여 35.5%의 긍정률을 보였고, 평균은 2.97이었다. "나는 늘 전도를 하고자 노력한다"에 대해서는 각각 8.8%, 14.8%가 응답하여 매우 낮은 23.6%의 긍정률을 보였고, 평균도 2.75로 매우 낮았다. 이 결과로 볼 때, 예배와 집회에 참석하여 헌금을 하는 것은 비교적 양호하다고 할 수 있으나, 성경을 읽고 기도하는 개인 경건생활은 다소 취약하며 교회 봉사와 전도에 대해서는 스스로 낙제로 평가하고 있다는 것을 알 수 있다.

다음으로, "나는 교회 성도들과 매우 적극적으로 교제를 나누고 있다"에 대해서는 각각 15.2%, 25.3%가 응답하여 40.5%의 긍정률을 보였고, 평균은 3.34였다. "나는 교회 안의 목장 활동을 적극적으로 하고 있다"에 대해서는 31.7%가 "매우 그렇다"고 응답하여 "조금 그렇다" (18.4%)는 응답보다 높았으며, 긍정률은 50.1% 평균은 3.39였다. "나는 지난 1년 동안 이웃이나 단체에게 물질적인 기부를 한 적이 있다"에 대해서는 각각 22.8%와 30.3%가 응답하여 53.0%의 긍정률을 보였고,

평균은 3.37이었다. "나는 지난 1년 동안 개인적으로 고아원이나 양로원 등에서 봉사활동을 한 적이 있다"에 대해서는 각각 5.2%와 7.9%가 응답하여 매우 낮은 13.2%의 긍정률을 보였고, 평균도 1.78(100점 만점에 35.6)로 가장 낮게 평가하였다. 이 결과로 볼 때, 다른 교인들과의 교제나 목장 활동은 비교적 양호한 편이고, 물질적인 기부도 정기적으로 하고 있으나 이웃을 위해 직접 봉사활동을 하는 데까지 이어지지 못하고 있다는 것을 알 수 있다. 교인들의 활동이 교회 내부 활동으로 편향되어 있지 않은지 점검하고 대안을 마련할 필요가 있겠다.

다음으로, "나는 실제 생활하면서 매순간 하나님이 내 삶의 주인이라고 생각한다"에 대해 45.9%가 "매우 그렇다"고 응답하였고, 28.2%가 "조금 그렇다"고 응답하여 74.1%의 가장 높은 긍정률을 보였고, 평균 역시 4.16(100점 만점으로 83.2)으로 가장 높았다. "나는 나를 평가할 때 성령의 아홉 가지 열매를 다 갖고 있다고 생각한다"에 대해서는 각각 1.3%와 11.1%가 응답하여 12.3%의 가장 낮은 긍정률을 보였고, 평균도 2.54로 매우 낮게 평가하였다. "사회생활을 하다 보면 어쩔 수 없이 정직하지 못할 때가 많다"에 대해서는 6.5%가 "전혀 그렇지 않다", 25.9%가 "별로 그렇지 않다"고 응답하여 32.4%의 부정률을 보였다. 마지막으로, "나는 사람들로부터 '참된 신앙인'이라는 얘기를 자주 듣는다"에 대해서는 각각 4.2%, 19.0%가 응답하여 매우 낮은 23.2%가 긍정하였고, 평균 역시 2.86으로 매우 낮았다. 이 결과로 볼 때, 교인들 스스로는 주되심(Lordship)에 대해서는 분명하게 인정하고 있지만, 스스로 열매 맺는 신앙인이라는 데에는 매우 낮게 평가하고 있으며 사회생활에서 정직하지 못한 경우가 많고, 주변의 평가도 그리 긍정적이지 못하다고 생각하는 것으로 나타났다. 따라서 매일 매일의 삶

속에서 어떻게 기독교인답게 생활하고 열매 맺을 수 있는지에 대한 구체적인 교육이 필요하다고 하겠다.

<표11> 자신의 신앙평가

	사례수	① 전혀 그렇지 않다	② 별로 그렇지 않다	③ 그저 그렇다	④ 조금 그렇다	⑤ 매우 그렇다	BOT 2 (①+②)	MID (③)	TOP 2 (④+⑤)	모름/무응답	평균
		%	%	%	%	%	%	%	%	%	(5점 척도)
나는 교회의 각종 예배와 집회에 잘 참석하고 있다	(479)	2.1	5.8	20.7	33.0	34.9	7.9	20.7	67.8	3.5	3.96
나는 십일조나 헌금생활을 매우 적극적으로 행하고 있다	(479)	3.5	15.4	25.3	25.9	26.3	19.0	25.3	52.2	3.5	3.58
나는 열심히 기도생활을 하고 있다	(479)	3.1	22.1	37.0	23.4	10.6	25.3	37.0	34.0	3.8	3.17
나는 열심히 성경말씀을 읽고 묵상한다	(479)	5.2	24.2	35.7	20.9	10.2	29.4	35.7	31.1	3.8	3.07
나는 교회 봉사활동을 적극적으로 하고 있다	(479)	16.5	19.0	25.5	22.1	13.4	35.5	25.5	35.5	3.5	2.97
나는 늘 전도를 하고자 노력한다	(479)	11.7	33.0	28.0	14.8	8.8	44.7	28.0	23.6	3.8	2.75
나는 교회 성도들과 매우 적극적으로 교제를 나누고 있다	(479)	4.0	15.0	36.5	25.3	15.2	19.0	36.5	40.5	4.0	3.34
나는 교회 안의 목장 활동을 적극적으로 하고 있다	(479)	15.0	14.2	16.5	18.4	31.7	29.2	16.5	50.1	4.2	3.39
나는 지난 1년 동안 이웃이나 단체에 물질적으로 기부를 한 적이 있다	(479)	12.1	15.7	15.2	30.3	22.8	27.8	15.2	53.0	4.0	3.37
나는 지난 1년 동안 개인적으로 고아원이나 양로원 등에서 봉사활동을 한 적이 있다	(479)	58.9	17.3	6.7	7.9	5.2	76.2	6.7	13.2	4.0	1.78
나는 실제 생활하면서 매순간 하나님이 내 삶의 주인이라고 생각한다	(479)	1.5	5.2	15.7	28.2	45.9	6.7	15.7	74.1	3.5	4.16
나는 나를 평가할 때 성령의 8가지 열매를 다 갖고 있다고 생각한다	(479)	11.1	36.1	36.7	11.1	1.3	47.2	36.7	12.3	3.8	2.54
사회생활을 하다보면 어쩔 수 없이 정직하지 못할 때가 많다	(479)	6.5	25.9	30.9	25.1	7.7	32.4	30.9	32.8	4.0	3.02
나는 사람들로부터 "참된 신앙인"이라는 얘기를 자주 듣는다	(479)	8.1	24.0	40.5	19.0	4.2	32.2	40.5	23.2	4.2	2.86

다음으로 전도생활과 관련하여 지난 1년간 전도자 수를 물어보았는데, 가장 많은 29.9%는 없다고 응답하였고, 다음으로 20.3%가 2명, 20.2%가 1명, 18.2%가 5명 이상, 7.7%가 3명, 1.9%가 4명이라고 응답하였고, 평균은 1.9명이었다. 성별로는 남성보다 여성이 많았고, 연령별로는 50대 이상, 학력별로는 고졸, 직분으로는 권사와 장로, 신앙연수로는 20에서 40년 미만, 교회 출석 연수와는 비례하여 10년 이상이 가장 높게 나왔다.

〈표12〉 지난 1년간 복음 전도자 수

		사례수	1명 %	2명 %	3명 %	4명 %	5명 이상 %	없다 %	모름/무응답 %	평균 (명)
	전체	(479)	20.0	20.3	7.7	1.9	18.2	29.9	2.1	1.9
성별	남자	(190)	22.6	16.8	7.4	1.6	12.1	37.4	2.1	1.5
	여자	(279)	18.3	23.3	7.5	2.2	22.6	24.4	1.8	2.1
	무응답	(10)	20.0	0.0	20.0	0.0	10.0	40.0	10.0	1.4
연령	20대	(53)	28.3	18.9	3.8	1.9	5.7	39.6	1.9	1.2
	30대	(93)	25.8	22.6	4.3	1.1	11.8	34.4	0.0	1.5
	40대	(196)	18.9	20.9	8.2	2.6	20.4	27.0	2.0	2.0
	50대 이상	(125)	13.6	20.0	10.4	1.6	25.6	25.6	3.2	2.3
	무응답	(12)	25.0	0.0	16.7	0.0	8.3	41.7	8.3	1.3
학력	중졸 이하	(25)	20.0	16.0	16.0	0.0	16.0	24.0	8.0	2.0
	고졸	(125)	12.8	21.6	8.8	3.2	29.6	23.2	0.8	2.5
	대졸 이상	(329)	22.8	20.1	6.7	1.5	14.0	32.8	2.1	1.6
직분	장로	(20)	10.0	30.0	5.0	5.0	30.0	10.0	10.0	2.8
	안수집사	(42)	23.8	19.0	11.9	0.0	16.7	28.6	0.0	1.8
	권사	(34)	11.8	29.4	8.8	0.0	47.1	2.9	0.0	3.3
	서리집사	(260)	18.8	20.8	8.5	2.3	18.1	29.2	2.3	1.9
	직분 없음	(123)	25.2	15.4	4.9	1.6	8.9	42.3	1.6	1.2

신앙연수	9년 이하	(99)	14.1	19.2	4.0	0.0	12.1	47.5	3.0	1.3
	10~19년	(72)	25.0	13.9	11.1	4.2	16.7	27.8	1.4	1.9
	20~29년	(118)	23.7	26.3	6.8	3.4	19.5	19.5	0.8	2.1
	30~39년	(97)	19.6	22.7	9.3	2.1	23.7	22.7	0.0	2.2
	40년 이상	(77)	19.5	19.5	5.2	0.0	19.5	31.2	5.2	1.8
	무응답	(16)	12.5	0.0	25.0	0.0	12.5	43.8	6.3	1.6
광성교회출석연수	2년 이하	(138)	23.2	21.0	5.1	1.4	11.6	37.0	0.7	1.5
	3~5년	(168)	17.3	18.5	9.5	3.6	17.9	31.0	2.4	1.9
	6~9년	(111)	20.7	23.4	10.8	0.0	23.4	19.8	1.8	2.2
	10년 이상	(44)	18.2	22.7	0.0	2.3	29.5	22.7	4.5	2.3
	무응답	(18)	22.2	5.6	11.1	0.0	11.1	44.4	5.6	1.3

다음으로 지난 1년간 교회로 인도한 사람 수를 물어보았는데, 가장 많은 70.1%는 없다고 응답하였고, 다음으로 14.8%가 1명, 6.1%가 2명, 1.7%가 3명, 1.7%가 5명 이상, 1.3%가 4명이라고 응답하였고, 평균은 0.5명이었다. 전체 범주들 중에서 평균이 1명 이상인 경우는 장로와 권사가 1.1명으로 가장 많았다.

〈표13〉 지난 1년간 교회 인도자 수

		사례수	1명	2명	3명	4명	5명 이상	없다	모름/무응답	평균
			%	%	%	%	%	%	%	(명)
전체		(479)	14.8	6.1	1.7	1.3	1.7	70.1	4.4	0.5
성별	남자	(190)	12.1	6.8	1.1	1.6	1.1	72.6	4.7	0.4
	여자	(279)	16.1	5.7	2.2	1.1	2.2	68.5	4.3	0.5
	무응답	(10)	30.0	0.0	0.0	0.0	0.0	70.0	0.0	0.3
연령	20대	(53)	17.0	0.0	0.0	0.0	0.0	81.1	1.9	0.2
	30대	(93)	14.0	2.2	0.0	0.0	1.1	81.7	1.1	0.2
	40대	(196)	14.8	8.7	1.5	2.6	2.0	65.8	4.6	0.6
	50대 이상	(125)	13.6	8.0	4.0	0.8	2.4	63.2	8.0	0.6
	무응답	(12)	25.0	0.0	0.0	0.0	0.0	75.0	0.0	0.3

구분		(n)								
직분	장로	(20)	15.0	0.0	5.0	10.0	5.0	55.0	10.0	1.1
	안수집사	(42)	9.5	9.5	4.8	2.4	2.4	64.3	7.1	0.7
	권사	(34)	20.6	14.7	5.9	2.9	2.9	38.2	14.7	1.1
	서리집사	(260)	15.4	7.3	0.4	0.8	1.5	70.8	3.8	0.4
	직분 없음	(123)	13.8	0.8	1.6	0.0	0.8	82.1	0.8	0.2
신앙연수	9년 이하	(99)	14.1	2.0	3.0	1.0	1.0	75.8	3.0	0.4
	10~19년	(72)	15.3	5.6	2.8	1.4	2.8	68.1	4.2	0.6
	20~29년	(118)	16.1	9.3	0.8	1.7	2.5	67.8	1.7	0.6
	30~39년	(97)	14.4	8.2	0.0	1.0	0.0	70.1	6.2	0.4
	40년 이상	(77)	13.0	3.9	2.6	1.3	1.3	68.8	9.1	0.4
	무응답	(16)	18.8	6.3	0.0	0.0	6.3	68.8	0.0	0.6
광성교회 출석연수	2년 이하	(138)	10.1	3.6	1.4	0.7	2.2	80.4	1.4	0.4
	3~5년	(168)	16.1	9.5	1.8	1.8	1.2	63.1	6.5	0.6
	6~9년	(111)	16.2	5.4	1.8	0.9	1.8	70.3	3.6	0.5
	10년 이상	(44)	18.2	2.3	2.3	2.3	2.3	63.6	9.1	0.6
	무응답	(18)	22.2	5.6	0.0	0.0	0.0	72.2	0.0	0.3

(4) 교회 제도에 대한 평가

교회 제도에 대한 평가에서는 먼저 현재 시행되고 있는 담임목회자 재신임제에 대한 찬반 의견을 물었는데, 전체의 50.3%가 "매우 찬성한다", 39.5%가 "대체로 찬성한다"고 응답하여 89.8%의 찬성율을 나타내었고, 평균은 4.40이었다. 연령별로는 20대만 69.8%의 낮은 찬성율과 평균 4.10으로 전체 평균이하의 찬성율을 보였다. 그리고 직분이 없는 교인들과 교회 출석 연수가 2년 이하인 교인들이 다른 그룹에 비해 낮은 찬성율을 나타냈다.

<표14> 담임목회자 재신임제 찬반 의견

		사례수	⑤ 매우 찬성한다	④ 대체로 찬성한다	③ 그저 그렇다	② 대체로 반대한다	① 매우 반대한다	◐ TOP 2 (④+⑤)	◐ MID (③)	◐ BOT 2 (①+②)	모름/무응답	평균
			%	%	%	%	%	%	%	%	%	5점척도
전체		(479)	50.3	39.5	6.9	1.3	0.4	89.8	6.9	1.7	1.7	4.40
성별	남자	(190)	45.3	41.1	9.5	1.6	0.5	86.3	9.5	2.1	2.1	4.32
	여자	(279)	53.8	38.4	5.0	1.1	0.4	92.1	5.0	1.4	1.4	4.46
	무응답	(10)	50.0	40.0	10.0	0.0	0.0	90.0	10.0	0.0	0.0	4.40
연령	20대	(53)	37.7	32.1	28.3	0.0	0.0	69.8	28.3	0.0	1.9	4.10
	30대	(93)	47.3	45.2	3.2	1.1	1.1	92.5	3.2	2.2	2.2	4.40
	40대	(196)	52.0	39.8	4.6	2.0	0.5	91.8	4.6	2.6	1.0	4.42
	50대 이상	(125)	56.0	36.8	4.0	0.8	0.0	92.8	4.0	0.8	2.4	4.52
	무응답	(12)	41.7	50.0	8.3	0.0	0.0	91.7	8.3	0.0	0.0	4.33
학력	중졸 이하	(25)	52.0	40.0	4.0	4.0	0.0	92.0	4.0	4.0	0.0	4.40
	고졸	(125)	57.6	35.2	4.0	1.6	0.0	92.8	4.0	1.6	1.6	4.51
	대졸 이상	(329)	47.4	41.0	8.2	0.9	0.6	88.4	8.2	1.5	1.8	4.36
직분	장로	(20)	55.0	35.0	0.0	0.0	0.0	90.0	0.0	0.0	10.0	4.61
	안수집사	(42)	47.6	47.6	4.8	0.0	0.0	95.2	4.8	0.0	0.0	4.43
	권사	(34)	70.6	26.5	0.0	2.9	0.0	97.1	0.0	2.9	0.0	4.65
	서리집사	(260)	54.6	37.7	4.2	1.2	0.8	92.3	4.2	1.9	1.5	4.46
	직분 없음	(123)	35.8	44.7	16.3	1.6	0.0	80.5	16.3	1.6	1.6	4.17
광성교회 출석 연수	2년 이하	(138)	39.9	44.9	12.3	1.4	0.0	84.8	12.3	1.4	1.4	4.25
	3~5년	(168)	54.8	36.3	3.6	1.8	1.2	91.1	3.6	3.0	2.4	4.45
	6~9년	(111)	60.4	34.2	3.6	0.9	0.0	94.6	3.6	0.9	0.9	4.55
	10년 이상	(44)	45.5	45.5	6.8	0.0	0.0	90.9	6.8	0.0	2.3	4.40
	무응답	(18)	38.9	44.4	16.7	0.0	0.0	83.3	16.7	0.0	0.0	4.22

장로 임기제에 대한 의견은 "매우 찬성한다"가 34.7%, "대체로 찬성한다"가 50.9%로 85.6%의 찬성율을 나타냈고, 평균은 4.23으로 담임목회자 재신임제보다 약간 낮은 찬성 의견을 나타냈다. 이에 대해서도 20대와 직분이 없는 교인, 교회 출석 연수가 2년 이하인 교인들의

찬성율이 평균 이하를 나타냈다.

〈표15〉 장로 임기제 찬반 의견

		사례수	⑤매우찬성한다	④대체로찬성한다	③그저그렇다	②대체로반대한다	①매우반대한다	TOP 2 (④+⑤)	MID (③)	BOT 2 (①+②)	모름/무응답	평균
			%	%	%	%	%	%	%	%	%	5점척도
전체		(479)	34.7	50.9	10.4	0.6	0.2	85.6	10.4	0.8	3.1	4.23
성별	남자	(190)	35.3	50.5	10.0	1.6	0.0	85.8	10.0	1.6	2.6	4.23
	여자	(279)	33.7	51.6	10.8	0.0	0.4	85.3	10.8	0.4	3.6	4.23
	무응답	(10)	50.0	40.0	10.0	0.0	0.0	90.0	10.0	0.0	0.0	4.40
연령	20대	(53)	22.6	39.6	35.8	0.0	0.0	62.3	35.8	0.0	1.9	3.87
	30대	(93)	23.7	65.6	7.5	0.0	0.0	89.2	7.5	0.0	3.2	4.17
	40대	(196)	39.3	48.5	8.2	0.5	0.0	87.8	8.2	0.5	3.6	4.31
	50대 이상	(125)	40.0	48.8	5.6	1.6	0.8	88.8	5.6	2.4	3.2	4.30
	무응답	(12)	41.7	50.0	8.3	0.0	0.0	91.7	8.3	0.0	0.0	4.33
학력	중졸 이하	(25)	40.0	44.0	12.0	0.0	0.0	84.0	12.0	0.0	4.0	4.29
	고졸	(125)	36.8	49.6	10.4	0.0	0.0	86.4	10.4	0.0	3.2	4.27
	대졸 이상	(329)	33.4	52.0	10.3	0.9	0.3	85.4	10.3	1.2	3.0	4.21
직분	장로	(20)	40.0	40.0	10.0	0.0	0.0	80.0	10.0	0.0	10.0	4.33
	안수집사	(42)	50.0	50.0	0.0	0.0	100.0	0.0	0.0	0.0	0.0	4.50
	권사	(34)	52.9	44.1	0.0	0.0	2.9	97.1	0.0	2.9	0.0	4.44
	서리집사	(260)	36.5	50.8	8.5	1.2	0.0	87.3	8.5	1.2	3.1	4.27
	직분 없음	(123)	19.5	55.3	21.1	0.0	0.0	74.8	21.1	0.0	4.1	3.98
광성교회출석연수	2년 이하	(138)	19.6	57.2	18.8	0.0	0.0	76.8	18.8	0.0	4.3	4.01
	3~5년	(168)	39.3	49.4	7.7	0.0	0.0	88.7	7.7	0.0	3.6	4.33
	6~9년	(111)	41.4	50.5	3.6	1.8	0.9	91.9	3.6	2.7	1.8	4.32
	10년 이상	(44)	47.7	40.9	9.1	0.0	0.0	88.6	9.1	0.0	2.3	4.40
	무응답	(18)	33.3	44.4	16.7	5.6	0.0	77.8	16.7	5.6	0.0	4.06

다음으로 담임 목사의 설교에 대한 만족도를 물어보았는데, 전체의 60.8%가 "매우 만족한다", 35.9%가 "대체로 만족한다"고 응답하여, 96.7%의 긍정률을 보였다. 평균은 4.58(100점 만점으로 91.6점)으로 매우 높았다. 연령별로는 나이에 따라 비례하였는데, 20대에서는 긍정률과 평균에서 전체 평균을 밑돌았다. 학력에 따라서는 반비례하였는데, 대졸 이상에서는 긍정률과 평균에서 전체 평균을 밑돌았다. 직분별로는 장로와 권사가 안수집사, 서리집사, 무직분자에 비해 상대적으로 만족도가 높았다. 신앙연수로는 10년 미만과 40년 이상에서 상대적으로 만족도가 높았고, 교회 출석 연수에 따라서는 만족도가 비례하는 경향을 보였다.

〈표16〉 담임목사 설교 만족도

		사례수	⑤매우 만족한다	④대체로 만족한다	③그저 그렇다	②별로 만족하지 않는다	①TOP 2 (④+⑤)	MID (③)	BOT 2 (①+②)	모름/무응답	평균
			%	%	%	%	%	%	%	%	5점 척도
전체		(479)	60.8	35.9	1.9	0.6	96.7	1.9	0.6	0.8	4.58
성별	남자	(190)	58.4	36.8	2.6	0.5	95.3	2.6	0.5	1.6	4.56
	여자	(279)	61.6	35.8	1.4	0.7	97.5	1.4	0.7	0.4	4.59
	무응답	(10)	80.0	20.0	0.0	0.0	100.0	0.0	0.0	0.0	4.80
연령	20대	(53)	47.2	45.3	5.7	1.9	92.5	5.7	1.9	0.0	4.38
	30대	(93)	58.1	39.8	1.1	1.1	97.8	1.1	1.1	0.0	4.55
	40대	(196)	61.2	35.7	1.5	0.5	96.9	1.5	0.5	1.0	4.59
	50대 이상	(125)	66.4	30.4	1.6	0.0	96.8	1.6	0.0	1.6	4.66
	무응답	(12)	75.0	25.0	0.0	0.0	100.0	0.0	0.0	0.0	4.75
학력	중졸 이하	(25)	76.0	24.0	0.0	0.0	100.0	0.0	0.0	0.0	4.76
	고졸	(125)	65.6	32.8	0.8	0.8	98.4	0.8	0.8	0.0	4.63
	대졸 이상	(329)	57.8	38.0	2.4	0.6	95.7	2.4	0.6	1.2	4.55

구분		(N)									
직분	장로	(20)	75.0	20.0	0.0	0.0	95.0	0.0	0.0	5.0	4.79
	안수집사	(42)	59.5	38.1	2.4	0.0	97.6	2.4	0.0	0.0	4.57
	권사	(34)	70.6	29.4	0.0	0.0	100.0	0.0	0.0	0.0	4.71
	서리집사	(260)	60.8	36.2	1.5	0.4	96.9	1.5	0.4	1.2	4.59
	직분 없음	(123)	56.1	39.0	3.3	1.6	95.1	3.3	1.6	0.0	4.50
신앙연수	9년 이하	(99)	70.7	27.3	1.0	0.0	98.0	1.0	0.0	1.0	4.70
	10~19년	(72)	48.6	47.2	1.4	1.4	95.8	1.4	1.4	1.4	4.45
	20~29년	(118)	56.8	39.8	2.5	0.8	96.6	2.5	0.8	0.0	4.53
	30~39년	(97)	63.9	32.0	3.1	1.0	95.9	3.1	1.0	0.0	4.59
	40년 이상	(77)	62.3	33.8	1.3	0.0	96.1	1.3	0.0	2.6	4.63
	무응답	(16)	56.3	43.8	0.0	0.0	100.0	0.0	0.0	0.0	4.56
광성교회 출석 연수	2년 이하	(138)	60.1	37.7	0.7	1.4	97.8	0.7	1.4	0.0	4.57
	3~5년	(168)	59.5	36.3	1.8	0.6	95.8	1.8	0.6	1.8	4.58
	6~9년	(111)	64.0	32.4	3.6	0.0	96.4	3.6	0.0	0.0	4.60
	10년 이상	(44)	61.4	36.4	0.0	0.0	97.7	0.0	0.0	2.3	4.63
	무응답	(18)	55.6	38.9	5.6	0.0	94.4	5.6	0.0	0.0	4.50

이와 관련하여 교회 이외에 인터넷이나 방송을 통해 정기적으로 듣는 설교가 있는지 물어보았는데, 전체의 9.6%가 "정기적으로 듣는 설교가 있다"고 응답하였고, 48.6%는 "정기적이지는 않지만 간혹 듣는다"고 응답하여 58.2%가 있다는 응답을 나타냈다. 성별로는 여성이 남성에 비해 있다는 응답이 높게 나왔고, 연령별로는 비례 관계를 나타내 50대 이상의 72.0%가 있다고 응답하였다. 학력과는 반비례하여 중졸 이하에서 72.0%가 있다고 응답하였고, 직분에 따라 비례하여 안수집사와 권사는 70% 이상이, 장로는 80.0%가 있다고 응답하였다. 그리고 신앙 연수에 대해서는 비례관계를 나타냈지만, 교회 출석 연수와는 상관관계가 없었고 6~9년인 사람들에게 있다는 응답이 평균보다 높게 나왔다. 담임 목사 설교 만족도와의 관계에서는 만족하지 않는다는 의견이 극소수였기 때문에 특별한 상관성을 파악할 수 없었다.

<표17> 교회 이외 설교 청취 유무

		사례수	① 정기적으로 듣는 설교가 있다	② 정기적이지는 않지만 간혹 듣는다	③ 별로 듣지 않는다	④ 전혀 듣지 않는다	◐ 있음 (①+②)	◑ 없음 (③+④)	모름/무응답
			%	%	%	%	%	%	%
전체		(479)	9.6	48.6	20.7	20.0	58.2	40.7	1.0
성별	남자	(190)	7.9	46.8	21.1	22.1	54.7	43.2	2.1
	여자	(279)	10.4	49.8	20.4	19.0	60.2	39.4	0.4
	무응답	(10)	20.0	50.0	20.0	10.0	70.0	30.0	0.0
연령	20대	(53)	1.9	30.2	22.6	45.3	32.1	67.9	0.0
	30대	(93)	7.5	45.2	22.6	24.7	52.7	47.3	0.0
	40대	(196)	10.7	48.0	23.5	16.3	58.7	39.8	1.5
	50대 이상	(125)	12.0	60.0	13.6	12.8	72.0	26.4	1.6
	무응답	(12)	16.7	50.0	25.0	8.3	66.7	33.3	0.0
학력	중졸 이하	(25)	24.0	48.0	12.0	16.0	72.0	28.0	0.0
	고졸	(125)	8.0	56.8	14.4	20.8	64.8	35.2	0.0
	대졸 이상	(329)	9.1	45.6	23.7	20.1	54.7	43.8	1.5
직분	장로	(20)	5.0	75.0	5.0	10.0	80.0	15.0	5.0
	안수집사	(42)	7.1	64.3	9.5	19.0	71.4	28.6	0.0
	권사	(34)	17.6	55.9	14.7	11.8	73.5	26.5	0.0
	서리집사	(260)	10.8	48.8	24.6	14.2	59.6	38.8	1.5
	직분 없음	(123)	6.5	36.6	20.3	36.6	43.1	56.9	0.0
신앙연수	9년 이하	(99)	6.1	43.4	17.2	31.3	49.5	48.5	2.0
	10~19년	(72)	9.7	50.0	25.0	13.9	59.7	38.9	1.4
	20~29년	(118)	7.6	50.8	22.9	18.6	58.5	41.5	0.0
	30~39년	(97)	12.4	49.5	19.6	18.6	61.9	38.1	0.0
	40년 이상	(77)	11.7	49.4	20.8	15.6	61.0	36.4	2.6
	무응답	(16)	18.8	50.0	12.5	18.8	68.8	31.3	0.0
광성교회 출석 연수	2년 이하	(138)	10.9	43.5	18.1	27.5	54.3	45.7	0.0
	3~5년	(168)	7.7	50.0	25.0	15.5	57.7	40.5	1.8
	6~9년	(111)	9.9	54.1	18.0	17.1	64.0	35.1	0.9
	10년 이상	(44)	11.4	45.5	22.7	18.2	56.8	40.9	2.3
	무응답	(18)	11.1	50.0	11.1	27.8	61.1	38.9	0.0
담임목사 설교 만족도	만족	(463)	9.5	48.8	21.2	20.3	58.3	41.5	0.2
	그저그렇다	(9)	22.2	66.7	11.1	0.0	88.9	11.1	0.0
	불만족	(3)	0.0	33.3	0.0	66.7	33.3	66.7	0.0
	무응답	(4)	0.0	0.0	0.0	0.0	0.0	0.0	100.0

다음으로 본당에 못 들어가서 주일예배를 영상으로 보게 될 때 얼마나 만족하는지 물어보았는데, 전체의 3.8%가 "매우 만족한다", 33.0%가 "대체로 만족한다"고 응답하여 36.7%의 긍정률을 보였고, "별로 만족하지 않는다"가 17.5%, "전혀 만족하지 않는다"가 5.6%로 23.2%의 부정률을 보였다. 평균은 3.13으로 매우 낮았다. 성별로는 남성, 연령별로는 20대, 학력별로는 대졸 이상, 직분별로는 권사와 서리집사, 신앙연수로는 10년에서 40년 미만, 교회 출석연수가 오래될수록 만족도가 낮은 것으로 나타났다.

만족하지 않는 111명이 답한 불만족 이유로는 "집중이 되지 않아서"가 20.7%로 가장 많았고, 다음으로 "직접 예배드리는 것이 좋아서"(13.5%), "주위가 산만하다"(11.7%), "생동감이 적다"(6.3%), "현실감이 떨어진다"(5.4%), "은혜스럽지 않아서"(3.6%), "TV로 예배 드리는 것 같아서"(3.6%) 등이 있었다.

〈표18〉 본당 외 주일예배 참여 시 만족도

		사례수	⑤매우 만족한다	④대체로 만족한다	③그저 그렇다	②별로 만족하지 않는다	①전혀 만족하지 않는다	TOP 2 (④+⑤)	MID (③)	BOT 2 (①+②)	모름/무응답	평균
			%	%	%	%	%	%	%	%	%	5점 척도
전체		(479)	3.8	33.0	32.2	17.5	5.6	36.7	32.2	23.2	7.9	3.13
성별	남자	(190)	1.6	28.9	42.1	14.7	4.7	30.5	42.1	19.5	7.9	3.09
	여자	(279)	5.0	35.8	25.4	19.0	6.5	40.9	25.4	25.4	8.2	3.15
	무응답	(10)	10.0	30.0	30.0	30.0	0.0	40.0	30.0	30.0	0.0	3.20
연령	20대	(53)	0.0	35.8	37.7	13.2	7.5	35.8	37.7	20.8	5.7	3.08
	30대	(93)	4.3	32.3	33.3	18.3	5.4	36.6	33.3	23.7	6.5	3.13
	40대	(196)	5.1	35.2	29.1	16.8	7.7	40.3	29.1	24.5	6.1	3.14
	50대 이상	(125)	2.4	29.6	32.8	19.2	2.4	32.0	32.8	21.6	13.6	3.12
	무응답	(12)	8.3	25.0	41.7	25.0	0.0	33.3	41.7	25.0	0.0	3.17

직분	장로	(20)	0.0	35.0	30.0	15.0	0.0	35.0	30.0	15.0	20.0	3.25
	안수집사	(42)	0.0	35.7	42.9	7.1	7.1	35.7	42.9	14.3	7.1	3.15
	권사	(34)	0.0	23.5	26.5	23.5	5.9	23.5	26.5	29.4	20.6	2.85
	서리집사	(260)	5.0	30.4	31.2	20.8	5.8	35.4	31.2	26.5	6.9	3.09
	직분 없음	(123)	4.1	39.8	32.5	13.0	5.7	43.9	32.5	18.7	4.9	3.25
신앙연수	9년 이하	(99)	8.1	40.4	28.3	14.1	4.0	48.5	28.3	18.2	5.1	3.36
	10~19년	(72)	2.8	33.3	26.4	18.1	9.7	36.1	26.4	27.8	9.7	3.02
	20~29년	(118)	2.5	27.1	43.2	17.8	5.1	29.7	43.2	22.9	4.2	3.04
	30~39년	(97)	2.1	34.0	24.7	18.6	8.2	36.1	24.7	26.8	12.4	3.04
	40년 이상	(77)	2.6	29.9	33.8	19.5	2.6	32.5	33.8	22.1	11.7	3.12
	무응답	(16)	6.3	37.5	37.5	18.8	0.0	43.8	37.5	18.8	0.0	3.31
광성교회 출석연수	2년 이하	(138)	3.6	34.8	32.6	19.6	3.6	38.4	32.6	23.2	5.8	3.16
	3~5년	(168)	4.8	35.1	31.5	14.9	7.7	39.9	31.5	22.6	6.0	3.15
	6~9년	(111)	2.7	28.8	32.4	16.2	4.5	31.5	32.4	20.7	15.3	3.11
	10년 이상	(44)	2.3	27.3	31.8	22.7	9.1	29.5	31.8	31.8	6.8	2.90
	무응답	(18)	5.6	38.9	33.3	22.2	0.0	44.4	33.3	22.2	0.0	3.28

(5) 교회 사역에 대한 평가

교회 사역과 관련해서 먼저 교회가 개인 구원과 사회 구원 사이에 균형을 이루고 있다고 생각하는지 물었는데, 전체의 69.5%는 "균형이 잘 이루어져 있다"고 응답하였고, 다음으로 9.6%는 "사회 구원에 치우쳐 있다", 4.0%는 "개인 구원에 치우쳐 있다"고 응답하였고, 16.9%는 "잘 모르겠다"고 응답하였다. 성별로는 큰 차이가 없었으나 연령별로는 20대와 30대에서 "균형이 잘 이루어져 있다"는 응답이 평균보다 낮았는데, 20대에서는 "개인 구원에 치우쳐 있다"는 응답이 상대적으로 높은데 반해 30대에서는 "사회 구원에 치우쳐 있다"는 응답이 상대적으로 높았다. 신앙연수에 따라서는 10년에서 20년 미만의 사람들이 "균형이 잘 이루어져 있다"는 응답이 평균보다 낮았고, "사회 구원에 치우쳐 있다"는 응답이 비교적 높았다. 교회 출석 연수에 따라서는 "균형이 잘 이루어져 있다"는 응답이 연수에 비례하여 많은 것으로 나타났다.

<표19> 개인 구원과 사회 구원 사이의 균형

		사례수	균형이 잘 이루어져 있다	사회 구원에 치우쳐 있다	개인 구원에 치우쳐 있다	잘 모르겠다
			%	%	%	%
전체		(479)	69.5	9.6	4.0	16.9
성별	남자	(190)	68.4	11.1	6.8	13.7
	여자	(279)	71.7	8.6	2.2	17.6
	무응답	(10)	30.0	10.0	0.0	60.0
연령	20대	(53)	67.9	5.7	11.3	15.1
	30대	(93)	61.3	12.9	4.3	21.5
	40대	(196)	71.4	8.2	4.1	16.3
	50대 이상	(125)	76.8	11.2	0.8	11.2
	무응답	(12)	33.3	8.3	0.0	58.3
학력	중졸 이하	(25)	60.0	8.0	4.0	28.0
	고졸	(125)	73.6	8.0	3.2	15.2
	대졸 이상	(329)	68.7	10.3	4.3	16.7
직분	장로	(20)	85.0	5.0	0.0	10.0
	안수집사	(42)	76.2	11.9	4.8	7.1
	권사	(34)	82.4	8.8	2.9	5.9
	서리집사	(260)	68.8	11.2	3.1	16.9
	직분 없음	(123)	62.6	6.5	6.5	24.4
신앙연수	9년 이하	(99)	68.7	5.1	2.0	24.2
	10~19년	(72)	58.3	22.2	5.6	13.9
	20~29년	(118)	74.6	8.5	6.8	10.2
	30~39년	(97)	74.2	8.2	2.1	15.5
	40년 이상	(77)	72.7	7.8	3.9	15.6
	무응답	(16)	43.8	6.3	0.0	50.0
광성교회 출석연수	2년 이하	(138)	68.1	9.4	3.6	18.8
	3~5년	(168)	68.5	12.5	3.0	16.1
	6~9년	(111)	74.8	7.2	4.5	13.5
	10년 이상	(44)	77.3	6.8	9.1	6.8
	무응답	(18)	38.9	5.6	0.0	55.6

교회가 가장 잘 하고 있는 사역으로는 27.3%가 "민주적인 교회 운영"을 꼽았고, "교회 재정의 투명성"이라고 응답한 비율이 비슷하게 25.1%가 나와 성도들은 이 두 가지를 교회의 가장 큰 자랑거리로 생각하고 있는 것으로 나타났다. 다음으로, 20.9%가 "다양한 교육 프로그램", 15.9%가 "사회봉사 및 참여 활동", 7.3%가 "깊이 있는 예배", 2.7%가 "주일학교 교육"이라고 응답하였으며, 기타 응답으로 다양한 프로그램, 남선교회, 성가대 등이 있었다.

연령별로 30대는 "다양한 교육 프로그램"이라는 응답이 가장 많았고, 직분별로 장로는 "교회 재정의 투명성", 권사는 "다양한 교육 프로그램"이라는 응답이 가장 많았다. 교회 출석 연수로는 2년 이하인 교인들은 "다양한 교육 프로그램", 10년 이상인 교인들은 "교회 재정의 투명성"이라는 응답이 가장 많아 대조를 이루었다.

〈표20〉 교회의 가장 긍정적인 사역

		사례수	민주적인 교회 운영	교회 재정의 투명성	다양한 교육 프로그램	사회봉사 및 참여 활동	깊이 있는 예배	주일학교 교육	다양한 프로그램	남선교회	찬양대
			%	%	%	%	%	%	%	%	%
전체		(479)	27.3	25.1	20.9	15.9	7.3	2.7	2.5	0.2	0.2
성별	남자	(190)	32.6	25.3	14.2	16.8	5.8	4.7	2.1	0.5	0.0
	여자	(279)	23.7	25.4	26.2	15.4	8.2	1.4	1.4	0.0	0.4
	무응답	(10)	30.0	10.0	0.0	10.0	10.0	0.0	40.0	0.0	0.0
연령	20대	(53)	30.2	11.3	9.4	26.4	18.9	0.0	3.8	0.0	0.0
	30대	(93)	18.3	25.8	28.0	22.6	2.2	2.2	1.1	0.0	0.0
	40대	(196)	27.0	24.5	20.9	14.3	8.2	3.1	2.6	0.0	0.5
	50대 이상	(125)	33.6	32.0	22.4	8.8	4.8	4.0	0.0	0.8	0.0
	무응답	(12)	25.0	16.7	0.0	16.7	8.3	0.0	33.3	0.0	0.0

	구분	(N)	1	2	3	4	5	6	7	8	9
	중졸 이하	(25)	36.0	24.0	20.0	8.0	4.0	0.0	16.0	0.0	0.0
	고졸	(125)	28.8	28.0	20.8	12.0	10.4	0.0	2.4	0.0	0.8
	대졸 이상	(329)	26.1	24.0	21.0	17.9	6.4	4.0	1.5	0.3	0.0
직분	장로	(20)	35.0	55.0	10.0	10.0	0.0	5.0	0.0	0.0	0.0
	안수집사	(42)	35.7	31.0	11.9	9.5	0.0	9.5	2.4	2.4	0.0
	권사	(34)	29.4	35.3	41.2	2.9	2.9	0.0	0.0	0.0	0.0
	서리집사	(260)	26.5	25.0	22.3	14.2	7.3	3.1	1.9	0.0	0.4
	직분 없음	(123)	24.4	15.4	17.1	26.0	12.2	0.0	4.9	0.0	0.0
신앙연수	9년 이하	(99)	26.3	22.2	19.2	18.2	10.1	4.0	0.0	0.0	0.0
	10~19년	(72)	26.4	27.8	23.6	12.5	8.3	0.0	1.4	0.0	0.0
	20~29년	(118)	25.4	23.7	14.4	19.5	10.2	3.4	3.4	0.0	0.8
	30~39년	(97)	28.9	29.9	26.8	10.3	4.1	2.1	2.1	0.0	0.0
	40년 이상	(77)	29.9	23.4	24.7	15.6	2.6	3.9	1.3	1.3	0.0
	무응답	(16)	31.3	18.8	12.5	25.0	6.3	0.0	25.0	0.0	0.0
광성교회 출석연수	2년 이하	(138)	19.6	20.3	25.4	22.5	8.0	2.2	2.2	0.0	0.0
	3~5년	(168)	31.0	20.8	23.2	13.1	8.9	3.0	1.8	0.0	0.6
	6~9년	(111)	35.1	30.6	17.1	15.3	1.8	0.9	0.9	0.9	0.0
	10년 이상	(44)	20.5	45.5	11.4	9.1	9.1	6.8	0.0	0.0	0.0
	무응답	(18)	22.2	16.7	11.1	11.1	16.7	5.6	27.8	0.0	0.0

다음으로 개선해야 할 사역을 복수 응답으로 질문하였는데, 가장 많은 37.2%가 "보다 친밀한 교우 관계"를 꼽았고, 이와 비슷한 34.7%는 "부서 이기주의"라고 응답하여 교회가 대형화 되면서 교우 관계가 깊지 못하고, 많은 부서가 경쟁하듯이 사역을 하면서 나타나는 부서 이기주의를 교회의 가장 큰 문제로 생각하는 것으로 나타났다. 다음으로, 29.2%는 "보다 깊이 있는 예배", 26.1%는 "주일학교 교육 강화", 15.0%는 "사회봉사 및 참여활동의 강화", 11.9%는 "교육 프로그램 강화", 10.9%는 "보다 민주적인 의사 결정", 10.4%는 "바람직한 교회 재정의 사용"이라고 응답하였다.

연령별로 30대와 40대는 "주일학교 교육 강화"에 상대적으로 높게 응답하여 어린 자녀들의 교회 교육에 대한 불만족을 나타냈다. 한편, 직분별로 장로(70%), 권사(50%), 안수집사(35.7%)는 "부서 이기주의 극복"이라는 응답이 가장 높았고, 교회 출석 연수가 6년 이상(10년 이상 포함)인 사람들 역시 "부서 이기주의 극복"이라는 응답이 가장 높아 중직자들과 교회에 오래 다닌 성도들은 부서간 이기주의가 매우 심각한 것으로 보고 있는 것으로 나타났다.

〈표21〉 교회가 개선해야 할 사항

		사례수	보다 친밀한 교우관계	부서 이기주의 극복	보다 깊이 있는 예배	주일학교 교육 강화	사회봉사 및 참여활동의 강화	교육 프로그램 강화	보다 민주적인 의사결정	바람직한 교회 재정의 사용	기타	없음
			%	%	%	%	%	%	%	%	%	%
전체		(479)	37.2	34.7	29.2	26.1	15.0	11.9	10.9	10.4	9.4	1.3
성별	남자	(190)	35.8	36.8	26.8	19.5	17.9	11.6	13.7	9.5	10.0	2.6
	여자	(279)	38.0	33.7	30.1	30.8	13.3	12.5	9.3	11.5	7.9	0.4
	무응답	(10)	40.0	20.0	50.0	20.0	10.0	0.0	0.0	0.0	40.0	0.0
연령	20대	(53)	37.7	34.0	26.4	5.7	17.0	5.7	7.5	9.4	15.1	1.9
	30대	(93)	39.8	16.1	33.3	35.5	15.1	15.1	4.3	9.7	8.6	1.1
	40대	(196)	35.7	39.3	28.1	34.2	12.2	13.8	11.7	10.7	8.2	1.5
	50대 이상	(125)	37.6	42.4	28.0	15.2	19.2	10.4	16.8	11.2	7.2	0.8
	무응답	(12)	33.3	25.0	41.7	25.0	8.3	0.0	0.0	8.3	33.3	0.0
학력	중졸 이하	(25)	28.0	28.0	24.0	8.0	8.0	0.0	0.0	8.0	32.0	0.0
	고졸	(125)	39.2	37.6	24.0	24.0	20.0	8.0	8.8	8.8	9.6	1.6
	대졸 이상	(329)	37.1	34.0	31.6	28.3	13.7	14.3	12.5	11.2	7.6	1.2
직분	장로	(20)	50.0	70.0	45.0	20.0	15.0	5.0	10.0	0.0	5.0	0.0
	안수집사	(42)	31.0	35.7	21.4	28.6	19.0	16.7	14.3	11.9	9.5	4.8
	권사	(34)	38.2	50.0	23.5	35.3	8.8	11.8	5.9	17.6	5.9	0.0
	서리집사	(260)	37.3	35.8	30.8	29.2	14.6	13.5	12.3	8.8	7.3	0.4
	직분 없음	(123)	36.6	22.0	27.6	17.1	16.3	8.1	8.1	13.0	15.4	2.4

신앙연수	9년 이하	(99)	33.3	19.2	21.2	22.2	20.2	11.1	14.1	13.1	13.1	2.0
	10~19년	(72)	38.9	30.6	36.1	34.7	19.4	19.4	11.1	9.7	2.8	1.4
	20~29년	(118)	33.9	41.5	30.5	22.0	16.1	10.2	7.6	11.9	11.0	1.7
	30~39년	(97)	38.1	39.2	30.9	30.9	6.2	8.2	9.3	12.4	8.2	1.0
	40년 이상	(77)	45.5	45.5	26.0	23.4	14.3	14.3	14.3	5.2	5.2	0.0
	무응답	(16)	31.3	18.8	43.8	25.0	12.5	6.3	6.3	0.0	31.3	0.0
광성교회 출석연수	2년 이하	(138)	37.7	16.7	26.1	27.5	13.8	10.9	5.8	11.6	12.3	2.2
	3~5년	(168)	40.5	36.3	28.6	26.2	11.3	17.9	14.3	11.3	8.9	0.0
	6~9년	(111)	27.9	47.7	32.4	24.3	20.7	8.1	12.6	8.1	5.4	0.9
	10년 이상	(44)	45.5	56.8	27.3	27.3	20.5	6.8	11.4	9.1	4.5	4.5
	무응답	(18)	38.9	22.2	44.4	22.2	11.1	0.0	5.6	11.1	27.8	0.0

교회가 현 시점에서 우선적으로 추구해야 할 목표에 대해서는 가장 많은 66.3%가 "성도의 신앙 성숙"을 꼽았고, 다음으로 16.8%는 "교회 체계의 정비", 9.5%는 "사회봉사 및 참여 활동"이라고 응답했으며, "교회의 부흥과 성장"이라는 응답은 4.1%에 불과했다. 직분별로 장로는 "교회 체계의 정비"라는 응답이 50%로 가장 많았고, 안수집사도 "교회 체계의 정비"라는 응답이 36.6%로 상대적으로 높았다. 또한 교회 출석 연수가 10년 이상인 성도들에게서도 "교회 체계의 정비"라는 응답이 상대적으로 높아, 전체적으로는 성도의 신앙 성숙이 최우선 목표이지만 교회 체계를 정비하는 것도 매우 시급한 과제라고 보는 것으로 나타났다.

〈표22〉 교회의 최우선 목표

		사례수	성도의 신앙적 성숙	교회 체계의 정비	사회 봉사 및 참여 활동	교회의 부흥과 성장	없음
			%	%	%	%	%
전체		(463)	66.3	16.8	9.5	4.1	1.1
성별	남자	(186)	58.6	21.5	12.4	4.3	1.1
	여자	(270)	71.5	13.3	7.8	4.1	1.1
	무응답	(7)	71.4	28.6	0.0	0.0	0.0
연령	20대	(52)	71.2	5.8	9.6	7.7	1.9
	30대	(91)	67.0	17.6	7.7	6.6	1.1
	40대	(187)	70.6	12.3	11.2	2.7	0.5
	50대 이상	(124)	57.3	26.6	8.9	3.2	1.6
	모름/ 무응답	(9)	66.7	33.3	0.0	0.0	0.0
학력	중졸 이하	(22)	72.7	13.6	4.5	4.5	0.0
	고졸	(122)	59.0	20.5	12.3	4.1	1.6
	대졸 이상	(319)	68.7	15.7	8.8	4.1	0.9
직분	장로	(20)	40.0	50.0	0.0	10.0	0.0
	안수집사	(41)	46.3	36.6	9.8	4.9	0.0
	권사	(33)	66.7	12.1	6.1	3.0	3.0
	서리집사	(252)	69.0	16.3	9.5	2.8	0.8
	직분 없음	(117)	71.8	6.8	12.0	6.0	1.7
신앙연수	9년 이하	(98)	68.4	12.2	10.2	7.1	1.0
	10~19년	(70)	62.9	21.4	10.0	2.9	1.4
	20~29년	(113)	68.1	15.0	8.0	4.4	0.9
	30~39년	(95)	68.4	17.9	8.4	3.2	2.1
	40년 이상	(75)	60.0	18.7	13.3	2.7	0.0
	모름/ 무응답	(12)	75.0	25.0	0.0	0.0	0.0
광성교회 출석연수	2년 이하	(133)	73.7	9.8	7.5	6.0	1.5
	3~5년	(161)	65.2	17.4	10.6	3.1	1.9
	6~9년	(110)	65.5	18.2	10.9	1.8	0.0
	10년 이상	(44)	52.3	29.5	11.4	4.5	0.0
	모름/ 무응답	(15)	60.0	26.7	0.0	13.3	0.0

교회가 가장 내세울 만한 기관이나 시설로는 가장 많은 27.3%가 "광성드림학교"를 꼽았고, 다음으로 21.1%는 "평생교육원", 10.3%는 "한나래선교원", 9.5%는 "해피천사", 9.2%는 "파주시 노인복지관", 9.0%는 "해피뱅크", 5.9%는 "해비타트", 5.5%는 "지저스아트홀" 등을 꼽았다. 연령별로는 20대에서 "광성드림학교"가 40%로 압도적으로 많았고, 직분별로 보면 장로는 가장 많은 35%가 "해피뱅크"를 꼽았다. 교회에 10년 이상 다닌 성도들은 "해피 천사"라는 응답이 가장 많아 대조를 이루었다.

〈표23〉 교회의 대표 기관이나 시설

		사례수	광성드림학교	평생교육원	한나래선교원	해피천사	파주시노인복지관	해피뱅크	해비타트	지저스아트홀	광성노인요양시설	노아스쿨	올리브향기카페	광성북카페	쿰치유센터	문산종합사회복지관	스포츠선교단	체육관
			%	%	%	%	%	%	%	%	%	%	%	%	%	%	%	%
전체		(455)	27.3	12.1	10.3	9.5	9.2	9.0	5.9	5.5	4.8	4.6	3.1	3.1	2.2	2.0	1.3	0.9
성별	남자	(180)	30.6	5.0	4.4	12.2	11.7	11.7	5.6	8.9	5.6	3.3	1.1	3.9	3.3	3.3	3.3	1.1
	여자	(268)	25.0	16.4	14.2	7.8	7.1	7.1	6.3	3.4	4.5	5.2	4.5	2.6	1.5	1.1	0.0	0.7
	무응답	(7)	28.6	28.6	14.3	0.0	28.6	14.3	0.0	0.0	0.0	14.3	0.0	0.0	0.0	0.0	0.0	0.0
연령	20대	(50)	40.0	6.0	2.0	4.0	2.0	8.0	10.0	12.0	2.0	2.0	8.0	0.0	2.0	4.0	6.0	2.0
	30대	(92)	27.2	13.0	17.4	9.8	8.7	3.3	7.6	5.4	6.5	2.2	0.0	2.2	2.2	2.2	0.0	0.0
	40대	(182)	23.6	13.7	11.5	9.3	7.1	11.0	6.0	4.4	3.8	4.4	2.7	4.4	0.5	1.1	0.5	1.6
	50대 이상	(122)	27.9	9.8	5.7	12.3	14.8	10.7	3.3	4.9	6.6	7.4	4.1	3.3	4.9	2.5	1.6	0.0
	무응답	(9)	22.2	33.3	22.2	0.0	22.2	11.1	0.0	0.0	0.0	11.1	0.0	0.0	0.0	0.0	0.0	0.0
학력	중졸 이하	(21)	33.3	9.5	19.0	4.8	23.8	4.8	0.0	0.0	9.5	0.0	0.0	4.8	0.0	0.0	0.0	0.0
	고졸	(120)	30.8	15.8	8.3	10.8	7.5	12.5	4.2	4.2	5.8	5.0	2.5	3.3	2.5	2.5	0.0	0.0
	대졸 이상	(314)	25.5	10.8	10.5	9.2	8.9	8.0	7.0	6.4	4.8	4.1	3.5	3.2	1.9	1.9	1.9	1.3

직분	장로	(20)	20.0	30.0	10.0	25.0	0.0	35.0	5.0	0.0	5.0	5.0	0.0	5.0	15.0	5.0	5.0	0.0
	안수집사	(40)	35.0	7.5	0.0	12.5	20.0	12.5	2.5	5.0	0.0	7.5	2.5	2.5	0.0	0.0	0.0	0.0
	권사	(32)	31.3	9.4	6.3	0.0	12.5	12.5	3.1	3.1	6.3	9.4	9.4	0.0	3.1	3.1	0.0	3.1
	서리집사	(247)	23.9	12.6	11.7	11.3	7.7	7.3	6.5	5.3	5.7	4.5	2.4	3.6	2.0	2.0	0.8	0.8
	직분 없음	(116)	31.9	10.3	12.1	4.3	9.5	6.0	6.9	7.8	4.3	2.6	3.4	2.6	0.9	1.7	2.6	0.9
신앙연수	9년 이하	(95)	28.4	10.5	10.5	4.2	12.6	9.5	6.3	5.3	10.5	4.2	1.1	3.2	1.1	0.0	1.1	0.0
	10~19년	(69)	24.6	14.5	14.5	13.0	8.7	7.2	7.2	4.3	4.3	7.2	2.9	4.3	2.9	4.3	0.0	0.0
	20~29년	(114)	24.6	12.3	7.9	8.8	7.9	7.0	8.8	6.1	2.6	2.6	4.4	2.6	2.6	2.6	1.8	1.8
	30~39년	(90)	28.9	5.6	10.0	13.3	4.4	12.2	1.1	10.0	4.4	3.3	2.2	2.2	2.2	2.2	0.0	1.1
	40년 이상	(74)	29.7	17.6	5.4	10.8	12.2	9.5	6.8	1.4	2.7	6.8	5.4	4.1	2.7	1.4	4.1	1.4
	무응답	(13)	30.8	23.1	38.5	0.0	15.4	7.7	0.0	0.0	0.0	7.7	0.0	0.0	0.0	0.0	0.0	0.0
광성교회 출석연수	2년 이하	(130)	28.5	11.5	10.0	3.8	7.7	6.9	5.4	8.5	6.2	3.1	3.8	2.3	2.3	2.3	1.5	0.8
	3~5년	(162)	29.6	11.1	12.3	9.3	9.9	8.0	5.6	4.9	3.1	2.5	3.1	3.1	1.2	1.2	0.6	0.0
	6~9년	(106)	25.5	11.3	9.4	13.2	9.4	12.3	8.5	3.8	6.6	9.4	2.8	4.7	3.8	2.8	0.9	0.9
	10년 이상	(42)	19.0	19.0	4.8	21.4	4.8	11.9	4.8	4.8	4.8	4.8	2.4	0.0	2.4	2.4	0.0	2.4
	무응답	(15)	26.7	13.3	13.3	0.0	26.7	6.7	0.0	0.0	0.0	6.7	0.0	6.7	0.0	0.0	13.3	6.7

    교회의 여러 가지 측면에 대한 평가에서 먼저 "예배 시간에 하나님의 임재를 경험하게 한다"에 대해서는 35.5%가 "매우 그렇다", 43.6%가 "조금 그렇다"고 응답하여 79.1%의 긍정률을 보였고, 평균은 4.11이었다. "그리스도와 인격적인 관계를 맺도록 도와준다"에 대해서는 43.6%가 "매우 그렇다", 42.0%가 "조금 그렇다"고 응답하여 85.6%의 긍정률을 보였고, 평균은 4.30이었다. "신앙생활의 다음 단계로 가도록 도와준다"에 대해서는 47.0%가 "매우 그렇다", 36.5%가 "조금 그렇다"고 응답하여 83.5%의 긍정률을 보였고, 평균은 4.33이었다. "성경을 더 깊이 이해하도록 도와준다"에 대해서는 46.6%가 "매우 그렇다", 38.4%가 "조금 그렇다"고 응답하여 85.0%의 긍정률을 보였고, 긍정률은 4.35였다. "소속감을 느끼도록 도와준다"에 대해서는 38.6%가 "매우 그렇다", 34.2%가 "조금 그렇다"고 응답하여 72.9%의 긍정

률을 보였고, 평균은 4.10이었다.

　다음으로 "영적 멘토를 찾도록 도와준다"에 대해서는 23.6%가 "매우 그렇다", 30.9%가 "조금 그렇다"고 응답하여 54.5%의 긍정률을 보였고, 평균은 3.69로 낮은 편이었다. 위의 다섯 가지 항목에 대해서는 4.10에서 4.35(100점 만점으로 82점에서 87)로 큰 차이가 없었으나 이 항목에 대해서는 비교적 큰 차이를 보이며 낮게 평가하였다. 그리고 마지막으로 "우리 교회는 관계 중심이라기보다는 일 중심이다"라는 부정적 진술에 대해서는 8.8%가 "전혀 그렇지 않다", 22.1%가 "별로 그렇지 않다"고 응답하여 30.9%의 부정률을 보인 반면에 34%의 긍정률을 보여 긍정의 의견을 보이는 사람들이 더 많았다.

〈표24〉 교회에 대한 설명별 동의 정도

	사례수	① 전혀 그렇지 않다	② 별로 그렇지 않다	③ 그저 그렇다	④ 조금 그렇다	⑤ 매우 그렇다	◐ BOT 2(①+②)	◐ MID (③)	◐ TOP 2(④+⑤)	모름/무응답	▶평균
		%	%	%	%	%	%	%	%	%	5점 척도
예배 시간에 하나님의 임재를 경험하게 한다	(479)	1.3	4.6	11.5	43.6	35.5	5.8	11.5	79.1	3.5	4.11
그리스도와 인격적인 관계를 맺도록 도와준다	(479)	0.2	2.7	8.4	42.0	43.6	2.9	8.4	85.6	3.1	4.30
신앙생활의 다음 단계로 나아가도록 도와준다	(479)	0.0	1.9	11.3	36.5	47.0	1.9	11.3	83.5	3.3	4.33
성경을 더 깊이 이해하도록 도와준다	(479)	0.0	1.7	9.8	38.4	46.6	1.7	9.8	85.0	3.5	4.35
소속감을 느끼도록 도와준다	(479)	0.8	4.2	17.7	34.2	38.6	5.0	17.7	72.9	4.4	4.10
영적 멘토를 찾도록 도와준다	(479)	0.8	10.4	29.4	30.9	23.6	11.3	29.4	54.5	4.8	3.69
우리 교회는 관계 중심이라기보다는 일 중심이다	(479)	8.8	22.1	31.3	24.4	9.6	30.9	31.3	34.0	3.8	3.04

거룩한빛광성교회의 성도가 된 것에 대한 만족도는 59.3%가 "매우 그렇다", 34.4%가 "대체로 그렇다"고 응답하여 93.7%의 긍정률을 보였고, 평균도 4.55로 매우 높았다. 연령별로 큰 차이는 없었으나 20대의 만족도가 약간 낮게 나왔고, 학력별로는 반비례하는 경향을 나타냈고, 교회 출석 연수와는 정비례하는 경향을 나타냈다. 직분별로는 권사가 가장 높았고, 다음으로 장로, 안수집사, 서리집사, 무직분자 순이었다.

〈표25〉 교회에 대한 만족도

		사례수	⑤ 매우 그렇다	④ 대체로 그렇다	③ 그저 그렇다	② 별로 그렇지 않다	① 전혀 그렇지 않다	TOP2 (④+⑤)	MID (③)	BOT2 (①+②)	모름/무응답	평균
			%	%	%	%	%	%	%	%	%	5점 척도
전체		(479)	59.3	34.4	4.4	0.2	0.2	93.7	4.4	0.4	1.5	4.55
성별	남자	(190)	58.4	36.3	4.2	0.0	0.0	94.7	4.2	0.0	1.1	4.55
	여자	(279)	60.6	33.3	4.7	0.4	0.4	93.9	4.7	0.7	0.7	4.55
	무응답	(10)	40.0	30.0	0.0	0.0	0.0	70.0	0.0	0.0	30.0	4.57
연령	20대	(53)	52.8	43.4	3.8	0.0	0.0	96.2	3.8	0.0	0.0	4.49
	30대	(93)	55.9	39.8	4.3	0.0	0.0	95.7	4.3	0.0	0.0	4.52
	40대	(196)	59.7	33.7	4.1	0.5	0.0	93.4	4.1	0.5	2.0	4.56
	50대이상	(125)	65.6	28.0	5.6	0.0	0.8	93.6	5.6	0.8	0.0	4.58
	무응답	(12)	41.7	33.3	0.0	0.0	0.0	75.0	0.0	0.0	25.0	4.56
학력	중졸이하	(25)	68.0	20.0	0.0	0.0	0.0	88.0	0.0	0.0	12.0	4.77
	고졸	(125)	67.2	26.4	4.0	0.0	0.8	93.6	4.0	0.8	1.6	4.62
	대졸이상	(329)	55.6	38.6	4.9	0.3	0.0	94.2	4.9	0.3	0.6	4.50
직분	장로	(20)	80.0	20.0	0.0	0.0	0.0	100.0	0.0	0.0	0.0	4.80
	안수집사	(42)	69.0	28.6	0.0	0.0	0.0	97.6	0.0	0.0	2.4	4.71
	권사	(34)	91.2	8.8	0.0	0.0	0.0	100.0	0.0	0.0	0.0	4.91
	서리집사	(260)	58.1	34.6	5.8	0.4	0.0	92.7	5.8	0.4	1.2	4.52
	직분없음	(123)	46.3	45.5	4.9	0.0	0.8	91.9	4.9	0.8	2.4	4.40

		사례수										평균
신앙연수	9년 이하	(99)	54.5	40.4	4.0	0.0	1.0	94.9	4.0	1.0	0.0	4.47
	10~19년	(72)	45.8	44.4	8.3	0.0	0.0	90.3	8.3	0.0	1.4	4.38
	20~29년	(118)	62.7	33.1	2.5	0.0	0.0	95.8	2.5	0.0	1.7	4.61
	30~39년	(97)	61.9	32.0	5.2	1.0	0.0	93.8	5.2	1.0	0.0	4.55
	40년 이상	(77)	74.0	22.1	2.6	0.0	0.0	96.1	2.6	0.0	1.3	4.72
	무응답	(16)	37.5	37.5	6.3	0.0	0.0	75.0	6.3	0.0	18.8	4.38
광성교회 출석연수	2년 이하	(138)	44.9	48.6	4.3	0.7	0.7	93.5	4.3	1.4	0.7	4.37
	3~5년	(168)	63.7	31.0	4.2	0.0	0.0	94.6	4.2	0.0	1.2	4.60
	6~9년	(111)	67.6	27.0	4.5	0.0	0.0	94.6	4.5	0.0	0.9	4.64
	10년이상	(44)	79.5	18.2	2.3	0.0	0.0	97.7	2.3	0.0	0.0	4.77
	무응답	(18)	27.8	44.4	11.1	0.0	0.0	72.2	11.1	0.0	16.7	4.20

교회의 전반적인 사역을 10점 만점으로 평가해달라는 질문에 가장 많은 41.8%가 8점이라고 응답했고, 다음으로 23.8%가 9점, 8.4%가 10점이라고 응답하였고, 평균은 8.1점(100점 만점으로 81점)으로 비교적 높게 나왔다. 직분별로는 장로의 각각 40%가 8점과 9점으로 평가한 것이 특징이나 전체적으로 큰 차이는 없었다.

<표26> 교회의 전반적인 사역에 대한 평가

		사례수	3점	4점	5점	6점	7점	8점	9점	10점	모름/무응답	평균
			%	%	%	%	%	%	%	%	%	10점 만점
전체		(479)	0.4	0.4	1.3	4.2	15.9	41.8	23.8	8.4	4.0	8.1
성별	남자	(190)	1.1	0.5	2.6	3.2	15.3	43.7	21.6	9.5	2.6	8.0
	여자	(279)	0.0	0.4	0.4	5.0	16.5	41.6	24.7	7.9	3.6	8.1
	무응답	(10)	0.0	0.0	0.0	0.0	10.0	10.0	40.0	0.0	40.0	8.5
연령	20대	(53)	0.0	0.0	0.0	3.8	11.3	50.9	22.6	5.7	5.7	8.2
	30대	(93)	0.0	0.0	0.0	4.3	24.7	37.6	22.6	7.5	3.2	8.0
	40대	(196)	0.5	0.5	2.6	4.1	13.8	41.8	24.5	10.2	2.0	8.1
	50대이상	(125)	0.8	0.8	0.8	4.8	15.2	42.4	23.2	8.0	4.0	8.1
	무응답	(12)	0.0	0.0	0.0	0.0	8.3	25.0	33.3	0.0	33.3	8.4

분류		(N)										
학력	중졸이하	(25)	0.0	0.0	0.0	0.0	8.0	20.0	36.0	16.0	20.0	8.8
	고졸	(125)	0.8	0.0	0.0	4.8	12.8	40.0	25.6	11.2	4.8	8.2
	대졸이상	(329)	0.3	0.6	1.8	4.3	17.6	44.1	22.2	6.7	2.4	8.0
직분	장로	(20)	0.0	0.0	0.0	0.0	10.0	40.0	40.0	0.0	10.0	8.3
	안수집사	(42)	0.0	0.0	0.0	2.4	19.0	47.6	14.3	16.7	0.0	8.2
	권사	(34)	0.0	0.0	0.0	5.9	14.7	35.3	32.4	8.8	2.9	8.2
	서리집사	(260)	0.8	0.8	2.3	5.0	15.4	40.8	25.4	7.7	1.9	8.0
	직분없음	(123)	0.0	0.0	0.0	3.3	17.1	43.9	18.7	8.1	8.9	8.1
신앙연수	9년 이하	(99)	0.0	1.0	3.0	3.0	18.2	38.4	16.2	15.2	5.1	8.1
	10~19년	(72)	2.8	0.0	1.4	9.7	19.4	37.5	20.8	6.9	1.4	7.8
	20~29년	(118)	0.0	0.0	0.0	4.2	14.4	46.6	26.3	5.1	3.4	8.1
	30~39년	(97)	0.0	0.0	2.1	4.1	16.5	44.3	25.8	5.2	2.1	8.1
	40년 이상	(77)	0.0	1.3	0.0	1.3	13.0	41.6	28.6	11.7	2.6	8.3
	무응답	(16)	0.0	0.0	0.0	0.0	6.3	31.3	31.3	0.0	31.3	8.4
광성교회 출석연수	2년 이하	(138)	0.0	0.0	0.0	5.8	17.4	39.1	23.2	9.4	5.1	8.1
	3~5년	(168)	1.2	0.6	2.4	4.2	16.7	43.5	24.4	6.0	1.2	8.0
	6~9년	(111)	0.0	0.0	1.8	2.7	14.4	43.2	22.5	10.8	4.5	8.2
	10년이상	(44)	0.0	0.0	0.0	4.5	9.1	47.7	25.0	11.4	2.3	8.3
	무응답	(18)	0.0	5.6	0.0	0.0	22.2	22.2	27.8	0.0	22.2	7.8

거룩한빛광성교회가 한국 교계에 개혁 교회 또는 건강한 교회의 모델로 제시될 수 있느냐는 질문에 가장 많은 62.8%가 "비교적 좋은 모델이라고 생각한다"에 응답하였고, 33.2%가 "가장 좋은 모델이라고 생각한다"에 응답하여 96.0%가 긍정적으로 생각하는 것으로 나타났다. 연령별로는 50대 이상에서 "가장 좋은 모델이라고 생각한다"는 응답이 상대적으로 높았으며, 직분별로는 권사의 58.8%와 장로의 50.0%가 "가장 좋은 모델이라고 생각한다"고 응답하여 교회에 대한 자부심이 강한 것으로 나타났다. 연령별로는 반비례하는 경향을 나타냈고, 교회 출석 연수와는 정비례하는 경향을 나타냈다.

<표27> 한국 교계 모델로서 광성교회 평가

		사례수	① 가장 좋은 모델이라고 생각한다	② 비교적 좋은 모델이라고 생각한다	③ 별로 좋은 모델이 아니라고 생각한다	④ 전혀 좋은 모델이 아니라고 생각한다	◐있음 (①+②)	◐없음 (③+④)	잘 모르겠다
			%	%	%	%	%	%	%
전체		(479)	33.2	62.8	1.0	0.2	96.0	1.3	2.7
성별	남자	(190)	29.5	66.3	1.6	0.5	95.8	2.1	2.1
	여자	(279)	35.8	61.3	0.7	0.0	97.1	0.7	2.2
	무응답	(10)	30.0	40.0	0.0	0.0	70.0	0.0	30.0
연령	20대	(53)	20.8	77.4	1.9	0.0	98.1	1.9	0.0
	30대	(93)	30.1	66.7	2.2	0.0	96.8	2.2	1.1
	40대	(196)	33.2	63.3	0.0	0.0	96.4	0.0	3.6
	50대이상	(125)	41.6	54.4	1.6	0.8	96.0	2.4	1.6
	무응답	(12)	25.0	50.0	0.0	0.0	75.0	0.0	25.0
학력	중졸이하	(25)	56.0	32.0	0.0	0.0	88.0	0.0	12.0
	고졸	(125)	39.2	57.6	0.8	0.0	96.8	0.8	2.4
	대졸이상	(329)	29.2	67.2	1.2	0.3	96.4	1.5	2.1
직분	장로	(20)	50.0	45.0	5.0	0.0	95.0	5.0	0.0
	안수집사	(42)	40.5	57.1	0.0	0.0	97.6	0.0	2.4
	권사	(34)	58.8	35.3	2.9	0.0	94.1	2.9	2.9
	서리집사	(260)	31.2	65.8	0.4	0.4	96.9	0.8	2.3
	직분없음	(123)	25.2	69.1	1.6	0.0	94.3	1.6	4.1
신앙연수	9년 이하	(99)	41.4	55.6	1.0	0.0	97.0	1.0	2.0
	10~19년	(72)	23.6	73.6	1.4	0.0	97.2	1.4	1.4
	20~29년	(118)	27.1	70.3	0.8	0.0	97.5	0.8	1.7
	30~39년	(97)	34.0	62.9	1.0	0.0	96.9	1.0	2.1
	40년 이상	(77)	41.6	53.2	1.3	1.3	94.8	2.6	2.6
	무응답	(16)	25.0	50.0	0.0	0.0	75.0	0.0	25.0
광성교회 출석연수	2년 이하	(138)	28.3	69.6	0.7	0.0	97.8	0.7	1.4
	3~5년	(168)	32.1	64.3	1.2	0.0	96.4	1.2	2.4
	6~9년	(111)	39.6	57.7	0.0	0.0	97.3	0.0	2.7
	10년이상	(44)	43.2	52.3	2.3	0.0	95.5	2.3	2.3
	무응답	(18)	16.7	55.6	5.6	5.6	72.2	11.1	16.7

교회에 대한 잠재적인 불만을 알아보기 위해, 만일 교회를 떠난다면 어떤 이유겠느냐는 질문을 하였는데 가장 많은 전체의 27.3%가 "대형 교회로서의 문제"를 꼽아 교회 규모가 너무 큰 것이 가장 큰 잠재적 불만으로 지목되었다. 다음으로 "이사/지역적 위치"가 17.5%였고, "교우들과의 갈등"(11.9%), "교회 건축 문제"(7.1%), "교회 운영의 문제"(6.9%), "예배의 문제"(5.6%)의 순서로 나왔으며 "목회자와의 갈등"은 가장 낮은 3.8%였다. 직분별로는 권사 중에 "교회 건축 문제"가 20.6%로 상대적으로 높게 나왔고, 교회 출석 연수가 10년 이상인 성도들 역시 "교회 건축 문제"(13.6%)를 상대적으로 높게 꼽았다. 그리고 신앙연수가 9년 이하로 짧은 성도들은 "교우들과의 갈등"(20.2%)에 상대적으로 높게 응답하였다.

〈표28〉 교회를 떠날 경우 그 이유

		사례수	대형교회로서의 문제	이사/지역적 위치	교우들과의 갈등	교회 건축 문제	교회 운영의 문제	예배의 문제	없음	목회자와의 갈등	모름/무응답
			%	%	%	%	%	%	%	%	%
전체		(479)	27.3	17.5	11.9	7.1	6.9	5.6	5.0	3.8	12.7
성별	남자	(190)	26.8	15.8	14.2	8.9	7.4	3.2	5.3	4.7	14.2
	여자	(279)	28.0	19.4	10.4	5.7	6.5	7.5	5.0	2.9	11.1
	무응답	(10)	20.0	0.0	10.0	10.0	10.0	0.0	0.0	10.0	30.0
연령	20대	(53)	15.1	20.8	11.3	3.8	9.4	7.5	5.7	5.7	13.2
	30대	(93)	23.7	22.6	19.4	4.3	6.5	5.4	3.2	4.3	10.8
	40대	(196)	32.1	19.4	10.2	7.7	6.1	6.6	4.1	2.6	9.2
	50대이상	(125)	28.8	10.4	9.6	9.6	6.4	4.0	8.0	4.0	18.4
	무응답	(12)	16.7	8.3	8.3	8.3	16.7	0.0	0.0	8.3	25.0

학력	중졸이하	(25)	8.0	4.0	16.0	12.0	12.0	0.0	0.0	8.0	28.0
	고졸	(125)	25.6	25.6	10.4	4.0	2.4	6.4	9.6	1.6	12.8
	대졸이상	(329)	29.5	15.5	12.2	7.9	8.2	5.8	3.6	4.3	11.6
직분	장로	(20)	15.0	10.0	15.0	0.0	10.0	5.0	5.0	10.0	25.0
	안수집사	(42)	33.3	2.4	11.9	14.3	4.8	0.0	4.8	7.1	23.8
	권사	(34)	23.5	8.8	2.9	20.6	2.9	5.9	11.8	2.9	17.6
	서리집사	(260)	30.0	21.2	12.7	6.2	7.3	6.5	4.2	2.3	8.8
	직분없음	(123)	22.8	18.7	12.2	4.1	7.3	5.7	4.9	4.9	13.8
신앙연수	9년 이하	(99)	20.2	19.2	20.2	4.0	5.1	6.1	3.0	3.0	15.2
	10~19년	(72)	27.8	18.1	12.5	8.3	11.1	5.6	6.9	5.6	5.6
	20~29년	(118)	30.5	15.3	9.3	9.3	7.6	8.5	5.1	2.5	8.5
	30~39년	(97)	30.9	20.6	8.2	8.2	3.1	4.1	7.2	2.1	14.4
	40년 이상	(77)	27.3	16.9	10.4	3.9	9.1	2.6	3.9	6.5	18.2
	무응답	(16)	25.0	6.3	6.3	12.5	6.3	6.3	0.0	6.3	25.0
광성교회 출석연수	2년 이하	(138)	29.0	18.8	13.8	2.9	6.5	7.2	4.3	3.6	11.6
	3~5년	(168)	27.4	19.4	12.5	10.1	6.0	3.6	6.5	3.6	7.7
	6~9년	(111)	27.9	15.3	12.6	4.5	8.1	6.3	4.5	3.6	16.2
	10년이상	(44)	22.7	15.9	2.3	13.6	4.5	6.8	4.5	4.5	22.7
	무응답	(18)	22.2	5.6	11.1	11.1	16.7	5.6	0.0	5.6	22.2

마지막으로 한국교회에 대하여 질문하였는데, "현대 한국교회의 모습이 우려스럽다"에 대해 55.9%가 "매우 그렇다", 35.9%가 "조금 그렇다"고 응답하여 91.9%의 긍정률을 보였고, 평균은 4.45로 매우 높았다. 다음으로 "한국교회의 부정적인 모습이 우리 교회가 성장하는 데 저해가 된다"에 대해서는 20.0%가 "매우 그렇다", 36.3%가 "조금 그렇다"고 응답하여 56.4%의 긍정률을 보였고, 평균도 3.44로 낮은 편이었다. 그리고 "한국교회의 부정적인 모습이 자신의 신앙 성장에 저해가 된다"에 대해서는 6.5%가 "매우 그렇다", 20.9%가 "조금 그렇다"고 응답하여 27.3%의 긍정률을 보였고, 평균도 2.62로 매우 낮았다.

이러한 결과로 볼 때, 거룩한빛광성교회 성도들은 한국교회의 상황에 대해서는 매우 우려스러워 했으나 거룩한빛광성교회의 성장에는 별로 영향을 미치지 않는 것으로 인식하고 있었으며, 특히 자신의 신앙 성장과는 거의 무관한 것으로 인식하는 것으로 나타났다.

〈표29〉 한국교회에 대한 인식

	사례수	⑤ 매우 그렇다 %	④ 조금 그렇다 %	③ 그저 그렇다 %	② 별로 그렇지 않다 %	① 전혀 그렇지 않다 %	TOP 2 (④+⑤) %	MID (③) %	BOT 2 (①+②) %	모름/무응답 %	평균 5점척도
현재 한국교회의 모습이 우려스럽다	(479)	55.9	35.9	4.6	2.1	0.4	91.9	4.6	2.5	1.0	4.46
한국교회의 부정적인 모습이 우리 교회가 성장하는 데 저해가 된다	(479)	20.0	36.3	15.7	20.7	6.1	56.4	15.7	26.7	1.3	3.44
한국교회의 부정적인 모습이 자신의 신앙 성장에 저해가 된다	(479)	6.5	20.9	18.4	34.2	18.6	27.3	18.4	52.8	1.5	2.62

4. 결론 및 제언

이번 거룩한빛광성교회의 교인 의식 조사 결과를 요약해 보면, 교회 생활과 관련하여 먼저 교회 출석 동기에 대해서는, 절반에 가까운 47.8%가 "목사님의 좋은 설교"라고 응답하였으며, 다음으로 36.3%는 "교회의 좋은 이미지"로 두 항목이 80% 이상의 다수를 차지하였다. 교회의 3대 목표와 5대 비전에 대해서는 전체의 80% 이상이 인지하고 있었으며 90% 이상이 이에 동의하는 것으로 나타났고, 80% 이상이 교회가 이를 위해 효율적으로 노력하고 있다고 응답하여 전체적으로 긍정적인 응답을 하였다. 그러나 구체적으로 살펴보면, 이러한 응답이 연령과 학력에는 반비례하고 직분과 출석 연수에 비례하는 경향이 나타나 교인들 사이에 의식 차이가 있는 것으로 드러났다.

신도 자신의 신앙생활과 관련해서 먼저 자신의 신앙에 대한 평가로는 3명 중 1명 꼴로 3단계인 "나는 그리스도와 가까이 있으며, 매일 그분의 인도하심에 의지한다"라고 평가였다. 신앙의 여러 영역에 대한 평가에서는 예배와 집회에 참석하여 헌금을 하는 것은 비교적 양호하다고 할 수 있으나, 성경을 읽고 기도하는 개인 경건생활은 다소 취약하며 교회 봉사와 전도에 대해서는 낙제로 평가하고 있었다. 성도들이 지난 1년간 복음을 전한 사람의 수는 평균 1.9명이었고, 지난 1년간 교회로 인도한 사람 수는 평균 0.5명이었다. 그리고 다른 교인들과의 교제나 목장 활동은 비교적 양호한 편이고, 물질적인 기부도 정기적으로 하고 있으나 이웃을 위해 직접 봉사활동을 하는 데까지 이어지지 못하고 있었다. 따라서 교인들의 활동이 교회 내부 활동으로 편향되어 있지 않은지 점검하고 대안을 마련할 필요가 있다. 그리고 교인들 스스로는 주되심(Lordship)에 대해서는 분명하게 인정하고 있지만, 스스로 열매 맺는 신앙인이라는 데에는 매우 낮게 평가하고 있으며 사회생활에서 정직하지 못한 경우가 많고, 주변의 평가도 그리 긍정적이지 못하다고 생각하는 것으로 나타났다. 따라서 매일 매일의 삶 속에서 어떻게 기독교인답게 생활하고 열매 맺을 수 있는지에 대한 구체적인 교육이 필요하다.

교회 제도에 대한 평가와 관련해서, 담임목회자 재신임제에 대해서는 90% 가까운 높은 찬성율을 나타내었고, 장로 임기제에 대해서는 이

보다는 약간 낮은 찬성 의견을 나타냈다. 이에 대해서 20대와 직분이 없는 교인, 교회 출석 연수가 2년 이하인 교인들의 찬성율이 평균 이하를 나타내 이들의 교회 정신에 대한 공감이 다소 낮은 것으로 나타났다. 또한 담임 목사의 설교에 대해서는 100%에 조금 못 미치는 매우 높은 긍정률을 보여 교회 출석 동기의 주요한 요소임을 증명하였다.

교회 사역과 관련해서 먼저 전체의 3분의 2는 교회가 개인 구원과 사회 구원 사이에 균형을 이루고 있다고 생각하였고, 교회가 가장 잘 하고 있는 사역으로는 "민주적인 교회 운영"과 "교회 재정의 투명성"을 꼽았다. 반면에 앞으로 개선해야 할 사역으로는 "보다 친밀한 교우 관계"와 "부서 이기주의"를 꼽았다. 교회가 대형화 되면서 교우 관계가 깊지 못하고, 많은 부서가 경쟁하듯이 사역을 하면서 나타나는 부서 이기주의를 교회의 가장 큰 문제로 생각하는 것으로 나타났다. 특히, 중직자들과 교회에 오래 다닌 성도들은 부서간 이기주의가 매우 심각한 것으로 보고 있는 것으로 나타나 이를 극복하기 위한 방안이 시급한 것으로 드러났다. 교회가 현 시점에서 우선적으로 추구해야 할 목표에 대해서는 3명 중 2명이 "성도의 신앙 성숙"을 꼽았으나 장로와 안수집사, 그리고 교회 출석 연수가 10년 이상인 성도들에게서는 "교회 체계의 정비"라는 응답이 상대적으로 높아, 전체적으로는 성도의 신앙 성숙이 최우선 목표이지만 교회 체계를 정비하는 것도 매우 시급한 과제로 나타났다.

거룩한빛광성교회의 성도가 된 것에 대해서는 10명 중 9명 이상이 만족하고 있었으며, 특히 교회 출석 연수와는 정비례하는 경향을 보여 교회에 다닐수록 더 만족하는 것으로 나타났다. 그래서 역시 10명 중 9명 이상이 거룩한빛광성교회가 한국 교계에 개혁 교회 또는 건강한 교회의 모델로 제시될 수 있다는 의견을 가지고 있었다. 교회의 전반적인 사역에 대한 평가로 10점 만점에 8.1점을 줘서 상당히 높은 만족도를 나타냈다. 교회에 대한 잠재적인 불만으로는 "대형 교회로서의 문제"를 꼽았고, 교회 출석 연수가 10년 이상인 성도들은 "교회 건축 문제" 상대적으로 높게 꼽아 앞으로 계획되어 있는 교회 건축 문제를 지혜롭게 결정해야 할 것으로 보인다.

이상의 조사 결과로 볼 때, 거룩한빛광성교회와 담임 목회자에 대한 교인들의 만족도는 매우 높고 그 이면에 깔린 교회에 대한 자부심도 대단하다고 할 수 있다. 그리고 이것이 교회를 창립 15년 만에 출석 교인 7천 명 이상의 교회로 성장시킨 요인이라고 해도 과언이 아닐 것이다. 물론 여기에는 설문 조사에서는 드러나지 않는 담임 목회자의 탁월한 리더십이 중요한 한 축을 맡고 있으며, 여기에다가 심층 면접 조사에서 드러났듯이 사모의 역할도 단단히 한 몫 하고 있는 것을 알 수 있다. 그러나 한편에서는 15년 된 교회가 아직도 개척교회와 같은 측면이 있다는 말처럼, 체제가 덜 정비되었고 이에 따라 부서간의 이기주의도 문제로 드러나고 있다. 또한 교회 규모가 급속하게 커짐에 따라 교우들과의 관계가 소원해지고 신앙 공동체로서의 특성이 약화되는 측면도 있다.

이것이 거룩한빛광성교회가 앞으로 풀어나가야 할 과제라고 판단된다. 모든 조직이 그러하듯이 교회 역시도 규모가 커지면 점차로 관료화되고 심지어 과두화되면서 공동체성은 약화되는 문제로부터 자유롭기 어렵다. 만일 교회를 떠난다면 대형교회로서의 문제 때문이라는 조사 결과는 이 문제의 잠재적인 심각성을 드러내고 있다. 그러나 반대로 공동체성만 강조한다면 자칫 일의 효율성은 떨어지고 조직과 부서간 조율이 어려워질 수도 있다. 이 딜레마를 어떻게 풀 것인가에 대해서 교회공동체 구성원들이 함께 마음을 모아 지혜를 구해야 할 것이다.

거룩한빛광성교회 지역 조사

Chapter03

거룩한빛광성교회 지역 조사

정 재 영
[목회사회학연구소 부소장, 실천신학대학원대학 종교사회학 교수]

1. 들어가는 말

　신학의 관점에서 볼 때 교회는 본질 성격상 모두 지역 교회(local church)이기도 하지만, 사회학적으로 보면, 교회 역시 교회가 터하고 있는 지역사회에서 지방자치단체, 시민단체, 기업, 주민 등과 더불어 지역사회의 주요한 구성원이라고 할 수 있다. 따라서 교회가 지역사회를 이해하는 것은 교회가 해야 하는 여러 활동 중에서도 가장 기본을 이루는 요소이다. 교회가 사회 안에서 게토화 된 섬으로 남아 있지 않으려면 지역사회와 소통을 해야만 한다. 또한 봉사를 포함한 다양한 선교 활동을 하는 데에서도 지역을 제대로 이해하지 않고서는 지역 주민들과 적절한 접촉점을 갖기 힘들고 교회의 일방적인 활동으로 끝나버리기 쉽다.
　이러한 점에서 교회가 속한 지역사회를 조사하는 것은 매우 기본적이고도 필수적인 작업이다. 대부분의 한국 교회들이 지역사회를 이해하는 데 큰 관심을 기울이지 않은 실정에서, 이번에 거룩한빛광성교회가 지역사회를 이해하기 위해 지역 조사를 실시한 것은 매우 뜻 깊은 일이고 교계에 좋은 본보기가 될 것이다. 대부분의 교회들이 지역의 기본적인 특성조차 파악하지 않고 목회를 하는 교계 현실에서 이제까지 지역 사역을 꾸준히 해 온 교회가 더 폭넓은 지역 밀착형 사역을 전개하기 위해 지역 조사를 실시한 예는 교계에서 흔치 않은 일이기 때문이다.

이러한 문제의식에 따라, 본 조사는 거룩한빛광성교회가 속한 경기도 일산 지역 및 인근 교하 지역의 욕구를 파악하여 교회가 지역사회를 섬기는 활동을 하기 위한 기초 자료로 삼고자 하는 목적으로 실시되었다. 교회에 속한 복지관에서 지역 욕구 조사를 실시하는 경우는 있지만, 지역 교회에서 지역사회와 지역 문화에 대하여 400명 이상의 표본을 대상으로 지역 조사를 실시한 예는 거의 없다는 점에서 이번 조사는 한국 교계에 시금석이 될 만한 조사라 하겠다. 따라서 이번 조사는 기본적으로 거룩한빛광성교회가 속한 지역의 실태와 수요를 파악하고자 실시된 것이지만, 다른 교회들이 지역사회나 문화를 이해하거나 조사하는 데에도 참고 자료로 활용될 수 있을 것이다.

2. 자료의 성격

(1) 조사 방법

이번 조사는 앞에서 말한 바와 같이, 거룩한빛광성교회가 속한 경기도 일산 및 인근 교하 지역의 욕구를 파악하기 위해 조사되었다. 이를 위해 교회 인근의 탄현동, 덕이동 및 기타 유동 인구가 많은 일산 지역과 교하 지역에 거점을 정하여 13명의 설문 조사 요원을 통해 지역 주민들을 대상으로 설문 조사를 실시하였다. 설문 조사는 2011년 10월 29일부터 11월 5일 사이에 실시되었으며 총 500부를 배포하여 452부를 회수하였다. 그리고 이 설문지를 여론조사 전문기관인 〈G. H. 코리아〉에 자료 입력 및 통계 처리를 의뢰하여 조사 결과를 도출하였다.

(2) 설문 문항 구성

설문 문항의 내용은 먼저, 통계 처리를 위한 인구학 변수들과 교회 인근 지역 문화에 대한 문항들로 일반적인 문화활동에 대한 문항들, 교회의 문화시설과 지역 문화발전에 대한 문항들, 그리고 거룩한빛광성교회에 대한 문항들로 교회에 대한 인지도와 교회 내 문화시설에 대한 인지도와 이용도 및 향후 이용 의향, 그리고 기타 교회 시설에 대한 문항과 지역사회에서 교회의 역할에 관한 문항들로 구성되었다. 자세한 설문 문항은 이 글의 끝에 덧붙인 설문 문항을 참고하기 바란다.

<표1> 설문 문항 구성

구 분	내 용
인구학 변수	• 성별, 연령, 학력, 혼인 여부, 고용 형태, 주거 형태, 주택 소유 형태, 가족 수, 가구 구성 형태, 월평균 소득액, 거주지 주거 기간, 근무지 근무 기간 • 지역민 구분, 소속 지역
주민 의식	• 지역사회의 문제 • 행정 기관에 요청하고 싶은 것 • 지역 문제 해결의 주체에 대한 의견 • 지역사회가 발전하기 위한 방안
거룩한빛광성교회	• 거룩한빛광성교회에 대한 인지도 • 교회 내 시설에 대한 인지도, 이용도, 이용 의향 • 교회 시설의 용도 활용 • 지역사회에서 교회의 역할
대상자별 질문	• 성인과 관련된 문제와 필요한 프로그램 • 아동 및 청소년과 관련된 문제와 필요한 프로그램 • 노인과 관련된 문제와 필요한 프로그램 • 장애인과 관련된 문제와 필요한 프로그램

3. 조사 결과

(1) 응답자 특성

응답자 총 452명 중에서 지역주민은 85.6%인 387명이었고, 8.6%는 지역직장인, 4.2%는 기타였다. 지역 주민이라고 응답한 387명 중에서 교회 근처인 탄현동/덕이동이라고 응답한 사람은 19.4%였고, 교하읍은 21.2%, 그리고 기타 일산 지역이 43.4%, 기타 파주 지역이 14.2%였다. 전체 응답자 중 남성은 162명(35.8%), 여성은 284명(62.8%)으로 가두 조사의 특성상 설문 조사가 낮 시간에 실시되어 여성들의 비율이 높게 표집되었다. 연령은 10대 11.7%, 20대 32.3%, 30대 15.7%, 40대 20.4%, 50대 이상 19.2%로 20대 청년들이 다소 높게 표집되었으나 30대, 40대와 50대 이상도 비교적 고르게 표집되었다. 이 중에 기혼자가 48.9%, 미혼자가 46.0%이었다. 최종학력은 중졸 이하가 15.3%, 고졸이 25.2%, 대재 이상이 57.3%이었다.

종교는 개신교가 41.2%로 가장 많았고, 다음으로 비종교가 34.5%, 그리고 불교 11.7%, 천주교 11.1%, 유교 0.9%, 무속 0.7% 순이었다. 개신교가 상대적으로 많이 표집된 이유는 조사 과정에서 비기독교인들은 조사 자체에 불응한 경우가 많았기 때문이다. 반면에 개신교인들은 조사에 순순히 응해주어 개신교인의 비율이 높아지게 된 것이다. 직업은 가장 많은 26.8%가 학생이었고, 다음으로 23.5%가 화이트 칼라, 15.3%가 블루 칼라, 13.7%가 주부, 11.9%가 무직이었다. 고용형태는 가장 많은 25.1%가 정규직이었고, 다음으로 28.4%가 비정규직, 25.1%는 자영업, 0.9%는 미취업 등의 순이었다. 가구 월평균 수입은 가장 많은 32.5%가 400만원 이상이라고 하여 신도시 지역의 높은 소득을 반영하였고, 29.0%가 250~400만원 미만, 250만원 미만은 25.4%로 가장 낮았다. 현재 거주지에서 거주한 기간은 가장 많은 26.1%가 5년에서 10년 미만이라고 응답하였고, 다음으로 23.8%는 2년에서 5년 미만, 20.2%는 2년 미만, 그리고 10년 이상인 사람도 19.6%나 되었다.

<표2> 응답자 특성

		결과				결과	
		사례수	%			사례수	%
전 체		452	100.0	전 체		452	100.0
응답자 구분	지역주민	387	85.6	주거 형태	단독주택	53	11.7
	지역 직장인	39	8.6		다세대/빌라	57	12.6
	기타지역주민	19	4.2		아파트	312	69.0
	모름/무응답	7	1.5		기타	7	1.5
거주 지역	교하읍	82	21.2		모름/무응답	23	5.1
	탄현/덕이동	75	19.4	직업	자영업	40	8.8
	기타일산지역	168	43.4		화이트칼라	106	23.5
	기타파주지역	55	14.2		블루칼라	69	15.3
	모름/무응답	7	1.8		주부	62	13.7
성별	남자	162	35.8		학생	121	26.8
	여자	284	62.8		무직	54	11.9
	모름/무응답	6	1.3		미취업	2	0.9
연령	20대 미만	53	11.7	고용 형태	자영업	54	25.1
	20대	146	32.3		정규직	87	40.5
	30대	71	15.7		비정규직	61	28.4
	40대	92	20.4		모름/무응답	11	5.1
	50대 이상	87	19.2	가구 월평 균수입	250만원 미만	115	25.4
	모름/무응답	3	0.7		250~399만원	131	29.0
혼인 여부	미혼	208	46.0		400만원 이상	147	32.5
	기혼	221	48.9		모름/무응답	59	13.1
	모름/무응답	23	5.1	거주지 거주기간	2년 미만	78	20.2
최종 학력	중졸 이하	69	15.3		2~5년 미만	92	23.8
	고졸	114	25.2		5~10년 미만	101	26.1
	대재 이상	259	57.3		10년 이상	76	19.6
	모름/무응답	10	2.2		모름/무응답	40	10.3
종교	개신교	186	41.2	근무지 근무기간	1년 미만	9	23.1
	천주교	50	11.1		1~5년 미만	9	23.1
	불교	53	11.7		5년 이상	9	23.1
	유교	4	0.9		모름/무응답	12	30.8
	무속	3	0.7				
	무교	156	34.5				

(2) 주민 의식

주민 의식과 관련된 문항에서는 먼저 지역의 발전을 위해서 행정기관에 요청하고 싶은 것이 무엇인지 질문하였는데, 가장 많은 31.9%가 "시민 공공 이용시설의 확충"에 응답하였고, 다음으로, 16.6%는 "민원 해결", 14.6%는 "주민 여론 청취", 11.3%는 "공공 시설 확립", 10.4%는 "주민위주 행정 유도", 8.2%는 "복지시설 확충", 3.6%는 "민원정책 실 운영", 2.2%는 "주민 공청회 개최" 등의 순으로 응답하였다.

이에 대하여 지역별로 차이를 나타냈는데, 교하읍과 기타 파주지역에서는 "시민 공공 이용시설 확충"이라는 응답이 평균보다 10% 가량 높게 나온 데 반해, 교회 인근의 탄현동/덕이동에서는 "주민위주 행정 유도"와 "복지 시설 확충"이 상대적으로 높게 나왔으며, 기타 일산 지역에서는 "민원 해결"과, "주민 여론 청취"가 상대적으로 높게 나와 대조를 이루었다. 최근에 개발이 시작된 교하를 비롯한 파주 지역은 공공시설이 부족한 데서 오는 불편이 반영되었고, 일산 지역은 이미 기반시설이 마련되어 있기 때문에 보다 주민 편의의 시정을 요구하는 것으로 해석된다.

<표3> 행정기관에 요청하고 싶은 것

		사례수	시민공공이용시설확충 %	민원해결 %	주민여론청취 %	공공질서확립 %	주민위주행정유도 %	복지시설확충 %	민원정책실운영 %	주민공청회개최 %
전 체		(452)	31.9	16.6	14.6	11.3	10.4	8.2	3.8	2.2
응답자 구분	지역 주민	(387)	33.6	15.2	14.7	11.9	10.3	7.2	3.4	2.3
	지역 직장인	(39)	23.1	33.3	15.4	10.3	10.3	2.6	5.1	0.0
	기타 지역주민	(19)	15.8	15.8	10.5	5.3	15.8	21.1	10.5	5.3
	모름/ 무응답	(7)	28.6	0.0	14.3	0.0	0.0	57.1	0.0	0.0
거주 지역	교 하 읍	(82)	40.2	11.0	18.3	9.8	13.4	4.9	1.2	0.0
	탄현/ 덕이동	(75)	34.7	10.7	8.0	12.0	13.3	13.3	5.3	0.0
	기타 일산지역	(168)	28.0	20.2	16.7	12.5	8.9	4.8	3.6	4.8
	기타 파주지역	(55)	41.8	12.7	14.5	10.9	3.6	9.1	3.6	1.8
	모름/ 무응답	(7)	14.3	14.3	0.0	28.6	28.6	14.3	0.0	0.0
성별	남 자	(162)	24.7	21.0	19.1	13.6	9.9	5.6	4.3	1.2
	여 자	(284)	36.3	14.1	11.6	9.9	10.9	9.5	3.5	2.8
	모름/ 무응답	(6)	16.7	16.7	33.3	16.7	0.0	16.7	0.0	0.0
연령	20 대 미만	(53)	35.8	20.8	5.7	15.1	3.8	17.0	0.0	0.0
	20 대	(146)	35.6	17.1	17.1	8.9	11.6	2.7	4.8	1.4
	30 대	(71)	35.2	16.9	14.1	11.3	9.9	9.9	2.8	0.0
	40 대	(92)	29.3	18.5	13.0	8.7	12.0	7.6	3.3	5.4
	50대 이상	(87)	24.1	11.5	18.4	14.9	11.5	9.2	5.7	3.4
	모름/ 무응답	(3)	0.0	0.0	0.0	33.3	0.0	66.7	0.0	0.0
혼인 여부	미 혼	(208)	35.6	17.3	13.9	9.1	10.6	7.7	3.4	1.4
	기 혼	(221)	29.0	15.4	14.9	12.7	11.3	8.1	4.1	3.2
	모름/ 무응답	(23)	26.1	21.7	17.4	17.4	0.0	13.0	4.3	0.0
최종 학력	중졸 이하	(69)	27.5	18.8	7.2	14.5	11.6	15.9	2.9	0.0
	고 졸	(114)	35.1	16.7	12.3	8.8	9.6	11.4	2.6	1.8
	대재 이상	(259)	32.0	16.2	17.4	11.2	10.4	4.2	4.6	3.1
	모름/ 무응답	(10)	20.0	10.0	20.0	20.0	10.0	20.0	0.0	0.0

다음으로, 지역사회에서 가장 우선 해결해야 할 문제를 묻는 질문에는 전체의 27.4%가 "교통 및 주차 문제"를 꼽았고, 다음으로 10.82%는 "경제 문제", 9.5%는 "문화시설 부족", 각각 8.8%는 "보건 의료 문제"와 "자녀교육 문제", 7.3%는 "범죄 문제", 6.9%는 "생활유해 환경 문제", 4.4%는 "주택 및 주거 문제", 3.5%는 "지역 주민의 공동체 의식"이라고 응답하였다.

이에 대해 교하읍과 기타 파주시 주민들에게서는 "문화시설 부족 문제"와 "보건 및 의료 문제"라는 응답이 평균보다 두 배 가량 높게 나왔고, 탄현/덕이동 주민들에게서는 "경제 문제", 기타 일산지역 주민들에게서는 "자녀교육 문제"가 상대적으로 더 높게 나왔다. 연령별로는 20대 미만에서 "범죄 문제"라는 응답이 가장 많이 나와 청소년들이 범죄에 대해 높은 우려를 나타내고 있는 것으로 나왔고, 30대에서는 "교통 및 주차 문제", 40대에서는 "경제 문제", 50대에서는 "보건 및 의료 문제"라는 응답이 상대적으로 높게 나와 연령별로 느끼는 현안에 대한 의식의 차이를 나타내었다.

〈표4〉 최우선 해결 지역현안

		사례수	교통 및 주차 문제	경제 문제	문화시설 부족 문제	보건 및 의료 문제	자녀교육 문제	범죄 문제	생활유해 환경 문제	자연환경 문제	주택 및 주거 문제	지역 주민의 공동체 의식	모름/무응답
			%	%	%	%	%	%	%	%	%	%	%
전 체		(452)	27.4	10.8	9.5	8.8	8.8	7.3	6.9	6.2	4.4	3.5	6.2
응답자 구분	지역 주민	(387)	29.2	10.9	10.3	9.6	9.0	7.5	6.5	6.2	4.4	3.6	2.8
	지역 직장인	(39)	25.6	12.8	5.1	5.1	5.1	10.3	7.7	7.7	5.1	2.6	12.8
	기타 지역주민	(19)	5.3	10.5	5.3	0.0	10.5	0.0	10.5	5.3	5.3	5.3	42.1
	모름/무응답	(7)	0.0	0.0	0.0	14.3	14.3	0.0	14.3	0.0	0.0	0.0	57.1

거주 지역	교하읍	(82)	30.5	6.1	22.0	17.1	4.9	4.9	1.2	6.1	2.4	2.4	2.4
	탄현/ 덕이동	(75)	24.0	17.3	6.7	9.3	6.7	9.3	9.3	5.3	4.0	5.3	2.7
	기타일산지역	(168)	30.4	12.5	4.2	5.4	11.9	7.7	8.9	7.7	6.0	3.0	2.4
	기타파주지역	(55)	32.7	3.6	18.2	12.7	9.1	7.3	3.6	3.6	1.8	5.5	1.8
	모름/ 무응답	(7)	14.3	14.3	0.0	0.0	14.3	14.3	0.0	0.0	14.3	0.0	28.6
성별	남자	(162)	30.2	14.8	4.9	11.1	8.0	3.1	8.0	6.8	4.3	4.3	4.3
	여자	(284)	26.1	8.5	11.6	7.7	9.5	9.5	6.3	6.0	4.6	3.2	7.0
	모름/ 무응답	(6)	16.7	16.7	33.3	0.0	0.0	16.7	0.0	0.0	0.0	0.0	16.7
연령	20대 미만	(53)	18.9	3.8	11.3	1.9	7.5	30.2	3.8	13.2	1.9	1.9	5.7
	20대	(146)	29.5	12.3	11.6	8.9	5.5	7.5	6.2	8.9	2.1	4.8	2.7
	30대	(71)	36.6	5.6	11.3	9.9	9.9	4.2	7.0	0.0	7.0	1.4	7.0
	40대	(92)	20.7	15.2	6.5	8.7	19.6	0.0	9.8	2.2	6.5	2.2	8.7
	50대 이상	(87)	29.9	12.6	4.6	12.6	3.4	3.4	6.9	6.9	5.7	5.7	8.0
	모름/ 무응답	(3)	0.0	0.0	66.7	0.0	0.0	0.0	0.0	0.0	0.0	0.0	33.3
혼인 여부	미혼	(208)	27.4	10.6	12.0	7.2	5.8	13.0	6.3	9.1	1.9	3.4	3.4
	기혼	(221)	29.4	11.3	6.8	11.3	11.3	1.8	8.1	3.2	5.4	2.3	9.0
	모름/ 무응답	(23)	8.7	8.7	13.0	0.0	13.0	8.7	0.0	8.7	17.4	17.4	4.3

이와 관련하여 지역사회의 발전 및 문제 해결의 주체가 누구라고 생각하는지 물어보았는데, 가장 많은 전체의 36.3%가 "일반 시민"이라고 응답하였고, 다음으로 25.7%는 "정치인", 10.4%는 "관공서", 7.3%는 "마을 위원회", 6.6%는 "시민단체", 3.5%는 "사회복지기관"이라고 응답하였고, 2.7%만이 "종교단체 및 지도자"에 응답하여 종교에 대한 기대는 높지 않은 것으로 나타났다. 지역별로는 "일반 시민"이라는 응답이 교하읍에서 가장 높게 나온 데 반해 기타 파주지역에서는 가장 낮게 나와 대조를 이루었다.

<표5> 지역사회 발전 및 문제 해결 주체

		사례수	일반시민	정치인	관공서	마을위원회	시민단체	사회복지기관	종교단체 및 지도자	학교	모름/무응답
			%	%	%	%	%	%	%	%	%
전 체		(452)	36.3	25.7	10.4	7.3	6.6	3.5	2.7	2.2	4.9
응답자 구분	지역 주민	(387)	38.2	25.6	10.1	7.5	6.5	3.6	2.1	2.1	3.9
	지역 직장인	(39)	30.8	28.2	12.8	5.1	10.3	5.1	0.0	5.1	2.6
	기타 지역주민	(19)	15.8	26.3	10.5	5.3	5.3	0.0	21.1	0.0	15.8
	모름/ 무응답	(7)	14.3	14.3	14.3	14.3	0.0	0.0	0.0	0.0	42.9
거주 지역	교 하 읍	(82)	47.6	14.6	12.2	9.8	11.0	1.2	0.0	1.2	1.2
	탄현/ 덕이동	(75)	37.3	24.0	9.3	4.0	5.3	4.0	2.7	4.0	8.0
	기타일산지역	(168)	37.5	30.4	6.5	9.5	4.8	4.8	1.8	2.4	2.4
	기타파주지역	(55)	30.9	29.1	16.4	3.6	7.3	3.6	3.6	0.0	5.5
	모름/ 무응답	(7)	14.3	28.6	28.6	0.0	0.0	0.0	14.3	0.0	14.3
성별	남 자	(162)	42.0	24.7	12.3	7.4	3.1	2.5	3.1	2.5	2.5
	여 자	(284)	33.1	26.8	9.5	7.4	8.5	4.2	2.1	1.8	6.0
	모름/ 무응답	(6)	33.3	0.0	0.0	0.0	16.7	0.0	16.7	16.7	16.7
연령	20대 미만	(53)	32.1	28.3	5.7	3.8	11.3	3.8	0.0	5.7	7.5
	20 대	(146)	37.7	25.3	11.6	10.3	5.5	1.4	4.8	2.1	1.4
	30 대	(71)	40.8	21.1	9.9	4.2	5.6	8.5	0.0	2.8	7.0
	40 대	(92)	35.9	21.7	15.2	9.8	5.4	4.3	3.3	0.0	4.3
	50대 이상	(87)	33.3	33.3	6.9	4.6	8.0	2.3	1.1	2.3	6.9
	모름/ 무응답	(3)	33.3	0.0	0.0	0.0	0.0	0.0	33.3	0.0	33.3
혼인 여부	미 혼	(208)	35.6	27.4	9.6	7.2	6.7	3.4	3.4	2.9	3.4
	기 혼	(221)	35.7	24.9	11.8	6.8	6.3	3.6	2.3	1.8	6.3
	모름/ 무응답	(23)	47.8	17.4	4.3	13.0	8.7	4.3	0.0	0.0	4.3
최종 학력	중졸 이하	(69)	27.5	34.8	4.3	4.3	10.1	1.4	2.6	5.8	8.7
	고 졸	(114)	29.8	27.2	16.7	6.1	4.4	2.6	2.6	1.8	8.8
	대재 이상	(259)	40.9	23.6	9.7	8.9	6.2	4.2	3.5	1.2	1.9
	모름/ 무응답	(10)	50.0	0.0	0.0	0.0	20.0	10.0	0.0	10.0	10.0

(3) 거룩한빛광성교회 관련 내용

거룩한빛광성교회와 관련된 문항들로는, 먼저 교회에 대한 인지도를 파악하기 위하여 거룩한빛광성교회가 있다는 것을 알고 있는지에 대하여 질문하였다. 조사 결과, "매우 잘 알고 있다"는 응답이 25.0%, "대체로 알고 있다"는 응답이 25.6%가 나와 51.8%가 긍정의 응답을 하였고, "전혀 모르고 있다"(31.2%)를 포함하여 45.8%는 부정의 응답을 하였다. 지역별로는 교하읍 지역에서 교회를 알고 있다는 응답이 높았고, 연령별로는 대체로 반비례하는 경향을 나타내 20대 미만에서 58.5%의 높은 긍정률을 보였다. 성별로는 여성들에게, 혼인여부로는 기혼자들에게 긍정의 응답이 많았고, 종교별로는 개신교인들의 긍정률이 가장 높아 74.2%가 교회를 알고 있다고 응답하였으나 다른 종교를 가진 사람들의 긍정률은 40% 정도에 그쳐 거룩한빛광성교회가 타종교인들에게는 상대적으로 덜 알려져 있는 것으로 나타났다.

〈표6〉 거룩한빛광성교회 인지도

응답자 구분		사례수	① 매우 잘 알고 있다	② 대체로 알고 있다	③ 별로 알고 있지 못하다	④ 전혀 모르고 있다	알고 있음 (①+②)	모름 (③+④)	무응답
			%	%	%	%	%	%	%
전 체		(452)	25.0	26.8	14.6	31.2	51.8	45.8	2.4
응답자 구분	지역 주민	(387)	27.9	26.6	14.0	30.2	54.5	44.2	1.3
	지역 직장인	(39)	5.1	30.8	15.4	43.6	35.9	59.0	5.1
	기타 지역주민	(19)	15.8	26.3	26.3	26.3	42.1	52.6	5.3
	모름/ 무응답	(7)	0.0	14.3	14.3	28.6	14.3	42.9	42.9

거주 지역	교하읍	(82)	35.4	31.7	11.0	20.7	67.1	31.7	1.2
	탄현/덕이동	(75)	28.0	26.7	12.0	33.3	54.7	45.3	0.0
	기타일산지역	(168)	29.8	23.8	14.9	30.4	53.6	45.2	1.2
	기타파주지역	(55)	14.5	29.1	16.4	38.2	43.6	54.5	1.8
	모름/무응답	(7)	0.0	14.3	28.6	42.9	14.3	71.4	14.3
성별	남자	(162)	21.0	24.1	14.8	38.9	45.1	53.7	1.2
	여자	(284)	27.8	27.8	14.4	27.5	55.6	41.9	2.5
	모름/무응답	(6)	0.0	50.0	16.7	0.0	50.0	16.7	33.3
연령	20대 미만	(53)	22.6	17.0	15.1	43.4	39.6	58.5	1.9
	20대	(146)	21.2	24.0	11.0	43.2	45.2	54.1	0.7
	30대	(71)	22.5	18.3	18.3	36.6	40.8	54.9	4.2
	40대	(92)	27.2	40.2	16.3	13.0	67.4	29.3	3.3
	50대 이상	(87)	33.3	31.0	13.8	19.5	64.4	33.3	2.3
	모름/무응답	(3)	0.0	0.0	66.7	0.0	0.0	66.7	33.3
혼인 여부	미혼	(208)	21.6	22.1	13.9	40.9	43.8	54.8	1.4
	기혼	(221)	28.5	32.6	15.4	20.8	61.1	36.2	2.7
	모름/무응답	(23)	21.7	13.0	13.0	43.5	34.8	56.5	8.7
종교	개신교	(186)	43.5	30.6	10.2	14.5	74.2	24.7	1.1
	천주교	(50)	16.0	20.0	18.0	46.0	36.0	64.0	0.0
	불교	(53)	13.2	28.3	15.1	35.8	41.5	50.9	7.5ㄴ
	유교	(4)	75.0	25.0	0.0	0.0	100.0	0.0	0.0
	무속	(3)	0.0	33.3	33.3	33.3	33.3	66.7	0.0
	무교	(156)	9.0	23.7	18.6	45.5	32.7	64.1	3.2
거주지 거주 기간	2년 미만	(78)	32.1	26.9	9.0	29.5	59.0	38.5	2.6
	2~5년 미만	(92)	31.5	28.3	15.2	23.9	59.8	39.1	1.1
	5~10년 미만	(101)	24.8	23.8	16.8	34.7	48.5	51.5	0.0
	10년 이상	(76)	21.1	34.2	15.8	27.6	55.3	43.4	1.3
	모름/무응답	(40)	32.5	15.0	10.0	40.0	47.5	50.0	2.5

다음으로 거룩한빛광성교회 하면 떠오르는 기관이나 시설이 무엇인지 질문하였는데, "없다"는 응답(52.7%)을 제외하면 가장 많은 15.5%가 "광성드림학교"라고 응답하였고, 각각 3.5%가 "파주시 노인복지회관"과 "광성평생배움터", 2.9%가 "한나래 선교원", 2.7%가 "올리브 향기 카페", 2.4%가 "광성 노인요양 시설"이라고 응답하였고, 나머지는

2% 미만의 응답률을 나타냈다.

지역별로는 교하읍 주민들에게서 "광성드림학교"라는 응답이 가장 높게 나왔고, 기타 파주 지역에서는 "파주시 노인 복지회관", "문산 종합 사회복지관"이라는 응답이 상대적으로 높게 나왔다. 성별로는 여성들에게서 "광성드림학교"라는 응답이 높게 나왔고, 혼인여부로는 미혼자들에게서 "올리브 향기 카페"와 "체육관"라는 응답이 비교적 높게 나왔다. 또한 연령별로 10대에서는 "광성 북카페", 20대에서는 "올리브 향기 카페", "체육관", "지저스아트홀" 30대에서는 "광성평생배움터", 40대와 50대 이상에서는 "광성 노인요양 시설"이라는 응답이 상대적으로 높게 나왔다.

또한 비개신교인들에게서는 전체적으로 떠오르는 기관이나 시설이 없다는 응답이 높게 나와 교회 시설이나 기관이 종교가 없거나 다른 사람들에게도 알려질 수 있도록 방안이 마련될 필요가 있겠다.

〈표7〉 거룩한빛광성교회 관련 연상 기관 및 시설

		사례수	광성드림학교	파주시노인복지관	평생배움터	한나래선교원	올리브향기카페	광성노인요양시설	체육관	지저스아트홀	광성북카페	해피천사	광성해피타트	문산종합사회복지관	해피뱅크	노아스쿨	없다	모름/무응답
			%	%	%	%	%	%	%	%	%	%	%	%	%	%	%	%
전 체		(452)	15.5	3.5	3.5	2.9	2.7	2.4	1.8	1.8	1.5	1.5	0.7	0.7	0.2	0.2	52.7	8.4
응답자 구분	지역 주민	(387)	16.8	3.6	3.4	3.1	2.6	2.1	1.8	1.8	1.6	1.6	0.8	0.8	0.3	0.0	53.0	7.0
	지역 직장인	(39)	7.7	2.6	5.1	0.0	2.6	5.1	0.0	0.0	2.6	2.6	0.0	0.0	0.0	0.0	64.1	7.7
	기타 지역주민	(19)	5.3	5.3	5.3	5.3	5.3	5.3	5.3	0.0	0.0	0.0	0.0	0.0	0.0	0.0	31.6	26.3
	모름/무응답	(7)	14.3	0.0	0.0	0.0	0.0	0.0	0.0	0.0	0.0	0.0	0.0	0.0	0.0	14.3	28.6	42.9
거주 지역	교 하 읍	(82)	23.2	1.2	4.9	3.7	3.7	0.0	1.2	1.2	2.4	0.0	0.0	0.0	0.0	0.0	54.9	3.7
	탄현/덕이동	(75)	22.7	5.3	2.7	4.0	1.3	2.7	0.0	0.0	1.3	0.0	1.3	1.3	0.0	0.0	53.3	4.0
	기타일산지역	(168)	14.9	3.6	3.0	3.0	3.0	3.0	3.6	2.4	2.4	1.8	0.0	0.0	0.0	0.0	50.0	6.5
	기타파주지역	(55)	7.3	5.5	3.6	0.0	1.8	0.0	3.6	0.0	0.0	0.0	3.6	0.0	0.0	0.0	58.2	14.5
	모름/무응답	(7)	0.0	0.0	0.0	14.3	0.0	0.0	0.0	0.0	0.0	0.0	0.0	0.0	0.0	0.0	57.1	28.6

성별	남자	(162)	7.4	3.1	1.2	1.9	4.3	0.6	4.3	2.5	1.9	0.6	1.2	1.9	0.0	0.0	58.6	10.5
	여자	(284)	20.1	3.9	4.9	3.5	1.8	2.8	0.4	1.4	1.4	2.1	0.4	0.0	0.4	0.4	49.6	7.0
	모름/무응답	(6)	16.7	0.0	0.0	0.0	0.0	33.3	0.0	0.0	0.0	0.0	0.0	0.0	0.0	0.0	33.3	16.7
연령	20대 미만	(53)	13.2	0.0	3.8	3.8	3.8	1.9	1.9	0.0	3.8	1.9	0.0	0.0	0.0	1.9	58.5	5.7
	20대	(146)	8.9	2.1	1.4	2.1	5.5	0.0	4.1	4.1	2.1	0.7	0.7	0.0	0.7	0.0	64.4	3.4
	30대	(71)	18.3	1.4	8.5	4.2	1.4	1.4	0.0	1.4	0.0	0.0	1.4	2.8	0.0	0.0	49.3	9.9
	40대	(92)	22.8	3.3	2.2	2.2	0.0	4.3	1.1	1.1	2.2	4.3	1.1	1.1	0.0	0.0	42.4	12.0
	50대 이상	(87)	18.4	10.3	4.6	3.4	1.1	5.7	0.0	0.0	0.0	1.1	0.0	0.0	0.0	0.0	41.4	13.8
	모름/무응답	(3)	0.0	0.0	0.0	0.0	0.0	0.0	0.0	0.0	0.0	0.0	0.0	0.0	0.0	0.0	100	0.0
혼인여부	미혼	(208)	11.1	1.9	1.9	1.9	5.3	0.5	3.4	2.9	2.4	1.0	0.0	1.0	0.5	0.5	61.1	4.8
	기혼	(221)	20.4	5.4	5.4	3.2	0.5	4.1	0.5	0.9	0.9	2.3	0.9	0.5	0.0	0.0	44.8	10.4
	모름/무응답	(23)	8.7	0.0	0.0	8.7	0.0	4.3	0.0	0.0	0.0	0.0	4.3	0.0	0.0	0.0	52.2	21.7
종교	개신교	(186)	25.3	4.8	3.8	3.8	3.2	3.2	3.2	3.8	1.1	2.7	0.0	1.1	0.5	0.0	36.0	7.5
	천주교	(50)	8.0	8.0	0.0	4.0	0.0	2.0	0.0	0.0	2.0	0.0	2.0	2.0	0.0	0.0	64.0	8.0
	불교	(53)	7.5	0.0	9.4	1.9	0.0	1.9	0.0	0.0	5.7	0.0	3.8	0.0	0.0	0.0	58.5	11.3
	유교	(4)	25.0	0.0	0.0	0.0	0.0	25.0	0.0	0.0	0.0	0.0	0.0	0.0	0.0	0.0	50.0	0.0
	무속	(3)	0.0	0.0	0.0	0.0	0.0	0.0	0.0	33.3	0.0	0.0	0.0	0.0	0.0	0.0	66.7	0.0
	무교	(156)	9.0	1.9	2.6	1.9	3.8	1.3	1.3	0.6	0.0	1.3	0.0	0.0	0.0	0.6	66.7	9.0

다음으로 거룩한빛광성교회의 각각의 시설 및 기관에 대한 인지도를 물어보았는데, "광성드림학교"는 응답자의 27.0%가 알고 있었고, "한나래선교원"은 14.4%, "파주시노인복지회관"은 19.9%, "해피천사"는 11.3%, "해피뱅크"는 8.2%, "광성노인요양시설"은 14.4%, "광성평생배움터"는 17.7%, "올리브향기카페"는 17.7%, "광성북카페"는 15.9%, "스포츠선교단"은 9.3%, "지저스아트홀"은 15.5%, "광성해피타트"는 9.1%, "쿰치유센터"는 7.7%, "노아스쿨"은 9.5%가 알고 있다고 응답하여, 광성드림학교, 파주시노인복지회관, 평생교육원, 올리브향기카페, 광성북카페, 지저스아트홀, 체육관에 대한 인지도가 상대적으로 높은 것으로 나타났다.

그러나 모두 모른다는 응답도 53.8%에 달해 교회 시설을 외부인도 이용할 수 있도록 홍보를 강화할 필요가 있는 것으로 나타났다. 특히 비개신교들에게서는 모두 "모른다"는 응답이 더 높게 나와 종교와 상관없이 교회 시설을 이용할 수 있도록 방안을 마련할 필요가 있겠다.

〈표8〉 거룩한빛광성교회 관련 기관/시설별 인지여부

		사례수	광성드림학교	한나래선교원	파주시노인복지관	해피천사	해피뱅크	광성노인요양시설	평생교육원	올리브카페	광성북카페	스포츠선교단	지저스아트홀	광성해피타트	체육관	쿰치유센터	노아스쿨	모두모름
			%	%	%	%	%	%	%	%	%	%	%	%	%	%	%	%
전 체		(452)	27.0	14.4	19.9	11.3	8.2	14.4	17.7	17.7	15.9	9.3	15.5	9.1	15.3	7.7	9.5	53.8
응답자구분	지역 주민	(387)	28.7	15.5	20.7	12.4	9.0	15.2	18.1	19.1	16.3	9.8	16.8	10.1	16.0	8.5	10.3	53.0
	지역 직장인	(39)	15.4	5.1	17.9	5.1	2.6	10.3	12.8	7.7	12.8	5.1	5.1	0.0	5.1	0.0	2.6	59.0
	기타지역주민	(19)	26.3	15.8	10.5	5.3	5.3	10.5	26.3	15.8	21.1	10.5	15.8	10.5	26.3	10.5	10.5	47.4
	모름/ 무응답	(7)	0.0	0.0	14.3	0.0	0.0	0.0	0.0	0.0	0.0	0.0	0.0	0.0	0.0	0.0	0.0	85.7
거주지역	교 하 읍	(82)	31.7	15.9	20.7	14.6	7.3	13.4	19.5	20.7	17.1	7.3	18.3	8.5	13.4	6.1	8.5	54.9
	탄현/ 덕이동	(75)	34.7	20.0	18.7	16.0	13.3	21.3	22.7	25.3	18.7	12.0	20.0	17.3	20.0	12.0	16.0	54.7
	기타일산지역	(168)	30.4	17.9	19.6	13.7	10.7	17.3	19.6	19.6	19.6	13.1	19.0	10.7	19.0	11.3	12.5	50.0
	기타파주지역	(55)	14.5	1.8	29.1	1.8	1.8	5.5	5.5	9.1	3.6	1.8	3.6	1.8	5.5	0.0	0.0	54.5
	모름/ 무응답	(7)	0.0	14.3	0.0	0.0	0.0	0.0	14.3	0.0	0.0	0.0	14.3	0.0	14.3	0.0	0.0	71.4
성별	남 자	(162)	18.5	8.0	17.9	8.6	7.4	11.7	9.3	16.7	11.7	9.3	14.2	7.4	14.8	8.0	8.0	61.7
	여 자	(284)	31.7	18.0	21.1	13.0	8.8	15.8	22.5	18.3	18.3	9.5	16.5	10.2	15.8	7.7	10.6	49.3
	모름/ 무응답	(6)	33.3	16.7	16.7	0.0	0.0	16.7	16.7	16.7	16.7	0.0	0.0	0.0	0.0	0.0	0.0	50.0
연령	20 대 미만	(53)	24.5	5.7	11.3	5.7	3.8	7.5	15.1	11.3	15.1	5.7	15.1	7.5	26.4	5.7	5.7	47.2
	20 대	(146)	23.3	13.0	19.9	10.3	11.0	9.6	17.1	20.5	17.1	9.6	19.2	11.6	20.5	9.6	10.3	52.7
	30 대	(71)	29.6	22.5	18.3	7.0	8.5	9.9	18.3	16.9	15.5	9.9	12.7	8.5	9.9	8.5	8.5	56.3
	40 대	(92)	32.6	19.6	22.8	17.4	6.5	22.8	22.8	18.5	19.6	9.8	16.3	6.5	9.8	4.3	9.8	53.3
	50대 이상	(87)	27.6	10.3	23.0	13.8	8.0	21.8	14.9	17.2	11.5	10.3	11.5	9.2	10.3	9.2	11.5	57.5
	모름/ 무응답	(3)	0.0	0.0	33.3	0.0	0.0	0.0	0.0	0.0	0.0	0.0	0.0	0.0	0.0	0.0	0.0	66.7
혼인여부	미 혼	(208)	24.0	11.5	18.8	9.6	9.6	9.6	17.8	19.2	16.8	9.1	19.2	11.1	21.6	9.1	9.6	51.0
	기 혼	(221)	30.8	17.6	20.8	13.1	6.8	19.9	19.0	16.7	16.3	10.0	12.7	7.7	10.0	6.3	9.5	55.2
	모름/ 무응답	(23)	17.4	8.7	21.7	8.7	8.7	4.3	4.3	13.0	4.3	4.3	8.7	4.3	8.7	8.7	8.7	65.2
종교	개 신 교	(186)	47.3	29.0	29.0	23.7	15.1	25.3	29.6	33.3	31.2	17.7	29.6	15.6	22.0	16.1	19.9	38.7
	천 주 교	(50)	8.0	2.0	16.0	2.0	2.0	12.0	4.0	6.0	4.0	6.0	8.0	6.0	8.0	4.0	8.0	66.0
	불 교	(53)	15.1	5.7	9.4	1.9	3.8	5.7	11.3	3.8	9.4	3.8	1.9	7.5	1.9	3.8	3.8	66.0
	유 교	(4)	50.0	0.0	25.0	0.0	0.0	50.0	0.0	50.0	25.0	25.0	25.0	25.0	75.0	0.0	0.0	0.0
	무 속	(3)	0.0	0.0	0.0	0.0	0.0	0.0	0.0	0.0	0.0	0.0	0.0	0.0	0.0	0.0	0.0	100
	무 교	(156)	12.8	4.5	14.1	3.2	3.8	4.5	10.9	7.1	3.8	1.9	5.8	3.8	10.9	1.3	0.0	64.1

다음으로 이 시설들을 실제로 얼마나 이용해 보았는지 질문하였는데, 올리브향기카페는 "여러 번 이용해 보았다"는 응답이 8.4%, "한두 번 이용해보았다"는 응답이 6.0%가 나와 14.4%가 이용해 보았다고 응답하였으며, 광성북카페는 "여러 번 이용해 보았다"는 응답이 7.1%, "한두 번 이용해보았다"는 응답이 4.6%로 11.7%가 이용해 보았다고 응답하였다. 그 밖에 지저스아트홀과 체육관이 이용해 보았다는 응답이 각각 11.1%와 8.1%가 나왔고, 나머지 시설들은 이용해 보았다는 응답이 극히 저조하였다.

<표9> 시설별 이용도

	사례수	한두 번 이용해 보았다	여러 번 이용해 보았다	이용해 본 적이 없다	모름/무응답	계
		%	%	%	%	%
지저스아트홀	(452)	6.0	5.1	80.8	8.2	100.0
올리브향기카페	(452)	6.0	8.4	76.1	9.5	100.0
광성북카페	(452)	7.1	4.6	78.3	10.0	100.0
광성평생배움터	(452)	2.4	1.3	86.5	9.7	100.0
체육관	(452)	4.6	3.5	81.6	10.2	100.0
광성노인요양시설	(452)	0.9	0.7	88.3	10.2	100.0
쿰치유센터	(452)	2.2	0.2	87.4	10.2	100.0
노아스쿨	(452)	0.2	0.9	89.2	9.7	100.0

그리고 이 시설들을 설명하고 이용할 의향이 있는지 물어보았는데, 올리브향기카페가 평균 2.80으로 가장 높게 나왔고, 다음으로 광성북카페도 비슷하게 2.79가 나와 최근의 경향대로 카페나 도서관에 대한

수요가 높은 것으로 나타났다. 그리고 지저스아트홀(2.71), 체육관(2.67), 광성평생교육원배움터(2.64)도 비교적 높은 이용 의향을 받은 것으로 나타났고, 다음으로 쿰치유센터(2.33), 광성노인요양시설(2.42), 노아스쿨(2.39)은 비교적 낮게 나타났다.

연령별로 30대는 전체적으로 높은 이용 의향을 나타내었고, 40대는 올리브향기카페와 광성북카페에 상대적으로 높은 이용 의향을 나타내었다. 학력별로는 중졸 이하는 전체적으로 이용 의향이 매우 낮은 편이었고, 대재 이상에서는 지저 아트홀, 올리브향기카페, 광성북카페에 대한 이용 의향이 상대적으로 높게 나왔다. 종교별로는 개신교인들은 전체적으로 높은 이용 의향을 나타낸 반면에 비개신교인들은 전체적으로 이용 의향이 낮은 것으로 나타났다. 다만 체육관에 대해서는 비종교인도 상대적으로 높은 이용 의향을 나타내 체육관을 보다 많은 사람들이 이용할 수 있도록 홍보하고 활용할 방안을 마련할 필요가 있는 것으로 보인다.

〈표10〉 시설별 향후 이용 의향 정도

		사례수	지저스아트홀	올리브향기카페	광성북카페	광성평생배움터	체육관	광성노인요양시설	쿰치유센터	노아스쿨
			5점 척도	5점 척도	5점 척도	5점 척도	5점 척도	5점 척도	5점 척도	5점 척도
전 체		(452)	2.71	2.80	2.79	2.64	2.67	2.42	2.44	2.39
응답자 구분	지역 주민	(387)	2.67	2.76	2.76	2.60	2.64	2.38	2.41	2.37
	지역 직장인	(39)	2.85	2.88	2.73	2.76	2.84	2.76	2.56	2.56
	기타 지역주민	(19)	3.29	3.33	3.25	3.20	2.73	2.60	2.93	2.53
	모름/ 무응답	(7)	2.80	3.40	3.40	2.80	3.40	2.60	2.60	2.60

거주 지역	교하읍	(82)	2.82	2.79	2.83	2.62	2.68	2.39	2.48	2.35
	탄현/덕이동	(75)	2.79	2.97	2.83	2.74	2.72	2.37	2.38	2.34
	기타일산지역	(168)	2.63	2.73	2.76	2.55	2.62	2.36	2.42	2.39
	기타파주지역	(55)	2.52	2.69	2.70	2.67	2.68	2.54	2.37	2.43
	모름/무응답	(7)	1.40	1.40	1.40	1.40	1.40	1.40	1.80	1.60
성별	남자	(162)	2.72	2.79	2.82	2.68	2.81	2.50	2.56	2.52
	여자	(284)	2.71	2.81	2.76	2.63	2.59	2.39	2.38	2.33
	모름/무응답	(6)	2.50	2.50	3.00	2.50	2.75	2.25	2.50	1.75
연령	20대 미만	(53)	2.60	2.62	2.75	2.51	2.62	2.30	2.34	2.38
	20대	(146)	2.71	2.79	2.72	2.48	2.63	2.26	2.39	2.23
	30대	(71)	2.85	2.94	2.92	2.86	2.79	2.58	2.60	2.59
	40대	(92)	2.76	2.91	2.90	2.75	2.67	2.49	2.33	2.34
	50대 이상	(87)	2.58	2.71	2.68	2.78	2.65	2.68	2.64	2.62
	모름/무응답	(3)	2.67	3.00	3.00	2.00	3.33	2.00	2.33	2.33
혼인 여부	미혼	(208)	2.78	2.83	2.81	2.55	2.70	2.36	2.45	2.37
	기혼	(221)	2.66	2.79	2.79	2.77	2.63	2.51	2.41	2.44
	모름/무응답	(23)	2.43	2.67	2.59	2.43	2.70	2.29	2.67	2.25
최종 학력	중졸 이하	(69)	2.40	2.44	2.49	2.32	2.45	2.29	2.26	2.32
	고졸	(114)	2.67	2.81	2.80	2.77	2.77	2.55	2.54	2.44
	대재 이상	(259)	2.81	2.90	2.87	2.69	2.69	2.43	2.46	2.40
	모름/무응답	(10)	2.50	2.63	2.50	2.25	2.63	2.00	2.25	2.25
종교	개신교	(186)	3.13	3.30	3.22	3.00	2.92	2.64	2.75	2.56
	천주교	(50)	2.70	2.64	2.74	2.71	2.76	2.51	2.56	2.67
	불교	(53)	2.12	2.33	2.30	2.14	2.11	2.05	1.98	1.95
	유교	(4)	1.75	1.75	1.75	1.75	2.50	2.50	2.00	1.75
	무속	(3)	2.00	2.00	2.00	2.00	2.00	2.00	2.00	2.00
	무교	(156)	2.44	2.45	2.48	2.39	2.55	2.27	2.22	2.26
직업	자영업	(40)	3.12	3.15	3.06	3.06	2.84	2.61	2.50	2.56
	화이트칼라	(106)	2.70	2.79	2.79	2.63	2.73	2.46	2.52	2.43
	블루칼라	(69)	2.49	2.43	2.41	2.52	2.58	2.51	2.33	2.39
	주부	(62)	2.84	3.16	3.06	2.96	2.67	2.50	2.51	2.53
	학생	(121)	2.68	2.74	2.79	2.46	2.66	2.28	2.36	2.30
	무직	(54)	2.66	2.82	2.76	2.62	2.59	2.40	2.53	2.26
고용 형태	미취업	(2)	3.50	3.50	4.00	3.00	3.50	2.50	3.50	3.00
	자영업	(54)	3.02	3.09	3.07	2.98	2.84	2.64	2.49	2.53
	정규직	(87)	2.59	2.57	2.55	2.49	2.60	2.36	2.40	2.42
	비정규직	(61)	2.63	2.70	2.66	2.71	2.74	2.66	2.47	2.41
	모름/무응답	(11)	2.44	2.60	2.56	2.40	2.44	1.88	2.44	2.22

가구월평균수입	250만원 미만	(115)	2.59	2.65	2.64	2.54	2.70	2.53	2.44	2.50
	250~399 만원	(131)	2.81	2.93	2.87	2.79	2.71	2.49	2.53	2.43
	400만원 이상	(147)	2.81	2.89	2.89	2.65	2.69	2.33	2.41	2.28
	모름/ 무응답	(59)	2.45	2.57	2.60	2.48	2.49	2.29	2.35	2.39

다음으로 지역사회의 복지와 지역 발전에 대한 거룩한빛광성교회의 기여도에 대하여 질문하였는데, 이에 대해 "매우 많이 기여한다"(8.2%)와 "어느 정도 기여한다"(30.8%)를 합하여 38.9%의 긍정률을 보였고, 평균은 3.24로 나타났다. 평가가 긍정적이라고 보기는 어려우나, 교회가 위치한 탄현/덕이동 주민들에게 상대적으로 높은 긍정의 응답을 받아 어느 정도 인정받고 있다고 볼 수 있을 것이다.

연령별로는 나이에 따라 더 높게 평가하는 경향을 나타냈으며, 학력별로는 중졸 이하에 비해서 고졸과 대재 이상에서 상대적으로 높은 평가를 받았다. 종교별로는 같은 개신교인들뿐만 아니라 천주교인들에게서도 평균 이상의 평가를 받았다는 점이 긍정적으로 판단된다. 그러나 다수인 비종교인들에게는 2.88로 매우 낮게 나왔다는 점은 거룩한빛광성교회의 사역이 개신교인들에게만 아니라 비종교인들과도 소통할 수 있는 사역이 될 수 있도록 다각도의 노력이 필요하다는 점을 시사한다.

〈표11〉 거룩한빛광성교회 지역사회 복지 및 지역 발전 기여도

		사례수	⑤ 매우 많이 기여한다	④ 어느 정도 기여한다	③ 그저 그렇다	② 별로 기여하지 않는다	① 전혀 기여하지 않는다	TOP2 (④+⑤)	MID (③)	BOT2 (①+②)	모름/ 무응답	평균
			%	%	%	%	%	%	%	%	%	5점척도
전 체		(452)	8.2	30.8	34.1	9.7	8.0	38.9	34.1	17.7	9.3	3.24
응답자 구분	지역 주민	(387)	8.5	30.2	34.4	10.3	8.3	38.8	34.4	18.6	8.3	3.22
	지역 직장인	(39)	5.1	38.5	30.8	5.1	10.3	43.6	30.8	15.4	10.3	3.26
	기타 지역주민	(19)	10.5	31.6	26.3	10.5	0.0	42.1	26.3	10.5	21.1	3.53
	모름/ 무응답	(7)	0.0	14.3	57.1	0.0	0.0	14.3	57.1	0.0	28.6	3.20
거주 지역	교하읍	(82)	7.3	28.0	37.8	15.9	6.1	35.4	37.8	22.0	4.9	3.15
	탄현/ 덕이동	(75)	14.7	29.3	28.0	13.3	8.0	44.0	28.0	21.3	6.7	3.31
	기타일산지역	(168)	7.1	32.1	36.9	8.9	7.1	39.3	36.9	16.1	7.7	3.25
	기타파주지역	(55)	7.3	29.1	34.5	3.6	12.7	36.4	34.5	16.4	12.7	3.17
	모름/ 무응답	(7)	0.0	28.6	0.0	0.0	28.6	28.6	0.0	28.6	42.9	2.50
성별	남 자	(162)	4.9	34.0	34.6	8.0	8.6	38.9	34.6	16.7	9.9	3.21
	여 자	(284)	10.2	28.9	33.5	10.9	7.7	39.1	33.5	18.7	8.8	3.25
	모름/ 무응답	(6)	0.0	33.3	50.0	0.0	0.0	33.3	50.0	0.0	16.7	3.40
연령	20대 미만	(53)	1.9	30.2	39.6	13.2	13.2	32.1	39.6	26.4	1.9	2.94
	20대	(146)	6.2	30.8	36.3	13.0	8.9	37.0	36.3	21.9	4.8	3.13
	30대	(71)	7.0	23.9	40.8	7.0	7.0	31.0	40.8	14.1	14.1	3.20
	40대	(92)	12.0	35.9	28.3	9.8	3.3	47.8	28.3	13.0	10.9	3.49
	50대 이상	(87)	12.6	31.0	27.6	4.6	8.0	43.7	27.6	12.6	16.1	3.42
	모름/ 무응답	(3)	0.0	33.3	33.3	0.0	33.3	33.3	33.3	33.3	0.0	2.67
최종학력	중졸 이하	(69)	8.7	26.1	36.2	11.6	13.0	34.8	36.2	24.6	4.3	3.06
	고 졸	(114)	9.6	29.8	33.3	7.0	8.8	39.5	33.3	15.8	11.4	3.28
	대재 이상	(259)	7.7	32.4	33.2	10.8	6.6	40.2	33.2	17.4	9.3	3.26
	모름/ 무응답	(10)	0.0	30.0	50.0	0.0	0.0	30.0	50.0	0.0	20.0	3.38
종교	개신교	(186)	13.4	40.9	26.3	8.1	4.8	54.3	26.3	12.9	6.5	3.53
	천주교	(50)	8.0	30.0	40.0	6.0	6.0	38.0	40.0	12.0	10.0	3.31
	불교	(53)	5.7	22.6	39.6	11.3	5.7	28.3	39.6	17.0	15.1	3.13
	유교	(4)	0.0	75.0	0.0	25.0	0.0	75.0	0.0	25.0	0.0	3.50
	무속	(3)	0.0	0.0	66.7	33.3	0.0	0.0	66.7	33.3	0.0	2.67
	무교	(156)	3.2	21.2	39.7	11.5	13.5	24.4	39.7	25.0	10.9	2.88

다음으로 거룩한빛광성교회의 시설을 어떤 용도로 개방하면 좋겠다고 생각하는지 물어보았는데(복수 응답), 가장 많은 27.2%가 휴게 공간이라고 응답했으며, 21.5%는 교육 공간, 13.7%는 공연장소, 11.1%는 주민회관, 5.3%는 결혼식장, 3.1%는 회의장소라고 응답하였다.

휴게 공간이라는 응답은 지역 직장인들과 10대, 20대들에게서 상대적으로 높게 나와 이들이 휴게 공간으로 활용할 수 있도록 방안을 마련할 필요가 있겠다. 교육 공간이라는 응답은 교하읍과 기타 파주지역 주민들에게서 그리고 주부들과 비정규직자들에게서 비교적 높게 나와 상대적으로 교육에 대한 수요가 높은 층들의 의견이 반영된 것으로 보인다. 공연장소라는 응답은 10대와 무직자, 불교인들에게서 상대적으로 높게 나와 취업 준비생들이 공연 활동을 하거나 종교 사이에 충돌이 되지 않는 범위 내에서 다른 종교인들도 활용할 수 있는 방안을 마련할 필요가 있겠다. 주민 회관이라는 응답은 지역 직장인, 기타 일산지역, 50대 이상, 그리고 저소득층에서, 결혼식장이라는 응답은 지역 직장인에게서 상대적으로 높게 나온 점을 고려해서 교회 시설이 주민들을 위해 다양하게 활용될 수 있는 방안을 마련할 필요가 있겠다.

〈표12〉 거룩한빛광성교회 개방시 용도(복수 응답)

		사례수	휴게공간	교육공간	공연장소	주민회관	결혼식장	회의장소	무응답
			%	%	%	%	%	%	%
전체		(452)	27.2	21.5	13.7	11.1	5.3	3.1	17.0
응답자구분	지역 주민	(387)	27.6	20.7	14.2	11.1	4.9	3.1	17.3
	지역 직장인	(39)	35.9	17.9	10.3	15.4	12.8	0.0	7.7
	기타 지역주민	(19)	5.3	42.1	15.8	5.3	0.0	5.3	26.3
	모름/무응답	(7)	14.3	28.6	0.0	0.0	0.0	14.3	28.6

		(n)							
거주 지역	교하읍	(82)	30.5	34.1	8.5	7.3	3.7	3.7	12.2
	탄현/덕이동	(75)	28.0	20.0	18.7	6.7	6.7	4.0	14.7
	기타일산지역	(168)	29.2	13.1	13.7	16.7	6.0	3.0	16.7
	기타파주지역	(55)	20.0	25.5	20.0	5.5	1.8	1.8	25.5
	모름/무응답	(7)	14.3	14.3	0.0	14.3	0.0	0.0	57.1
성별	남자	(162)	28.4	19.8	11.7	14.8	6.2	3.7	14.2
	여자	(284)	26.1	22.5	15.1	8.8	4.9	2.8	18.7
	모름/무응답	(6)	50.0	16.7	0.0	16.7	0.0	0.0	16.7
연령	20대 미만	(53)	32.1	17.0	20.8	9.4	3.8	1.9	11.3
	20대	(146)	33.6	22.6	13.0	10.3	2.1	6.2	12.3
	30대	(71)	26.8	29.6	11.3	8.5	8.5	1.4	12.7
	40대	(92)	18.5	23.9	17.4	9.8	5.4	3.3	20.7
	50대 이상	(87)	21.8	12.6	9.2	17.2	9.2	0.0	28.7
	모름/무응답	(3)	66.7	33.3	0.0	0.0	0.0	0.0	0.0
혼인 여부	미혼	(208)	33.2	21.2	13.9	10.1	3.4	5.3	12.0
	기혼	(221)	23.1	22.6	13.1	11.3	6.8	1.4	20.8
	모름/무응답	(23)	13.0	13.0	17.4	17.4	8.7	0.0	26.1
최종 학력	중졸 이하	(69)	26.1	15.9	14.5	15.9	7.2	2.9	14.5
	고졸	(114)	22.8	20.2	18.4	8.8	6.1	0.0	22.8
	대재 이상	(259)	29.0	23.6	12.0	11.2	4.6	4.6	14.3
	모름/무응답	(10)	40.0	20.0	0.0	0.0	0.0	0.0	40.0
종교	개신교	(186)	24.7	29.6	11.8	10.2	3.8	4.3	13.4
	천주교	(50)	34.0	18.0	8.0	10.0	12.0	2.0	16.0
	불교	(53)	24.5	7.5	20.8	13.2	3.8	1.9	28.3
	유교	(4)	50.0	0.0	0.0	25.0	0.0	25.0	0.0
	무속	(3)	66.7	0.0	0.0	33.3	0.0	0.0	0.0
	무교	(156)	27.6	18.6	16.0	10.9	5.8	1.9	18.6
주거 형태	단독주택	(53)	30.2	17.0	9.4	11.3	7.5	1.9	22.6
	다세대/빌라	(57)	35.1	22.8	21.1	1.8	5.3	5.3	8.8
	아파트	(312)	25.6	22.4	13.8	12.8	5.1	3.2	15.4
	기타	(7)	14.3	28.6	14.3	0.0	14.3	0.0	28.6
	모름/무응답	(23)	26.1	13.0	4.3	13.0	0.0	0.0	43.5
직업	자영업	(40)	17.5	22.5	12.5	12.5	7.5	0.0	25.0
	화이트칼라	(106)	26.4	25.5	12.3	7.5	5.7	2.8	18.9
	블루칼라	(69)	23.2	18.8	15.9	8.7	10.1	5.8	15.9
	주부	(62)	21.0	29.0	11.3	12.9	3.2	0.0	22.6
	학생	(121)	35.5	19.8	14.0	11.6	2.5	4.1	10.7
	무직	(54)	29.6	11.1	16.7	16.7	5.6	3.7	16.7

고용형태	미취업	(2)	0.0	100.0	0.0	0.0	0.0	0.0	0.0
	자영업	(54)	18.5	24.1	9.3	11.1	9.3	1.9	24.1
	정규직	(87)	28.7	18.4	19.5	5.7	6.9	4.6	16.1
	비정규직	(61)	23.0	27.9	9.8	8.2	8.2	3.3	16.4
	모름/무응답	(11)	18.2	9.1	9.1	27.3	0.0	0.0	36.4
가구월평균수입	250만원 미만	(115)	23.5	20.0	13.0	17.4	6.1	3.5	16.5
	250~399 만원	(131)	29.8	26.7	14.5	7.6	4.6	3.1	12.2
	400만원 이상	(147)	28.6	20.4	14.3	9.5	6.8	3.4	16.3
	모름/무응답	(59)	25.4	15.3	11.9	10.2	1.7	1.7	30.5

다음으로, 거룩한빛광성교회가 지역사회를 위해 해야 하는 일이라고 생각되는 것을 우선순위대로 두 가지를 선택해 달라는 질문에 가장 많은 25.2%가 1순위로 "지역사회 발전을 위한 프로그램 운영과 공간 개방"을 골랐고, 다음으로 20.4%가 "노약자나 장애인을 위한 복지활동", 18.1%가 "소년소녀 가장의 가정 지원"을 선택하여 이 세 가지가 교회에 대해 가장 기대하는 역할이라고 할 수 있겠다. 1순위와 2순위를 합하면, "노약자나 장애인을 위한 복지활동"이 37.4%로 가장 많았고, 다음으로 "지역 문화 발전을 위한 프로그램 운영과 공간 개방"이 32.3%, "소년소녀 가장의 가정 지원"이 27.3%였다.

지역별로 보면, 기타 파주지역에서는 "노약자나 장애인을 위한 복지활동"에 가장 많은 응답률을 보여 파주시 노인 복지관과 문산 종합 사회복지관의 역할이 매우 중요하다고 판단된다. 또한 10대와 저소득층, 그리고 블루 칼라에 속한 사람들이 "소년소녀 가장의 가정 지원"이라고 응답한 비율이 상대적으로 높아 이를 위한 사역을 보강해야 할 것으로 보인다.

〈표13〉 거룩한빛광성교회 지역사회 위해 해야 하는 일(1순위)

		사례수	지역사회발전을 위한 프로그램 운영과 공간 개방	노약자나 장애인을 위한 복지 활동	소년소녀가정 지원	학생들을 위한 학습 지원	지역사회를 위한 봉사활동	환경보호 활동	방범 및 범죄예방	다문화 가족 지원	지역문화 발전을 위한 활동	긴급재난 이웃 돕기	호스피스 만성질환자 보호 서비스	모름/무응답
			%	%	%	%	%	%	%	%	%	%	%	%
전 체		(452)	25.2	20.4	18.1	5.5	4.6	3.8	3.5	3.1	2.2	2.0	1.8	9.7
응답자 구분	지역 주민	(387)	24.8	20.7	16.3	6.2	5.4	4.1	3.6	3.4	2.1	2.1	1.8	9.6
	지역 직장인	(39)	30.8	17.9	30.8	0.0	0.0	2.6	0.0	2.6	2.6	2.6	2.6	7.7
	기타 지역주민	(19)	31.6	21.1	21.1	5.3	0.0	0.0	5.3	0.0	0.0	0.0	0.0	15.8
	모름/ 무응답	(7)	0.0	14.3	42.9	0.0	0.0	0.0	14.3	0.0	14.3	0.0	0.0	14.3
거주 지역	교하읍	(82)	28.0	23.2	14.6	7.3	8.5	1.2	1.2	3.7	3.7	2.4	0.0	6.1
	탄현/ 덕이동	(75)	26.7	20.0	14.7	2.7	4.0	4.0	9.3	1.3	4.0	1.3	2.7	9.3
	기타일산지역	(168)	23.2	19.0	20.8	8.3	3.6	6.5	1.8	4.2	0.0	2.4	2.4	7.7
	기타파주지역	(55)	20.0	25.5	9.1	3.6	9.1	1.8	5.5	3.6	3.6	1.8	1.8	14.5
	모름/ 무응답	(7)	42.9	0.0	0.0	0.0	0.0	0.0	0.0	0.0	0.0	0.0	0.0	57.1
성별	남 자	(162)	22.8	20.4	22.8	6.2	3.7	4.3	3.1	3.1	1.9	1.2	0.6	9.9
	여 자	(284)	26.4	20.8	14.8	5.3	5.3	3.5	3.9	3.2	2.1	2.5	2.5	9.9
	모름/ 무응답	(6)	33.3	0.0	50.0	0.0	0.0	0.0	0.0	0.0	16.7	0.0	0.0	0.0
연령	20대 미만	(53)	18.9	13.2	22.6	9.4	3.8	11.3	11.3	3.8	0.0	0.0	0.0	5.7
	20대	(146)	24.7	21.9	19.9	8.2	2.7	1.4	6.2	2.7	1.4	4.1	0.7	6.2
	30대	(71)	33.8	18.3	21.1	1.4	8.5	2.8	0.0	4.2	0.0	1.4	1.4	7.0
	40대	(92)	30.4	16.3	13.0	6.5	3.3	3.3	0.0	3.3	1.1	0.0	3.3	19.6
	50대 이상	(87)	18.4	28.7	14.9	1.1	6.9	4.6	1.1	1.1	6.9	2.3	3.4	10.3
	모름/ 무응답	(3)	0.0	0.0	33.3	0.0	0.0	0.0	0.0	33.3	33.3	0.0	0.0	0.0
혼인 여부	미 혼	(208)	21.6	21.2	20.2	7.7	3.4	3.8	6.7	4.3	1.0	2.4	0.5	7.2
	기 혼	(221)	29.0	20.4	15.4	3.2	5.4	3.6	0.9	2.3	2.7	1.4	3.2	12.2
	모름/ 무응답	(23)	21.7	8.7	26.1	8.7	8.7	4.3	0.0	0.0	8.7	4.3	0.0	8.7
최종 학력	중졸 이하	(69)	17.4	23.2	20.3	7.2	5.8	7.2	8.7	2.9	1.4	1.4	0.0	4.3
	고졸	(114)	20.2	22.8	17.5	6.1	3.5	4.4	1.8	2.6	1.8	0.9	2.6	15.8
	대재 이상	(259)	30.1	19.3	17.4	5.0	4.6	1.9	3.1	3.5	1.9	2.7	1.9	8.5
	모름/ 무응답	(10)	10.0	0.0	30.0	0.0	10.0	20.0	0.0	0.0	20.0	0.0	0.0	10.0

종교	개신교	(186)	32.8	18.8	16.1	5.4	5.9	4.3	2.2	4.3	2.2	2.7	2.2	3.2
	천주교	(50)	22.0	18.0	28.0	4.0	4.0	4.0	2.0	4.0	2.0	2.0	0.0	10.0
	불교	(53)	13.2	22.6	18.9	3.8	3.8	3.8	7.5	0.0	1.9	1.9	0.0	22.6
	유교	(4)	50.0	25.0	0.0	0.0	0.0	25.0	0.0	0.0	0.0	0.0	0.0	0.0
	무속	(3)	0.0	33.3	0.0	0.0	0.0	0.0	66.7	0.0	0.0	0.0	0.0	0.0
	무교	(156)	21.2	21.8	17.9	7.1	3.8	2.6	3.2	2.6	2.6	1.3	2.6	13.5
직업	자영업	(40)	20.0	20.0	20.0	2.5	5.0	0.0	0.0	2.5	2.5	2.5	2.5	22.5
	화이트칼라	(106)	32.1	17.9	17.9	3.8	4.7	4.7	2.8	1.9	2.8	0.0	2.8	8.5
	블루칼라	(69)	23.2	24.6	27.5	2.9	1.4	1.4	0.0	2.9	1.4	1.4	2.9	10.1
	주부	(62)	27.4	21.0	4.8	4.8	11.3	3.2	1.6	4.8	3.2	0.0	1.6	16.1
	학생	(121)	21.5	16.5	18.2	11.6	5.0	5.0	8.3	5.0	0.8	2.5	0.0	5.8
	무직	(54)	24.1	27.8	20.4	1.9	0.0	5.6	3.7	0.0	3.7	7.4	1.9	3.7
고용 형태	미취업	(2)	50.0	0.0	50.0	0.0	0.0	0.0	0.0	0.0	0.0	0.0	0.0	0.0
	자영업	(54)	18.5	20.4	18.5	1.9	7.4	3.7	0.0	3.7	3.7	1.9	5.6	14.8
	정규직	(87)	29.9	21.8	24.1	2.3	3.4	2.3	1.1	1.1	0.0	0.0	3.4	10.3
	비정규직	(61)	29.5	19.7	18.0	4.9	1.6	3.3	3.3	3.3	4.9	1.6	0.0	9.8
	모름/무응답	(11)	27.3	18.2	27.3	9.1	0.0	0.0	0.0	0.0	0.0	0.0	0.0	18.2
가구 월 평균 수입	250만원 미만	(115)	14.8	26.1	24.3	4.3	3.5	4.3	3.5	2.6	2.6	2.6	1.7	9.6
	250~399만원	(131)	31.3	16.8	14.5	7.6	3.1	3.8	3.8	3.8	1.5	1.5	3.1	9.2
	400만원 이상	(147)	28.6	19.0	15.6	5.4	8.2	2.7	2.7	4.1	2.7	1.4	1.4	8.2
	모름/무응답	(59)	23.7	20.3	20.3	3.4	1.7	5.1	5.1	0.0	1.7	3.4	0.0	15.3

마지막으로 거룩한빛광성교회가 지역사회를 위해 이와 같은 프로그램을 시행한다면 프로그램을 이용하든지 함께 참여하겠느냐는 질문에는 "꼭 참여할 것이다"(1.8%)와 "참여할 것이다"(19.0%)를 합하여 긍정률은 20.8%에 불과하였고, 평균도 3.25로 낮은 편이었다. 결국 교회가 했으면 하고 바라는 것은 다양하게 표현하지만 직접 참여하거나 이용할 의향은 낮은 것으로 나타나, 교회가 실시하는 지역사회를 위한 활동에 주민들이 거리감이 없이 주인 의식을 갖고 참여할 수 있게 하기 위한 방안이 강구되어야 할 것으로 판단된다.

참여 의향은 교하읍 주민과 기타 파주 지역에서 상대적으로 높아 이 지역 주민들의 강한 의지를 나타내었다. 또한 종교별로는 개신교인들보다 천주교인들과 불교인 그리고 비종교인들에게서 참여 의향이 높게 나타나 고무적으로 보인다. 지역사회 관련 프로그램을 잘 개발하여 시행한다면 타종교인 또는 비종교인들도 아우를 수 있는 의미 있는 사역이 될 수 있으며, 비종교인들이 거부감 없이 교회 프로그램에 참여함으로써 선교 사역이 확장될 수 있는 가능성도 적지 않다는 점을 발견할 수 있다.

〈표14〉 거룩한빛광성교회 지역사회 관련 프로그램 시행시 참여의향

		사례수	⑤ 꼭 참여 할 것 이다	④ 참여 할 것 이다	③ 고려 해보 겠다	② 참여 하고 싶으나 여건이 안된다	① 참여할 의사 없다	TOP2 (④+⑤)	MID (③)	BOT2 (①+②)	모름/ 무응답	평균
			%	%	%	%	%	%	%	%	%	5점 척도
전 체		(452)	1.8	19.0	40.3	15.9	15.0	20.8	40.3	31.0	8.0	3.25
응답자 구분	지역 주민	(387)	2.1	21.4	39.5	13.4	15.8	23.5	39.5	29.2	7.8	3.21
	지역 직장인	(39)	0.0	5.1	53.8	20.5	15.4	5.1	53.8	35.9	5.1	3.49
	기타 지역주민	(19)	0.0	5.3	36.8	42.1	5.3	5.3	36.8	47.4	10.5	3.53
	모름/ 무응답	(7)	0.0	0.0	14.3	57.1	0.0	0.0	14.3	57.1	28.6	3.80
거주 지역	교 하 읍	(82)	0.0	19.5	39.0	17.1	20.7	19.5	39.0	37.8	3.7	3.41
	탄현/ 덕이동	(75)	5.3	28.0	36.0	12.0	13.3	33.3	36.0	25.3	5.3	3.00
	기타일산지역	(168)	1.8	23.2	41.7	12.5	13.1	25.0	41.7	25.6	7.7	3.13
	기타파주지역	(55)	1.8	12.7	43.6	12.7	16.4	14.5	43.6	29.1	12.7	3.33
	모름/ 무응답	(7)	0.0	0.0	0.0	14.3	42.9	0.0	0.0	57.1	42.9	4.75
성별	남자	(162)	1.9	14.8	50.6	13.6	10.5	16.7	50.6	24.1	8.6	3.18
	여자	(284)	1.8	21.5	34.5	16.5	18.0	23.2	34.5	34.5	7.7	3.30
	모름/ 무응답	(6)	0.0	16.7	33.3	50.0	0.0	16.7	33.3	50.0	0.0	3.33
연령	20대 미만	(53)	0.0	20.8	49.1	7.5	17.0	20.8	49.1	24.5	5.7	3.22
	20대	(146)	2.7	16.4	41.1	18.5	15.8	19.2	41.1	34.2	5.5	3.30
	30대	(71)	0.0	21.1	38.0	19.7	14.1	21.1	38.0	33.8	7.0	3.29
	40대	(92)	1.1	19.6	37.0	14.1	17.4	20.7	37.0	31.5	10.9	3.30
	50대 이상	(87)	2.3	20.7	39.1	14.9	11.5	23.0	39.1	26.4	11.5	3.14
	모름/ 무응답	(3)	33.3	0.0	33.3	33.3	0.0	33.3	33.3	33.3	0.0	2.67

혼인 여부	미 혼	(208)	1.9	18.8	43.3	13.5	15.9	20.7	43.3	29.3	6.7	3.24
	기 혼	(221)	1.8	19.5	38.9	16.7	13.1	21.3	38.9	29.9	10.0	3.22
	모름/ 무응답	(23)	0.0	17.4	26.1	30.4	26.1	17.4	26.1	56.5	0.0	3.65
최종 학력	중졸 이하	(69)	0.0	21.7	46.4	13.0	15.9	21.7	46.4	29.0	2.9	3.24
	고 졸	(114)	4.4	19.3	33.3	14.0	16.7	23.7	33.3	30.7	12.3	3.22
	대재 이상	(259)	1.2	18.1	42.1	17.4	13.9	19.3	42.1	31.3	7.3	3.27
	모름/ 무응답	(10)	0.0	20.0	30.0	20.0	20.0	20.0	30.0	40.0	10.0	3.44
종교	개 신 교	(186)	3.8	32.3	43.5	10.8	7.0	36.0	43.5	17.7	2.7	2.85
	천 주 교	(50)	0.0	16.0	38.0	24.0	16.0	16.0	38.0	40.0	6.0	3.43
	불 교	(53)	0.0	5.7	30.2	22.6	26.4	5.7	30.2	49.1	15.1	3.82
	유 교	(4)	0.0	50.0	25.0	25.0	0.0	50.0	25.0	25.0	0.0	2.75
	무 속	(3)	0.0	0.0	66.7	0.0	33.3	0.0	66.7	33.3	0.0	3.67
	무 교	(156)	0.6	8.3	40.4	17.3	20.5	9.0	40.4	37.8	12.8	3.56

그리고 참여하지 않는다면 이유가 무엇이냐는 질문에 가장 많은 44.3%가 "바쁘고 시간이 없어서"에 응답하였고, 다음으로 17.9%는 "교회에서 하는 프로그램이라서"라고 응답하여 교회에 대한 무조건적인 반감도 적지 않은 것으로 드러났다. 이러한 응답이 고학력자들과 불교인들과 비종교인들에게서 상대적으로 높게 나타난 것도 이러한 경향을 나타내고 있다고 볼 수 있다. 또한 11.4%는 "교통이 불편해서"라고 응답하여 지역사회를 위한 행사나 프로그램을 시행할 때 교통편 마련에 대해서도 신경을 써야 할 것으로 판단된다.

<표15> 비참여 이유

		사례수	바쁘고 시간이 없어서	교회에서 실시하는 프로그램이라서	교통이 불편해서	참여하고 싶지만 방법을 몰라서	경제적인 문제 때문에	참여한다고 달라질게 없으므로	적절한 프로그램 없어서	모름/무응답
			%	%	%	%	%	%	%	%
전 체		(140)	44.3	17.9	11.4	5.0	5.0	4.3	2.1	5.7
응답자 구분	지역 주민	(113)	46.9	17.7	10.6	5.3	3.5	5.3	2.7	3.5
	지역 직장인	(14)	42.9	21.4	7.1	7.1	14.3	0.0	0.0	7.1
	기타지역주민	(9)	0.0	22.2	33.3	0.0	11.1	0.0	0.0	22.2
	모름/ 무응답	(4)	75.0	0.0	0.0	0.0	0.0	0.0	0.0	25.0
거주 지역	교 하 읍	(31)	29.0	35.5	3.2	12.9	3.2	6.5	0.0	3.2
	탄현/ 덕이동	(19)	57.9	10.5	10.5	5.3	5.3	5.3	5.3	0.0
	기타일산지역	(43)	53.5	9.3	11.6	2.3	4.7	4.7	4.7	4.7
	기타파주지역	(16)	50.0	18.8	18.8	0.0	0.0	6.3	0.0	0.0
	모름/ 무응답	(4)	50.0	0.0	25.0	0.0	0.0	0.0	0.0	25.0
성 별	남 자	(39)	43.6	10.3	23.1	7.7	5.1	5.1	0.0	2.6
	여 자	(98)	43.9	21.4	7.1	4.1	5.1	4.1	3.1	6.1
	모름/ 무응답	(3)	66.7	0.0	0.0	0.0	0.0	0.0	0.0	33.3
연 령	20 대 미만	(13)	46.2	7.7	15.4	0.0	15.4	7.7	0.0	0.0
	20 대	(50)	50.0	20.0	12.0	8.0	2.0	2.0	0.0	4.0
	30 대	(24)	37.5	25.0	4.2	0.0	8.3	4.2	4.2	8.3
	40 대	(29)	37.9	17.2	17.2	3.4	13.8	0.0	0.0	10.3
	50대 이상	(23)	43.5	13.0	8.7	8.7	0.0	8.7	4.3	4.3
	모름/ 무응답	(1)	100.0	0.0	0.0	0.0	0.0	0.0	0.0	0.0
혼인 여부	미 혼	(61)	44.3	23.0	13.1	3.3	3.3	4.9	1.6	3.3
	기 혼	(66)	43.9	16.7	9.1	6.1	6.1	3.0	3.0	6.1
	모름/ 무응답	(13)	46.2	0.0	15.4	7.7	7.7	7.7	0.0	15.4
최종 학력	중 졸 이하	(20)	35.0	10.0	10.0	10.0	0.0	15.0	10.0	0.0
	고 졸	(35)	48.6	17.1	5.7	0.0	14.3	8.6	0.0	5.7
	대재 이상	(81)	44.4	19.8	13.6	6.2	2.5	0.0	1.2	7.4
	모름/ 무응답	(4)	50.0	25.0	25.0	0.0	0.0	0.0	0.0	0.0
종 교	개 신 교	(33)	45.5	3.0	18.2	6.1	6.1	0.0	3.0	12.1
	천 주 교	(20)	35.0	15.0	0.0	5.0	15.0	5.0	0.0	5.0
	불 교	(26)	42.3	26.9	11.5	11.5	0.0	3.8	3.8	0.0
	유 교	(1)	0.0	0.0	100.0	0.0	0.0	0.0	0.0	0.0
	무 속	(1)	0.0	0.0	0.0	0.0	0.0	100.0	0.0	0.0
	무 교	(59)	49.2	23.7	10.2	1.7	3.4	5.1	1.7	5.1

(4) 대상자별 질문

대상자별 질문으로 먼저, 성인과 관련하여 가장 어려운 일이 무엇인지 물어보았는데, "경제적인 문제"라는 응답이 전체 성인 중 33.6%에게서 나와 다른 무엇보다도 경제 문제를 심각하게 인식하는 것으로 나타났다. 다음으로 13.0%는 "자녀양육 및 교육 문제", 8.3%는 "건강 문제", 5.5%는 "직장 문제" 순으로 응답하였다. 특히 중졸 이하의 학력과 대학생, 무직자 그리고 저소득층의 사람들이 경제 문제를 상대적으로 더 심각하게 인식하는 것으로 나타났다. 자녀 양육 문제에 대해서는 40대에서 가장 심각하게 느끼고 있었으며, 주부들과 자영업자들도 상대적으로 더 심각하게 느끼는 것으로 나타났다.

〈표16〉 성인과 관련 가장 어려운 일(만 20세 이상 성인기준)

		사례수	경제적인 문제	자녀 양육 및 교육 문제	건강 문제	직장 문제	취미나 여가 활동 부족	가족 간의 불화	실직 문제	모름/ 무응답
			%	%	%	%	%	%	%	%
전 체		(399)	33.6	13.0	8.3	5.5	3.3	3.3	1.8	30.3
응답자 구분	지역 주민	(337)	33.5	11.9	6.8	5.6	3.9	3.6	1.5	32.3
	지역 직장인	(38)	31.6	18.4	15.8	0.0	0.0	2.6	2.6	28.9
	기타 지역주민	(18)	44.4	22.2	16.7	5.6	0.0	0.0	5.6	5.6
	모름/ 무응답	(6)	16.7	16.7	16.7	33.3	0.0	0.0	0.0	0.0
거주 지역	교하읍	(74)	29.7	5.4	5.4	5.4	1.4	4.1	0.0	48.6
	탄현/ 덕이동	(61)	37.7	18.0	3.3	4.9	1.6	3.3	1.6	27.9
	기타일산지역	(144)	33.3	14.6	6.9	5.9	4.9	4.2	1.4	27.8
	기타파주지역	(51)	37.3	5.9	9.8	7.8	5.9	0.0	3.9	29.4
	모름/ 무응답	(7)	14.3	14.3	28.6	0.0	14.3	14.3	0.0	14.3

구분		(N)								
성별	남자	(148)	33.8	11.5	10.1	6.1	2.0	4.1	3.4	27.7
	여자	(245)	33.9	13.5	7.3	4.9	4.1	2.9	0.8	31.8
	모름/무응답	(6)	16.7	33.3	0.0	16.7	0.0	0.0	0.0	33.3
연령	20대	(146)	39.0	6.2	3.4	11.6	6.8	3.4	2.1	25.3
	30대	(71)	33.8	18.3	7.0	1.4	1.4	5.6	1.4	31.0
	40대	(92)	25.0	26.1	7.6	2.2	0.0	1.1	0.0	37.0
	50대 이상	(87)	34.5	6.9	18.4	1.1	2.3	3.4	2.3	31.0
	모름/무응답	(3)	0.0	0.0	0.0	33.3	0.0	0.0	33.3	33.3
혼인여부	미혼	(157)	40.1	5.1	5.1	11.5	5.7	3.2	1.9	26.1
	기혼	(220)	30.0	19.1	11.4	1.4	1.4	3.6	1.8	30.5
	모름/무응답	(22)	22.7	9.1	0.0	4.5	4.5	0.0	0.0	59.1
최종학력	중졸 이하	(29)	48.3	0.0	6.9	3.4	3.4	6.9	0.0	31.0
	고졸	(108)	27.8	15.7	9.3	2.8	0.9	0.0	1.9	40.7
	대재 이상	(255)	34.9	13.3	8.2	6.7	4.3	4.3	2.0	25.1
	모름/무응답	(7)	14.3	14.3	0.0	14.3	0.0	0.0	0.0	57.1
직업	자영업	(40)	32.5	25.0	7.5	5.0	0.0	2.5	2.5	25.0
	화이트칼라	(106)	37.7	16.0	11.3	3.8	3.8	1.9	1.9	20.8
	블루칼라	(67)	31.3	9.0	7.5	1.5	1.5	1.5	1.5	46.3
	주부	(62)	19.4	22.6	6.5	0.0	4.8	3.2	1.6	41.9
	학생	(72)	40.3	5.6	4.2	12.5	5.6	5.6	1.4	23.6
	무직	(52)	36.5	1.9	11.5	11.5	1.9	5.8	1.9	28.8
고용형태	미취업	(2)	50.0	0.0	0.0	0.0	0.0	0.0	0.0	50.0
	자영업	(54)	33.3	22.2	7.4	3.7	0.0	5.6	1.9	25.9
	정규직	(85)	37.6	15.3	9.4	3.5	4.7	1.2	1.2	23.5
	비정규직	(61)	32.8	6.6	8.2	3.3	1.6	0.0	3.3	44.3
	모름/무응답	(11)	27.3	36.4	27.3	0.0	0.0	0.0	0.0	9.1
가구월평균수입	250만원 미만	(111)	31.5	6.3	12.6	9.0	2.7	3.6	1.8	30.6
	250~399만원	(120)	37.5	19.2	5.0	0.8	3.3	2.5	1.7	30.0
	400만원 이상	(130)	33.1	13.8	7.7	3.8	3.1	4.6	1.5	30.8
	모름/무응답	(38)	28.9	10.5	7.9	15.8	5.3	0.0	2.6	28.9

이와 관련하여, 성인을 위해 필요한 프로그램으로는 가장 많은 15.5%가 "취미, 기능교실"이라고 응답하여 경제 문제와 관련하여 응답한 것으로 판단되며, 같은 15.5%는 "체육 교실"이라고 응답하였고, 다음으로 13.0%가 "가족문제 상담 및 부모상담, 부모역할 훈련"에 응답

하여 역시 자녀 양육 및 교육과 관련 응답으로 판단된다. 다음으로 7.0%는 "맞벌이 및 한 부모, 미혼모를 위한 탁아사업", 6.0%는 "집단 활동, 클럽활동 등"과 "가정생활 교육", 3.8%는 "자원봉사 모임 활동"에 응답하였다.

〈표17〉 성인 위한 필요한 프로그램(만 20세 이상 성인기준)

		사례수	체육교실	취미, 기능교실	가족문제 상담 및 부모 상담 부모역할 훈련	맞벌이 및 한부모, 미혼모를 위한 탁아사업	집단활동 클럽활동 등	가정생활 교육	자원봉사 모임 활동	모름/무응답
			%	%	%	%	%	%	%	%
전 체		(399)	15.5	15.5	13.0	7.0	6.0	6.0	3.8	31.3
응답자 구분	지역 주민	(337)	14.8	14.8	11.6	7.4	6.2	5.3	4.2	33.5
	지역 직장인	(38)	18.4	13.2	23.7	5.3	2.6	7.9	0.0	28.9
	기타 지역주민	(18)	16.7	38.9	16.7	0.0	5.6	16.7	0.0	5.6
	모름/무응답	(6)	33.3	0.0	16.7	16.7	16.7	0.0	16.7	0.0
거주지역	교하읍	(74)	10.8	10.8	12.2	6.8	1.4	4.1	5.4	48.6
	탄현/덕이동	(61)	14.8	14.8	9.8	13.1	1.6	6.6	1.6	31.1
	기타일산지역	(144)	16.0	16.7	11.1	5.6	8.3	5.6	6.3	28.5
	기타파주지역	(51)	17.6	17.6	11.8	3.9	13.7	3.9	0.0	31.4
	모름/무응답	(7)	14.3	0.0	28.6	28.6	0.0	14.3	0.0	14.3
성별	남자	(148)	16.2	17.6	12.8	5.4	6.8	6.8	3.4	29.1
	여자	(245)	15.1	13.9	13.5	7.8	5.7	5.7	4.1	32.7
	모름/무응답	(6)	16.7	33.3	0.0	16.7	0.0	0.0	0.0	33.3
연령	20대	(146)	15.1	21.9	10.3	6.8	6.8	4.8	6.8	26.0
	30대	(71)	11.3	14.1	15.5	9.9	2.8	12.7	1.4	32.4
	40대	(92)	16.3	10.9	16.3	8.7	5.4	3.3	1.1	37.0
	50대 이상	(87)	18.4	11.5	12.6	3.4	6.9	5.7	3.4	33.3
	모름/무응답	(3)	33.3	0.0	0.0	0.0	33.3	0.0	0.0	33.3
혼인여부	미혼	(157)	15.3	22.3	10.2	7.6	6.4	3.8	7.0	26.8
	기혼	(220)	16.4	11.4	15.0	7.3	6.4	7.3	1.8	31.8
	모름/무응답	(22)	9.1	9.1	13.6	0.0	0.0	9.1	0.0	59.1

최종 학력	중 졸 이하	(29)	20.7	3.4	17.2	6.9	3.4	3.4	6.9	34.5
	고 졸	(108)	14.8	12.0	10.2	5.6	6.5	4.6	2.8	42.6
	대재 이상	(255)	15.3	18.4	14.1	7.5	6.3	7.1	3.9	25.5
	모름/ 무응답	(7)	14.3	14.3	0.0	14.3	0.0	0.0	0.0	57.1
직 업	자 영 업	(40)	17.5	10.0	15.0	15.0	10.0	0.0	2.5	27.5
	화이트 칼라	(106)	14.2	15.1	19.8	6.6	6.6	12.3	4.7	20.8
	블 루 칼 라	(67)	11.9	11.9	9.0	7.5	4.5	4.5	0.0	47.8
	주 부	(62)	24.2	9.7	8.1	3.2	3.2	8.1	1.6	40.3
	학 생	(72)	16.7	20.8	15.3	5.6	8.3	1.4	6.9	25.0
	무 직	(52)	9.6	25.0	5.8	7.7	3.8	3.8	5.8	32.7
고용 형태	미 취 업	(2)	0.0	50.0	0.0	0.0	0.0	0.0	0.0	50.0
	자 영 업	(54)	16.7	11.1	16.7	9.3	11.1	0.0	3.7	27.8
	정 규 직	(85)	15.3	14.1	15.3	7.1	5.9	16.5	2.4	23.5
	비 정 규 직	(61)	13.1	11.5	13.1	8.2	3.3	1.6	1.6	45.9
	모름/ 무응답	(11)	0.0	18.2	27.3	18.2	9.1	9.1	9.1	9.1
가구 월 평균 수입	250만원 미만	(111)	16.2	14.4	9.0	6.3	9.0	5.4	5.4	32.4
	250~399 만원	(120)	16.7	14.2	15.0	7.5	5.0	10.0	1.7	29.2
	400만원 이상	(130)	14.6	17.7	14.6	5.4	4.6	3.8	4.6	31.5
	모름/ 무응답	(38)	13.2	15.8	13.2	13.2	5.3	2.6	2.6	34.2

다음으로 아동·청소년과 관련하여 가장 어려운 일이 무엇인지 물어보았는데, 아동·청소년 또는 자녀가 있는 56명 중 가장 많은 8.9%가 "학교 폭력 또는 집단 따돌림 문제"라고 응답하였다. 이 설문조사는 최근 학교 폭력과 집단 따돌림 문제로 학생들이 잇따라 자살한 사건이 발생하기 이전에 조사됐음에도 이미 학부모들은 이 문제의 심각성을 인지하고 있었음을 알 수 있다. 다음으로 7.1%는 "아동을 돌보아 줄 사람이 없는 육아의 어려움", 3.6%는 "양육 또는 교육비 부담"과 "부모 및 가족과의 불화", 그리고 1.8%는 "교육시설 부족"과 "학업 또는 진학 및 진로 문제"라고 응답하였다.

<표18> 아동 · 청소년 관련 가장 어려운 문제(아동 · 청소년 또는 자녀 있는 자)

		사례수	학교폭력 또는 집단따돌림 문제	아동을 돌보아 줄 사람이 없는 육아의 어려움	양육 또는 교육비 부담	부모 및 가족과의 불화	교육시설 부족	학업 또는 진학 및 진로 문제	모름/무응답
			%	%	%	%	%	%	%
전 체		(56)	8.9	7.1	3.6	3.6	1.8	1.8	73.2
응답자 구분	지역 주민	(43)	4.7	4.7	4.7	2.3	0.0	2.3	81.4
	지역 직장인	(7)	14.3	0.0	0.0	0.0	14.3	0.0	71.4
	기타 지역주민	(2)	50.0	50.0	0.0	0.0	0.0	0.0	0.0
	모름/ 무응답	(4)	25.0	25.0	0.0	25.0	0.0	0.0	25.0
거주 지역	교하읍	(7)	0.0	14.3	0.0	0.0	0.0	0.0	85.7
	탄현/ 덕이동	(9)	0.0	11.1	0.0	0.0	0.0	11.1	77.8
	기타일산지역	(21)	9.5	0.0	9.5	4.8	0.0	0.0	76.2
	기타파주지역	(5)	0.0	0.0	0.0	0.0	0.0	0.0	100.0
	모름/ 무응답	(1)	0.0	0.0	0.0	0.0	0.0	0.0	100.0
성별	남자	(24)	8.3	4.2	0.0	4.2	4.2	0.0	79.2
	여자	(29)	10.3	10.3	6.9	3.4	0.0	3.4	65.5
	모름/ 무응답	(3)	0.0	0.0	0.0	0.0	0.0	0.0	100.0
연령	20대	(2)	0.0	0.0	0.0	50.0	0.0	50.0	0.0
	30대	(20)	15.0	10.0	0.0	0.0	5.0	0.0	70.0
	40대	(5)	0.0	0.0	0.0	20.0	0.0	0.0	80.0
	50대 이상	(27)	7.4	7.4	7.4	0.0	0.0	0.0	77.8
	모름/ 무응답	(2)	0.0	0.0	0.0	0.0	0.0	0.0	100.0
혼인 여부	미혼	(15)	13.3	6.7	0.0	6.7	0.0	6.7	66.7
	기혼	(38)	7.9	7.9	2.6	2.6	2.6	0.0	76.3
	모름/ 무응답	(3)	0.0	0.0	33.3	0.0	0.0	0.0	66.7
최종 학력	중졸 이하	(13)	0.0	7.7	7.7	7.7	0.0	7.7	69.2
	고졸	(13)	7.7	7.7	0.0	0.0	0.0	0.0	84.6
	대재 이상	(27)	14.8	7.4	3.7	3.7	3.7	0.0	66.7
	모름/ 무응답	(3)	0.0	0.0	0.0	0.0	0.0	0.0	100.0
직업	자영업	(10)	10.0	20.0	0.0	0.0	10.0	0.0	60.0
	화이트칼라	(10)	20.0	10.0	0.0	0.0	0.0	0.0	70.0
	블루칼라	(7)	14.3	0.0	0.0	0.0	0.0	0.0	85.7
	주부	(11)	9.1	0.0	9.1	0.0	0.0	0.0	81.8
	학생	(2)	0.0	0.0	0.0	50.0	0.0	50.0	0.0
	무직	(16)	0.0	6.3	6.3	6.3	0.0	0.0	81.3

고용 형태	자영업	(9)	11.1	22.2	0.0	0.0	0.0	0.0	66.7
	정규직	(9)	22.2	0.0	0.0	0.0	0.0	0.0	77.8
	비정규직	(7)	14.3	14.3	0.0	0.0	0.0	0.0	71.4
	모름/무응답	(2)	0.0	0.0	0.0	0.0	50.0	0.0	50.0
가구 월 평균 수입	250만원 미만	(27)	11.1	3.7	3.7	3.7	0.0	0.0	77.8
	250~399 만원	(9)	0.0	11.1	0.0	0.0	11.1	0.0	77.8
	400만원 이상	(7)	28.6	14.3	0.0	0.0	0.0	0.0	57.1
	모름/무응답	(13)	0.0	7.7	7.7	7.7	0.0	7.7	69.2

이와 관련하여, 아동·청소년을 위해 필요한 프로그램으로는 가장 많은 7.1%가 "어린이집 또는 방과후 교실, 독서실 운영"이라고 응답하였으며, 다음으로 5.4%가 "취미·기능교실", 3.6%가 "청소년 유해환경 개선활동", "아동 및 청소년 상담, 집단 프로그램", "동아리 프로그램", 1.8%가 "문화 활동", "청소년 선도활동"이라고 응답하였다.

〈표19〉 아동·청소년 위해 필요한 프로그램(아동·청소년 또는 자녀 있는 자)

		사례수	어린이집 또는 방과후 교실, 독서실 운영	취미·기능 교실	청소년 유해 환경 개선 활동	아동 및 청소년 상담, 집단 프로그램	동아리 프로그램	문화 활동	청소년 선도 활동	모름/ 무응답
			%	%	%	%	%	%	%	%
전체		(56)	7.1	5.4	3.6	3.6	3.6	1.8	1.8	73.2
응답자 구분	지역 주민	(43)	7.0	4.7	0.0	2.3	2.3	2.3	0.0	81.4
	지역 직장인	(7)	14.3	0.0	14.3	0.0	0.0	0.0	0.0	71.4
	기타 지역주민	(2)	0.0	0.0	50.0	0.0	0.0	0.0	50.0	0.0
	모름/무응답	(4)	0.0	25.0	0.0	25.0	25.0	0.0	0.0	25.0
거주 지역	교하읍	(7)	14.3	0.0	0.0	0.0	0.0	0.0	0.0	85.7
	탄현/덕이동	(9)	11.1	0.0	0.0	0.0	11.1	0.0	0.0	77.8
	기타일산지역	(21)	4.8	9.5	0.0	4.8	0.0	4.8	0.0	76.2
	기타파주지역	(5)	0.0	0.0	0.0	0.0	0.0	0.0	0.0	100.0
	모름/무응답	(1)	0.0	0.0	0.0	0.0	0.0	0.0	0.0	100.0

성별	남자	(24)	0.0	8.3	8.3	0.0	0.0	0.0	4.2	79.2
	여자	(29)	13.8	3.4	0.0	6.9	6.9	3.4	0.0	65.5
	모름/무응답	(3)	0.0	0.0	0.0	0.0	0.0	0.0	0.0	100.0
연령	20대	(2)	0.0	0.0	0.0	0.0	100.0	0.0	0.0	0.0
	30대	(20)	10.0	5.0	10.0	0.0	0.0	5.0	0.0	70.0
	40대	(5)	0.0	20.0	0.0	0.0	0.0	0.0	0.0	80.0
	50대 이상	(27)	7.4	3.7	0.0	7.4	0.0	0.0	3.7	77.8
	모름/무응답	(2)	0.0	0.0	0.0	0.0	0.0	0.0	0.0	100.0
혼인여부	미혼	(15)	6.7	6.7	6.7	0.0	13.3	0.0	0.0	66.7
	기혼	(38)	7.9	5.3	2.6	2.6	0.0	2.6	2.6	76.3
	모름/무응답	(3)	0.0	0.0	0.0	33.3	0.0	0.0	0.0	66.7
최종학력	중졸 이하	(13)	0.0	0.0	0.0	15.4	15.4	0.0	0.0	69.2
	고졸	(13)	15.4	0.0	0.0	0.0	0.0	0.0	0.0	84.6
	대재 이상	(27)	7.4	11.1	7.4	0.0	0.0	3.7	3.7	66.7
	모름/무응답	(3)	0.0	0.0	0.0	0.0	0.0	0.0	0.0	100.0
직업	자영업	(10)	10.0	10.0	10.0	0.0	0.0	0.0	10.0	60.0
	화이트칼라	(10)	10.0	10.0	10.0	0.0	0.0	0.0	0.0	70.0
	블루칼라	(7)	14.3	0.0	0.0	0.0	0.0	0.0	0.0	85.7
	주부	(11)	0.0	0.0	0.0	9.1	0.0	9.1	0.0	81.8
	학생	(2)	0.0	0.0	0.0	0.0	100.0	0.0	0.0	0.0
	무직	(16)	6.3	6.3	0.0	6.3	0.0	0.0	0.0	81.3
고용형태	자영업	(9)	11.1	11.1	0.0	0.0	0.0	0.0	11.1	66.7
	정규직	(9)	0.0	11.1	11.1	0.0	0.0	0.0	0.0	77.8
	비정규직	(7)	28.6	0.0	0.0	0.0	0.0	0.0	0.0	71.4
	모름/무응답	(2)	0.0	0.0	50.0	0.0	0.0	0.0	0.0	50.0
가구월평균수입	250만원 미만	(27)	3.7	11.1	3.7	3.7	0.0	0.0	0.0	77.8
	250~399만원	(9)	11.1	0.0	11.1	0.0	0.0	0.0	0.0	77.8
	400만원 이상	(7)	14.3	0.0	0.0	0.0	0.0	14.3	14.3	57.1
	모름/무응답	(13)	7.7	0.0	0.0	7.7	15.4	0.0	0.0	69.2

다음으로 노인과 관련하여 가장 어려운 일이 무엇인지 물어보았는데, 65세 이상 노인 및 노인을 모시는 자녀 73명 중 가장 많은 35.6%가 "경제적인 문제"라고 응답하였고, 31.5%는 "건강 문제", 그리고 12.3%는 "가족과의 불화"라고 응답하였다. 그리고 8.2%는 "심리·사

회적인 고립 및 외로움", 5.5%는 "일상가사 생활의 어려움", 4.1%는 "여가 및 문화활동 부족"이라고 응답하였다.

<표20> 어르신 및 어르신 부양 가족의 가장 어려운 문제
(65세 이상 노인 모시고 있는 자녀)

		사례수	경제적인 문제	건강 문제	가족들과 불화	심리·사회적인 고립 및 외로움	일상가사 생활의 어려움	여가 및 문화활동 부족	없음	모름/무응답
			%	%	%	%	%	%	%	%
전 체		(73)	35.6	31.5	12.3	8.2	5.5	4.1	1.4	1.4
응답자 구분	지역 주민	(53)	37.7	32.1	13.2	3.8	5.7	3.8	1.9	1.9
	지역 직장인	(9)	44.4	33.3	0.0	0.0	11.1	11.1	0.0	0.0
	기타 지역주민	(8)	25.0	12.5	12.5	50.0	0.0	0.0	0.0	0.0
	모름/ 무응답	(3)	0.0	66.7	33.3	0.0	0.0	0.0	0.0	0.0
거주 지역	교 하 읍	(7)	28.6	28.6	28.6	0.0	0.0	0.0	14.3	0.0
	탄현/ 덕이동	(9)	44.4	33.3	11.1	0.0	0.0	11.1	0.0	0.0
	기타일산지역	(30)	30.0	36.7	13.3	6.7	10.0	0.0	0.0	3.3
	기타파주지역	(6)	83.3	16.7	0.0	0.0	0.0	0.0	0.0	0.0
	모름/ 무응답	(1)	0.0	0.0	0.0	0.0	100.0	0.0	0.0	0.0
성별	남 자	(25)	32.0	40.0	4.0	20.0	0.0	4.0	0.0	0.0
	여 자	(46)	39.1	23.9	17.4	2.2	8.7	4.3	2.2	2.2
	모름/ 무응답	(2)	0.0	100.0	0.0	0.0	0.0	0.0	0.0	0.0
연령	20대 미만	(2)	50.0	50.0	0.0	0.0	0.0	0.0	0.0	0.0
	20 대	(20)	45.0	15.0	15.0	10.0	5.0	5.0	0.0	5.0
	30 대	(10)	50.0	0.0	20.0	0.0	10.0	20.0	0.0	0.0
	40 대	(13)	38.5	30.8	7.7	7.7	15.4	0.0	0.0	0.0
	50대 이상	(28)	21.4	53.6	10.7	10.7	0.0	0.0	3.6	0.0
혼인 여부	미 혼	(27)	44.4	18.5	14.8	7.4	3.7	7.4	0.0	3.7
	기 혼	(42)	31.0	38.1	9.5	9.5	7.1	2.4	2.4	0.0
	모름/ 무응답	(4)	25.0	50.0	25.0	0.0	0.0	0.0	0.0	0.0

최종 학력	중졸 이하	(10)	40.0	40.0	10.0	0.0	0.0	0.0	10.0	0.0
	고졸	(19)	31.6	36.8	15.8	0.0	10.5	5.3	0.0	0.0
	대재 이상	(43)	37.2	25.6	11.6	14.0	4.7	4.7	0.0	2.3
	모름/ 무응답	(1)	0.0	100.0	0.0	0.0	0.0	0.0	0.0	0.0
직업	자영업	(9)	44.4	22.2	11.1	11.1	0.0	11.1	0.0	0.0
	화이트 칼라	(19)	31.6	15.8	31.6	10.5	5.3	5.3	0.0	0.0
	블루칼라	(13)	53.8	23.1	0.0	7.7	15.4	0.0	0.0	0.0
	주부	(7)	28.6	57.1	0.0	0.0	0.0	0.0	14.3	0.0
	학생	(14)	28.6	28.6	7.1	14.3	7.1	7.1	0.0	7.1
	무직	(11)	27.3	63.6	9.1	0.0	0.0	0.0	0.0	0.0
고용 형태	자영업	(14)	42.9	21.4	14.3	14.3	0.0	7.1	0.0	0.0
	정규직	(16)	50.0	12.5	18.8	12.5	6.3	0.0	0.0	0.0
	비정규직	(10)	30.0	30.0	20.0	0.0	10.0	10.0	0.0	0.0
	모름/ 무응답	0.0	0.0	0.0	0.0	0.0	100.0	0.0	0.0	0.0
가구 월 평균 수입	250만원 미만	(23)	52.2	30.4	13.0	0.0	0.0	4.3	0.0	0.0
	250~399 만원	(16)	25.0	25.0	12.5	18.8	12.5	6.3	0.0	0.0
	400만원 이상	(27)	33.3	25.9	14.8	11.1	7.4	3.7	0.0	3.7
	모름/ 무응답	(7)	14.3	71.4	0.0	0.0	0.0	0.0	14.3	0.0

이와 관련하여, 노인을 위해 필요한 프로그램으로는 가장 많은 26.0%가 "상담 프로그램"이라고 응답하여 다른 어떤 지원보다도 상담이 필요한 것으로 나타났다. 그리고 24.7%는 "평생교육 프로그램", 16.4%는 "직업상담 활동", 9.6%는 "특별활동 프로그램", 6.8%는 "가사 지원 프로그램"이라고 응답하여 경제적인 지원이 가능한 프로그램에 대한 요구도 강한 것으로 나타났다. 그리고 5.5%는 "여가 및 취미활동 프로그램", 4.1%는 "무료급식 제공", 2.7%는 "체육활동 프로그램", "간병 서비스", 그리고 1.4%는 "재테크 프로그램"이라고 응답하였다.

<표21> 어르신을 위한 필요한 프로그램(65세 이상 노인 모시고 있는 자녀)

		사례수	상담 프로그램	평생교육 프로그램	직업상담 활동	특별활동 프로그램	가사지원 프로그램	여가 및 취미활동 프로그램	무료급식 제공 프로그램	체육활동 프로그램	간병 서비스	재테크 프로그램
			%	%	%	%	%	%	%	%	%	%
전 체		(73)	26.0	24.7	16.4	9.6	6.8	5.5	4.1	2.7	2.7	1.4
응답자 구분	지역 주민	(53)	26.4	24.5	15.1	9.4	7.5	3.8	5.7	3.8	1.9	1.9
	지역 직장인	(9)	33.3	22.2	11.1	11.1	11.1	11.1	0.0	0.0	0.0	0.0
	기타 지역주민	(8)	25.0	37.5	12.5	12.5	0.0	12.5	0.0	0.0	0.0	0.0
	모름/ 무응답	(3)	0.0	0.0	66.7	0.0	0.0	0.0	0.0	0.0	33.3	0.0
거주 지역	교 하 읍	(7)	0.0	14.3	14.3	28.6	42.9	0.0	0.0	0.0	0.0	0.0
	탄현/ 덕이동	(9)	22.2	11.1	11.1	0.0	11.1	0.0	22.2	11.1	0.0	11.1
	기타일산지역	(30)	30.0	30.0	20.0	10.0	0.0	6.7	0.0	3.3	0.0	0.0
	기타파주지역	(6)	50.0	16.7	0.0	0.0	0.0	0.0	16.7	0.0	16.7	0.0
	모름/ 무응답	(1)	0.0	100.0	0.0	0.0	0.0	0.0	0.0	0.0	0.0	0.0
성별	남 자	(25)	40.0	20.0	20.0	4.0	0.0	4.0	4.0	0.0	4.0	4.0
	여 자	(46)	19.6	28.3	15.2	13.0	10.9	2.2	4.3	4.3	2.2	0.0
	모름/ 무응답	(2)	0.0	0.0	0.0	0.0	0.0	100.0	0.0	0.0	0.0	0.0
연령	20대 미만	(2)	50.0	50.0	0.0	0.0	0.0	0.0	0.0	0.0	0.0	0.0
	20 대	(20)	25.0	45.0	10.0	5.0	10.0	0.0	5.0	0.0	0.0	0.0
	30 대	(10)	10.0	10.0	20.0	20.0	30.0	0.0	0.0	0.0	10.0	0.0
	40 대	(13)	23.1	23.1	30.8	7.7	0.0	7.7	0.0	7.7	0.0	0.0
	50대 이상	(28)	32.1	14.3	14.3	10.7	0.0	10.7	7.1	3.6	3.6	3.6
혼인 여부	미 혼	(27)	29.6	37.0	11.1	3.7	11.1	0.0	3.7	0.0	3.7	0.0
	기 혼	(42)	26.2	19.0	19.0	11.9	2.4	7.1	4.8	4.8	2.4	2.4
	모름/ 무응답	(4)	0.0	0.0	25.0	25.0	25.0	25.0	0.0	0.0	0.0	0.0
최종 학력	중 졸 이하	(10)	20.0	20.0	20.0	20.0	10.0	0.0	10.0	0.0	0.0	0.0
	고 졸	(19)	31.6	15.8	21.1	10.5	5.3	5.3	0.0	5.3	0.0	5.3
	대재 이상	(43)	25.6	30.2	14.0	7.0	7.0	4.7	4.7	2.3	4.7	0.0
	모름/ 무응답	(1)	0.0	0.0	0.0	0.0	0.0	100.0	0.0	0.0	0.0	0.0

직업	자영업	(9)	22.2	22.2	33.3	0.0	11.1	11.1	0.0	0.0	0.0	0.0
	화이트칼라	(19)	21.1	26.3	21.1	0.0	15.8	5.3	0.0	5.3	5.3	0.0
	블루칼라	(13)	15.4	38.5	7.7	23.1	0.0	7.7	0.0	0.0	0.0	7.7
	주부	(7)	42.9	0.0	0.0	42.9	0.0	0.0	14.3	0.0	0.0	0.0
	학생	(14)	42.9	28.6	14.3	0.0	7.1	0.0	7.1	0.0	0.0	0.0
	무직	(11)	18.2	18.2	18.2	9.1	0.0	9.1	9.1	9.1	9.1	0.0
고용형태	자영업	(14)	28.6	21.4	28.6	0.0	7.1	7.1	0.0	0.0	0.0	7.1
	정규직	(16)	6.3	43.8	18.8	12.5	6.3	6.3	0.0	6.3	0.0	0.0
	비정규직	(10)	30.0	20.0	10.0	0.0	20.0	10.0	0.0	10.0	0.0	0.0
	모름/무응답	0.0	0.0	0.0	0.0	100.0	0.0	0.0	0.0	0.0	0.0	0.0
가구월평균수입	250만원 미만	(23)	26.1	26.1	21.7	8.7	4.3	0.0	4.3	0.0	8.7	0.0
	250~399 만원	(16)	18.8	31.3	12.5	12.5	0.0	12.5	12.5	0.0	0.0	0.0
	400만원 이상	(27)	25.9	22.2	14.8	7.4	14.8	3.7	0.0	7.4	0.0	3.7
	모름/무응답	(7)	42.9	14.3	14.3	14.3	0.0	14.3	0.0	0.0	0.0	0.0

마지막으로 장애인과 관련하여 가장 어려운 일이 무엇인지 물어보았는데, 장애인 또는 장애인 가족 41명 중 가장 많은 31.7%는 역시 "경제적인 문제"라고 응답하여 우리 사회 취약 계층의 경제 문제가 심각한 것을 알 수 있다. 그리고 12.2%는 "심리·사회적 소외감", "취업의 어려움", "의료적인 어려움"이라고 응답하였고, 9.8%는 "자녀교육 문제", "가족간의 불화", "부양 가족 돌봄의 어려움"이라고 응답하였다.

〈표22〉 장애인 본인/가족의 가장 어려운 문제(장애인 또는 장애인 가족)

		사례수	경제적인 문제	심리·사회적 소외감	취업의 어려움	의료적인 어려움	자녀교육 문제	가족간의 불화	부양가족 돌봄의 어려움	일상가사생활의 어려움
			%	%	%	%	%	%	%	%
전체		(41)	31.7	12.2	12.2	12.2	9.8	9.8	9.8	2.4
응답자 구분	지역 주민	(26)	34.6	19.2	11.5	3.8	11.5	11.5	3.8	3.8
	지역 직장인	(7)	28.6	0.0	28.6	14.3	14.3	0.0	14.3	0.0
	기타 지역주민	(7)	28.6	0.0	0.0	42.9	0.0	14.3	14.3	0.0
	모름/무응답	(1)	0.0	0.0	0.0	0.0	0.0	0.0	100.0	0.0

거주 지역	교하읍	(4)	25.0	25.0	0.0	25.0	0.0	0.0	25.0	0.0
	기타일산지역	(19)	31.6	15.8	15.8	5.3	10.5	15.8	0.0	5.3
	기타파주지역	(2)	100.0	0.0	0.0	0.0	0.0	0.0	0.0	0.0
	모름/무응답	(1)	0.0	100.0	0.0	0.0	0.0	0.0	0.0	0.0
성별	남자	(15)	33.3	13.3	13.3	20.0	6.7	6.7	6.7	0.0
	여자	(24)	33.3	12.5	12.5	8.3	12.5	12.5	4.2	4.2
	모름/무응답	(2)	0.0	0.0	0.0	0.0	0.0	0.0	100.0	0.0
연령	20대 미만	(2)	50.0	50.0	0.0	0.0	0.0	0.0	0.0	0.0
	20대	(12)	33.3	16.7	8.3	8.3	8.3	8.3	8.3	8.3
	30대	(7)	28.6	0.0	14.3	14.3	28.6	0.0	14.3	0.0
	40대	(7)	14.3	14.3	0.0	14.3	0.0	42.9	14.3	0.0
	50대 이상	(13)	38.5	7.7	23.1	15.4	7.7	0.0	7.7	0.0
혼인 여부	미혼	(17)	29.4	17.6	5.9	11.8	11.8	5.9	11.8	5.9
	기혼	(23)	34.8	8.7	17.4	13.0	8.7	13.0	4.3	0.0
	모름/무응답	(1)	0.0	0.0	0.0	0.0	0.0	0.0	100.0	0.0
최종 학력	중졸 이하	(4)	50.0	50.0	0.0	0.0	0.0	0.0	0.0	0.0
	고졸	(9)	33.3	11.1	11.1	11.1	11.1	11.1	11.1	0.0
	대재 이상	(27)	29.6	7.4	14.8	14.8	11.1	11.1	7.4	3.7
	모름/무응답	(1)	0.0	0.0	0.0	0.0	0.0	0.0	100.0	0.0
직업	자영업	(3)	33.3	33.3	0.0	0.0	0.0	0.0	33.3	0.0
	화이트칼라	(12)	16.7	8.3	8.3	16.7	16.7	16.7	16.7	0.0
	블루칼라	(12)	41.7	0.0	16.7	8.3	8.3	16.7	8.3	0.0
	주부	(3)	33.3	0.0	0.0	33.3	33.3	0.0	0.0	0.0
	학생	(8)	25.0	37.5	12.5	12.5	0.0	0.0	0.0	12.5
	무직	(3)	66.7	0.0	33.3	0.0	0.0	0.0	0.0	0.0
고용 형태	자영업	(8)	25.0	25.0	12.5	0.0	12.5	12.5	12.5	0.0
	정규직	(12)	41.7	0.0	8.3	16.7	8.3	8.3	16.7	0.0
	비정규직	(7)	14.3	0.0	14.3	14.3	14.3	28.6	14.3	0.0
가구 월 평균 수입	250만원 미만	(14)	42.9	7.1	14.3	7.1	21.4	0.0	7.1	0.0
	250~399만원	(9)	11.1	11.1	11.1	33.3	11.1	11.1	11.1	0.0
	400만원 이상	(14)	35.7	14.3	7.1	7.1	0.0	21.4	7.1	7.1
	모름/무응답	(4)	25.0	25.0	25.0	0.0	0.0	0.0	25.0	0.0

 이와 관련하여, 장애인을 위해 필요한 프로그램으로는 가장 많은 41.5%가 "취업훈련 및 취업알선 프로그램"이라고 응답하였고, 17.1%

는 "사회적응 프로그램", "가족·생활문제 상담", 9.8%는 "가사지원 프로그램", 4.9%는 "재활 및 치료 프로그램", 2.4%는 "보호장구 지원", "외출 지원 프로그램", "여가·휴식 공간 및 재활정보 제공"이라고 응답하였다.

〈표23〉 지역사회 장애인을 위한 필요한 프로그램(장애인 또는 장애인 가족)

		사례수	취업훈련 및 취업알선 프로그램	사회적응 프로그램	가족·생활문제 상담	가사지원 프로그램	재활 및 치료 프로그램	보호장구 지원	외출 지원 프로그램	여가·휴식공간 및 재활정보 제공	모름/무응답
			%	%	%	%	%	%	%	%	%
전 체		(41)	41.5	17.1	17.1	9.8	4.9	2.4	2.4	2.4	2.4
응답자 구분	지역 주민	(26)	42.3	19.2	11.5	11.5	7.7	3.8	0.0	0.0	3.8
	지역 직장인	(7)	42.9	28.6	28.6	0.0	0.0	0.0	0.0	0.0	0.0
	기타 지역주민	(7)	42.9	0.0	28.6	14.3	0.0	0.0	0.0	14.3	0.0
	모름/무응답	(1)	0.0	0.0	0.0	0.0	0.0	0.0	100	0.0	0.0
거주 지역	교하읍	(4)	0.0	25.0	25.0	25.0	25.0	0.0	0.0	0.0	0.0
	기타일산지역	(19)	47.4	15.8	10.5	10.5	5.3	5.3	0.0	0.0	5.3
	기타파주지역	(2)	100	0.0	0.0	0.0	0.0	0.0	0.0	0.0	0.0
	모름/무응답	(1)	0.0	100	0.0	0.0	0.0	0.0	0.0	0.0	0.0
성별	남자	(15)	60.0	20.0	13.3	6.7	0.0	0.0	0.0	0.0	0.0
	여자	(24)	25.0	16.7	20.8	12.5	8.3	4.2	4.2	4.2	4.2
	모름/무응답	(2)	100	0.0	0.0	0.0	0.0	0.0	0.0	0.0	0.0
연령	20대 미만	(2)	0.0	100	0.0	0.0	0.0	0.0	0.0	0.0	0.0
	20대	(12)	33.3	16.7	0.0	16.7	8.3	8.3	0.0	8.3	8.3
	30대	(7)	28.6	28.6	14.3	14.3	0.0	0.0	14.3	0.0	0.0
	40대	(7)	57.1	0.0	28.6	0.0	14.3	0.0	0.0	0.0	0.0
	50대 이상	(13)	53.8	7.7	30.8	7.7	0.0	0.0	0.0	0.0	0.0
혼인 여부	미혼	(17)	35.3	23.5	0.0	11.8	5.9	5.9	5.9	5.9	5.9
	기혼	(23)	43.5	13.0	30.4	8.7	4.3	0.0	0.0	0.0	0.0
	모름/무응답	(1)	100	0.0	0.0	0.0	0.0	0.0	0.0	0.0	0.0

최종학력	중졸 이하	(4)	50.0	25.0	0.0	25.0	0.0	0.0	0.0	0.0	0.0
	고졸	(9)	22.2	11.1	55.6	11.1	0.0	0.0	0.0	0.0	0.0
	대재 이상	(27)	44.4	18.5	7.4	7.4	7.4	3.7	3.7	3.7	3.7
	모름/무응답	(1)	100.0	0.0	0.0	0.0	0.0	0.0	0.0	0.0	0.0
직업	자영업	(3)	66.7	0.0	33.3	0.0	0.0	0.0	0.0	0.0	0.0
	화이트칼라	(12)	58.3	8.3	16.7	0.0	8.3	0.0	8.3	0.0	0.0
	블루칼라	(12)	50.0	16.7	25.0	0.0	8.3	0.0	0.0	0.0	0.0
	주부	(3)	0.0	33.3	33.3	33.3	0.0	0.0	0.0	0.0	0.0
	학생	(8)	25.0	25.0	0.0	25.0	0.0	12.5	0.0	0.0	12.5
	무직	(3)	0.0	33.3	0.0	33.3	0.0	0.0	0.0	33.3	0.0
고용형태	자영업	(8)	75.0	12.5	12.5	0.0	0.0	0.0	0.0	0.0	0.0
	정규직	(12)	50.0	16.7	16.7	0.0	8.3	0.0	8.3	0.0	0.0
	비정규직	(7)	42.9	0.0	42.9	0.0	14.3	0.0	0.0	0.0	0.0
가구월평균수입	250만원 미만	(14)	50.0	14.3	7.1	7.1	7.1	0.0	7.1	7.1	0.0
	250~399만원	(9)	44.4	22.2	33.3	0.0	0.0	0.0	0.0	0.0	0.0
	400만원 이상	(14)	28.6	7.1	21.4	21.4	7.1	7.1	0.0	0.0	7.1
	모름/무응답	(4)	50.0	50.0	0.0	0.0	0.0	0.0	0.0	0.0	0.0

4. 결론 및 제언

이번 거룩한빛광성교회의 지역 조사는 앞에서도 언급한 바와 같이 일정 수의 조사 대상자가 조사 자체를 거부한 결과 개신교인들의 비중이 높게 반영되었다는 점에서 일정 정도의 한계를 나타내고 있다. 설문조사라는 것이 결국 설문에 응한 사람들의 의식이 반영될 수밖에 없는 한계를 지니는 것이기는 하지만, 교회에서 하는 조사라는 이유로 비기독교인들이 조사에 응하지 않은 것은 결과적으로 개신교인들의 의견이 다수 반영되어 다른 종교인들이나 비종교인들의 보다 폭넓은 의견을 담아내지 못했다는 점에서 매우 큰 아쉬움으로 남는다. 그럼에도 불구하고 한 교회가 자신이 속한 지역에 대하여 500개에 가까운 응답자를 대상으로 구체적인 수요와 필요를 파악한 경우가 극히 드물다는 점에서 이 조사는 매우 큰 의의를 가질 뿐만 아니라 그 결과도 매우 신뢰할 만하다고 하겠다. 그리고 이러한 상황이 현재 한국교회가 우리 사회에서 갖는 이미지나 낮은 신뢰도를 반영한다는 점에서 오히려 이러한 조사를 통해 지역과 함께 호흡하는 교회 사역이 절실하게 필요하다고 할 수 있다.

이번 조사의 결과를 요약해 보면, 지역사회의 발전 및 문제 해결의 주체에 대하여 전체의 2.7%만이 "종교단체 및 지도자"에 응답하여 종교에 대한 기대는 높지 않은 것으로 나타났으나 응답자의 36.3%가 "일반 시민"이라고 응답한 것은 어느 정도 주인 의식을 가지고 있는 것으로 긍정적으로 평가할 수 있는 부분이다. 거룩한빛광성교회에 대한 인지도에서는 응답자의 과반수(51.8%)가 교회를 알고 있었다는 점은 지역에서 교회의 높은 인지도를 반영하는 결과이다. 그러나 종교별로는 개신교인들은 74.2%가 교회를 알고 있다고 응답하였으나 다른 종교를 가진 사람들의 긍정률은 40% 정도에 그쳐 거룩한빛광성교회가 타종교인들에게는 상대적으로 덜 알려져 있는 것으로 나타나 개신교회의 울타리를 넘어서는 사역이 필요함을 나타내고 있다.

거룩한빛광성교회 하면 떠오르는 기관이나 시설에 대해 "광성드림학교"라는 응답이 가장 많았고, 각각의 시설 및 기관에 대한 인지도에서도 응답자의 27.0%가 광성드림학교를 알고 있었다는 점에서 교회의 가장 대표적인 기관은 광성드림학교라고 할 수 있겠다. 그 밖에 한나래선교원이나 파주시노인복지관, 해피천사에 대해서도 어느 정도는 알고 있었으나 모든 시설에 대해 모른다는 응답이 과반수(53.8%)에 달해 교회 시설을 외부인도 이용할 수 있도록 홍보를 강화할 필요가 있는 것으로 나타났다. 특히 비개신교들에게서는 모두 "모른다"는 응답이 더 높게 나와 종교와 상관없이 교회 시설을 이용할 수 있도록 방안을 마련할 필요가 있다. 이 시설들을 이용할 의향에 대해서는 올리브향기카페와 광성북카페가 가장 높게 나와 지역 주민이나 비종교인들이 이용할 수 있도록 보다 폭넓게 홍보하고 활용할 방안을 마련할 필요가 있다.

조사 결과, 지역사회의 복지와 지역 발전에 대한 거룩한빛광성교회의 기여도에 대하여 10명 중 4명이 긍정적인 응답을 하였는데, 평가 자체가 긍정적이라고 보기는 어려우나 교회가 위치한 탄현동과 덕이동 주민들에게 상대적으로 높은 긍정의 응답을 받아 어느 정도 인정받고 있다고 볼 수 있다. 그리고 같은 개신교인들뿐만 아니라 천주교인들에게서도 평균 이상의 평가를 받았다는 점이 긍정적이나 다수의 비종교인들에게는 매우 낮은 평가가 나왔다는 점은 거룩한빛광성교회의 사역이 개신교인들에게만 아니라 비종교인들과도 소통할 수 있는 사역이 될 수 있도록 개선할 필요가 있는 것으로 보인다. 특히 교회가 지역사회를 위해 해야 하는 일에 대해 파주지역 주민들이 "노약자나 장애인을 위한 복지활동"에 가장 많은 응답률을 보여 파주시 노인복지회관과 문산종합사회복지관의 역할이 매우 중요하다고 판단된다. 또한 10대와 저소득층, 그리고 블루 칼라에 속한 사람들이 "소년소녀 가장의 가정 지원"이라고 응답한 비율이 상대적으로 높아 이를 위한 사역을 보강해야 할 것으로 보인다.

이번 조사에서 나타난 교회 시설의 개방시 필요로 하는 용도를 고려하여 교회 공간을 보다 지역 주민들과 공유할 수 있는 공간으로 이해하고 비기독교인들과의 소통이 가능한 공간으로 활용할 수 있는 방안을 마련할 필요가 있다. 교회는 믿는 이들의 모임을 의미하는 것이므로 교회 건물 자체를 지나치게 신성시하기보다는, 예배나 집회 등 교회가 필요로 하지 않는 시간에는 지역 주민들이 활용할 수 있도록 함으로써 지역사회와의 거리를 좁히는 것이 바람직할 것이다. 그러나 교회가 하는 지역사회를 위한 프로그램에 대한 참여 의향은 높지 않아 교회가 실시하는 지역사회를 위한 활동에 주민들이 거리감이 없이 주인 의식을 갖고 참여할 수 있게 하기 위한 방안이 강구되어야 할 것으로 판단된다. 그러나 천주교인들과 불교인 그리고 비종교인들에게서 상대적으로 참여 의향이 높게 나타난 점은 매우 시사하는 바가 크다고 판단된다.

　지역사회 관련 프로그램을 잘 개발하여 시행한다면 타종교인 또는 비종교인들도 아우를 수 있는 의미 있는 사역이 될 수 있으며, 비종교인들이 거부감 없이 교회 프로그램에 참여함으로써 선교 사역이 확장될 수 있는 가능성도 적지 않을 것이다. 그러나 지역 주민을 단순히 선교의 대상으로 여기기보다는 기독교인과 비기독교인의 구분 없이 지역 주민들이 모두 함께 참여하고 협력할 수 있는 장이 되도록 하는 것이 보다 바람직할 것이다. 또한 대상자별 욕구 조사에서는 여러 분야에서 경제적인 어려움이 문제로 드러났으나 교회가 이들에게 물질적으로 지원하는 데에는 한계가 있다. 단순히 물질을 제공하기보다는 이들이 스스로 일어서서 자신의 문제를 해결해 나갈 수 있도록 돕는 것이 보다 근본으로부터 경제 문제를 해결하는 바람직한 방법이 될 것이다. 이를 통해 인격적인 관계를 형성하고 교회가 지역을 위해 헌신하고 이를 통해 사회에 대한 공신력을 회복함으로써 진정한 교회 부흥을 이뤄 나갈 수 있을 것이다. 이번 조사가 거룩한빛광성교회 뿐만 아니라 지역사회와 소통하며 지역과 함께하는 교회의 사역을 추구하는 모든 한국 교회들에게 귀중한 자료가 되기를 기대한다.

거룩한빛광성교회 면접조사를 통한 교회분석과 제안

Chapter04

거룩한빛광성교회 면접조사를 통한 교회분석과 제안

조성돈
[목회사회학연구소 소장, 실천신학대학원대학교 교수]

거룩한빛광성교회는 설립 15주년을 맞이하며 성인주일예배 참석인원 7,000명, 교회학교 3,000명의 대형교회로 성장했다. 그러면 사람들에게 의문이 든다. 도대체 이 교회는 무엇을 해서 이렇게 성장한 것일까 하는 것이다. 그런데 이 교회를 들여다 보면 이러한 프로그램이 없다. 보통 성장하는 교회들을 보면 무엇을 잘 해서 성장했다고 하는 대표적 프로그램이 있는데 이 교회는 그런 것이 없다. 그렇다면 성장에 대한 뚜렷한 의지가 있을까? 보통 급하게 성장하는 교회들을 보면 목회자 이하 모든 성도들이 전도내지는 성장에 대해서 급하게 드라이브를 걸어대는 것을 보게 되는데 이 교회는 그런 것이 있을까 하는 생각이다. 그런데 잘 들여다 보면 그러한 것도 없다. 실제적으로 이 교회에서 오래 사역을 했던 한 목사의 이야기를 들어 보아도 교회에서 그 흔한 전도행사를 해 본 적도 없다고 한다. 단지 목장을 통해서 목표를 정해 놓고 하는 전도가 전부라는 것이다. 그러면 도대체 이 교회가 성장할 수 있었던 이유는 무엇일까?

교회는 성장에 대해서 큰 꿈을 그려본 적은 없는 것 같다. 담임목사는 일산 밤가시마을에서 교회를 개척하고 창립 6년 만에 새롭게 교회당을 건축하게 될 때 이야기를 한다. 건축을 준비하면서 본당의 크기를 어느 정도로 할 것인가에 대해서 논의가 시작되었다. 더 크게 하자는 의견도 많았지만 교회를 건축할 당시에는 교회 인근에 아무것도 없었고, 교하지역 개발계획이 발표되기 전이었기 때문에 1,800석의 현 본당인 광성홀의 크기도 담임목사에게는 크게 느껴졌다는 것이다. 그 큰 본당을 채울 수 있을까 하는 의문이 생긴 것이다. 이 이야기는 담임목사조차도 교회가 이렇게 성장할 것이라고 생각을 못했다는 것이다. 즉 교회의 성장은 의도된 성장이 아니라 자연스럽게, 그러나 너무나도 급격하게 이루어진 일이라는 것이다.

실제적으로 교회는 전도받아서 온 사람도 많지만 자진해서 온 사람도 상당히 많다. 즉 인도자가 없이 혼자서 교회를 찾아오는 사람들이 많은 것이다. 이것의 의미는 교회를 선택해서 오는 사람들이라는 것이다. 이들의 대부분은 교회를 다니다가, 또는 새롭게 종교를 갖게 되면서 교회를 찾아 헤매다가 이 교회를 선택해서 오게 된 것이다. 일종의 교회 투어를 하다가 찾아오는 경우다. 이렇게 될 경우는 일반적으로 소문이 중요한 역할을 한다. 지역은 한정되어 있으니 어느 교회가 좋은 교회인가를 주변의 사람들을 통해서, 또는 인터넷에 나온 정보들을 통해서 알아보는 것이다. 거룩한빛광성교회는 이렇게 소문을 듣고 자진해서 온 사람들이 많다. 즉 사람들의 적극적인 권유나 강권에 의해서 오게 된 것이 아니라 스스로 이 교회가 좋은 교회이고, 나에게 맞는 교회라고 생각하고 찾아온 것이다.

거룩한빛광성교회에서는 15주년을 맞이하여 자신들의 모습을 돌아

보고, 교회의 장점과 단점을 살펴보고자 했다. 그래서 목회사회학연구소에 연구용역을 주었고, 이 보고서는 2011년 7월 9일부터 15일까지 이루어진 48명의 면접조사에 근거하여 만들어졌다. 면접에 응한 이들은 교회에 의뢰하여 선발하였고, 담임목사부터 부교역자, 그리고 장로에서부터 새신자까지 다양한 사람들로 구성이 되었다. 이들은 보통 1시간 가량씩 면접에 임했고 전체 녹취록은 A4 용지로 450쪽 가량에 달하는 거대한 분량이 되었다. 아마 한 교회에서 이렇게 방대한 조사가 이루어진 것은 현재 한국교회에서 없었을 것으로 보인다.

이 보고서는 먼저 면접자들의 관점에서 보는 거룩한빛광성교회의 모습을 나타내고 있다. 면접에 근거하고 있기 때문에 객관적이고 포괄적인 조사와는 다른 차이를 보일 수 있다. 부분에 있어서는 객관적인 데이터에 문제가 있을 수도 있다. 그러나 이것은 또 교회가 교인들에게 그렇게 비춰졌다는 것을 보여 주기 때문에 그대로 의미가 있다고 본다. 결론부분에 이르러서는 컨설팅 형식으로 몇 가지 제안을 적었다. 물론 보고서 가운데서도 분석과 함께 대안을 조금씩 보여 주기는 했지만 종합적으로 정리한 부분이라고 볼 수 있다.

조사를 하면서 느낀 것은 교인들이 교회와 담임목사에 대해서 아주 높은 만족도를 보여 주고 있다는 것이다. 특히 거룩한빛광성교회의 교인이라는 사실 자체에 대해서 큰 자부심을 가지고 있는 것을 보여 주고 있었다. 더군다나 교회는 다른 한국교회와는 다르게 다양한 사역을 통해서 성장했기 때문에 많은 그림을 보여 주고 있었다. 그렇기에 1주일간 50시간이 넘는 면접시간에도 불구하고 흥미진진한 조사였음을 이 자리에서 고백하게 된다.

I. 성도들이 꼽는 교회의 장점

한 교회가 성장하는 데는 여러 요인들이 작용하게 되어 있다. 직접적인 전도활동뿐만 아니라 교회 내부적인 사정, 또 담임목사의 역할, 교인들의 역동성 등이 그 요인이 될 수 있다. 거룩한빛광성교회는 그러면 '어떠한 요인으로 인해서 이렇게 성장할 수 있었을까'에 대해서 교인들에게 물어 보았다. 그리고 그렇게 성장의 관점만 아니라 자신들은 이 교회가 가지고 있는 장점은 무엇이라고 생각하는지, 그리고 그러한 것에 대해서 본인들은 어떻게 생각하는지를 물어 본 것이다.

1) 평신도들이 세워가는 교회

거룩한빛광성교회의 장점을 물어 보면 많은 사람들이 '자율성'을 그 첫 번째로 들었다. 평신도들이 자발적으로 참여할 수 있는 공간이 많이 있다는 것이다. 교회에는 남·여전도회를 포함하여 850개 가량의 자치그룹들이 있다. 여전도회나 남선교회의 경우는 나이별로 묶인다. 연도별로 전반기와 후반기로 나누인다. 즉 1월부터 6월까지가 한 그룹이 되고, 7월부터 12월까지 또 다른 그룹이 되는 것이다. 바로 이렇게 세분화된 조직 속에 사람들이 소속되도록 한다. 그래서 보통은 참여하는 모두가 돌아가면서 여전도회의 임원이 된다. 소그룹을 통해서 리더로 세워지고 훈련이 되는 것이다.

그리고 더 중요한 것은 스스로 세워지는 그룹들이다. 자신들의 취미활동을 따라서, 또는 관심사에 따라서, 그리고 사역을 따라서 그룹들이 구성된다. 그룹이 세워지는 과정은 스스로 자신의 의지나 취미를 찾아서, 또는 목회자들의 권유에 의해서 세워지기도 한다. 특히 담임목사나 교구담당 목사가 심방을 가서 이야기를 나누며, 그 사람이 참여할 수 있는 그룹을 소개하기도 하고, 또는 새롭게 만들어 볼 것을 권유하기도 한다. 이것이 사람들에게 중요한 역할을 하는 것을 볼 수 있다. 즉 새롭게 교회를 찾아오는 사람들이 주인의식을 가지고 참여할 수 있는 공간을 만들어 가는 것이다. 그리고 목회자가 자신을 알아준다는 느낌을 주어서 정착에도 도움을 준 것이다.

현재 교회에는 다양한 그룹들이 있다. 축구선교회와 같은 스포츠팀들도 있고, 중보기도팀과 같은 기도팀들, 양육을 받는 팀들, 그 모양은 아주 다양하다. 이들은 보통 스스로 만들어 가는 그룹들이다. 담임목사가 이야기하는 유명한 문구가 있다. '망할 권리'가 있다는 것이다. 누구나가 원하면 그룹을 만들 수 있다. 그러한 권리는 누구에게나 있다는 것이다. 심지어는 그렇게 만들었다가 망해도, 그것이 권리라는 것이다. 면접 과정에 보았을 때 많은 사람들이 이 '망할 권리'를 이야기했다. 이것이 성도들이 가지고 있는 자율성을 잘 보여 주는 문구이고, 담임목사가 이러한 부분들을 지지해 주는 것을 잘 보여 주는 문구이다. 이렇게 권장을 하니까 다양한 그룹들이 생겨난 것이다. 목회자들의 상상력으로는 생각해 낼 수 없는 일들이 일어난 것이다. 그러면서 사역이 다양화되고, 교회는 더욱 풍성해진다.

그러면 이러한 그룹들이 생성되는 과정은 어떠할까? 한 교역자의 설명이 이 과정을 잘 보여 준다.

그 자율성 때문에 부서가 많아졌어요. 제직회가 그래서 많아진 거예요. 왜냐면 뭐를 하나 만들겠다고 하면 안 된다고 해 본 적이 없어요. '어, 그거 가능하다, 재미 있다,' 그러면 무조건 해 주는 거예요. 예를 들어서 우리 해병전우회 같은 경우도 교회에서 대한민국에 그런 것을 하는 교회가 많지 않잖아요. 그런데 이분들이 모여서 서로 우리 교회 안에 해병대가 꽤 많을 것 같은데 몇 기야, 몇 기야 하면서 이러다보니까 선후배가 되는 거예요. 이분들은 집사님, 장로님이 아니더라고요, 선배님이더라고요. 보이는 곳에선 집사님, 장로님인데 안 보이는 곳에선 선배님이에요. 그런데 그분들이 모여서 기수를 나누고, 우리가 해병대를 나왔는데 교회에서 할 수 있는 것이 뭐가 있겠는가, 그래서 해병전우회를 만들고 도로에 나가서 교통정리 하는 것이 얼마나 좋아요. 자율성 때문에 나온 단체들이, 조직들이 굉장히 많이 있는 것 같아요.

이런 식으로 생성이 되는 그룹들이 교회 내에서 많이 있다. 특히 취미나 운동을 위한 그룹들이 대표적인 경우다. 특별한 그룹들은 페땅크선교회, 족구선교회, 당구선교회나 오토캠핑선교회, 등산이나 낚시, 그리고 다양한 운동들이다. 이러한 단체명을 들으면서 아이러니하게 느끼기도 하고, 신선하게 느끼기도 하는 것이 있다. 그것은 모든 단체에 선교회라는 명칭을 붙이는 것이다. 당구나 오토캠핑이라는 것에 선교회라는 이름이 따라 붙는 것이 솔직히 어색해 보이기 때문이다. 그리고 이름만큼이나 이들도 교회에서 하는 이러한 단체로서의 정체성에 대한 고민을 하고 있었다.

질문: 농구선교단에서 총무를 맡고 계신데 농구선교단은 어떤 활동을 하나요?
대답: 예전에는 자리만 있다가 아무래도 청년들만 있다 보니까 운영이 잘 안 되

었어요. 왜냐면 학업이나 직장 일을 하다보니까 잘 안 되다가 올 초에 스포츠 위원회에서 단장님으로 집사님 한 분을 추천해 주셔서 그 집사님을 선두로 해서 다시 한 번 제대로 된, 농구단이 아니라 선교단 식으로 해서 체계를 갖춰서 해 보자고 말씀을 하시더라고요. 제가 좀 하는 것이 있고 그래서 어려울 것 같다고 했는데 밥을 먹는 자리에서 우연치 않게 그렇게 되다보니까 처음에는 좀 부담이 되긴 했죠. 궁극적으로 좋은 일을 하자는 뜻을 가지고 기도하면서 생각하다가 임원진을 구성해 시작하게 되었어요. 아직은 시작하는 단계라서 저도 잘 모르지만요.

질문: 농구단에서 농구 선교단이 된다면 특별히 어떤 점에서 다른 거예요?
대답: 농구단은 그냥 밖에서 농구만 하는 것이고, 농구 선교단은 함께 기도하고 말씀을 붙들고 농구 선교단에서 계획한 것을 이루어 나가는 것이죠.

질문: 농구 선교단이 계획한 것은 어떤 것인가요?
대답: 아직 초창기라서 단장님과 얘기를 많이 해 보지 못했지만 제 개인적인 생각은, 말씀 드린 것처럼 그냥 농구만 하는 모임이 아니라 같이 예배도 드리고, 그 자리를 지키려고 하고 그리고 솔직히 살아가는 것이 청년들도 쉽지 않잖아요. 농구만 하게 되면 서로에 대해서 모를 텐데 그것이 아니라 힘든 것을 같이 기도하고 예배하고, 그런 것을 이뤄 나가야 할 것이 선교단에게 주어진 것 같아요. 직장 일 때문에 못 나오는 친구들이 많아요, 그런 친구들을 위해서 같이 기도해주고. 다른 점은 그런 것 같아요, 농구만, 운동만 하는 것은 일반적인 멤버십의 농구단이고 선교단은 그것이 아니라 하나님 말씀 안에서 지키려고 애쓰는 것이 선교단인 것 같아요. 아직 단장님과 큰 밑그림은 못 그렸지만 단계적으로 해 나가고 있거든요. 같이 월례회도 하면서 예배 형식으로 말씀도 나누고 어제 같은 경우에는 그렇게 나눴거든요. 단장님이 못 오셔서 제가 총무니까 했는데 그런 것을 지켜 가려고 해요, 테두리 안에서. 끝날 때

도기도를 하고.

농구단에서 농구선교단이 되어가는 과정을 잘 설명해 주고 있다. 그리고 그러한 과정에서 만들어 가는 주체와 이들을 지원하는 담당 장로와의 협조가 잘 드러난다. 즉 자율적으로 시작하지만 이들이 혼자 하는 것이 아니라 담당위원회의 담당목사, 위원장, 장로가 자문을 해 주기도 하고, 필요한 부분은 또 채워 주기도 하면서 자율적인 그룹들이 스스로 설 수 있도록 돕는 것이다.

이렇게 만들어진 그룹들은 취미활동을 넘어서 기도하는 일을 하고, 세상과 소통하는 일을 하기도 하고, 교회에서 봉사하고, 대사회적인 봉사까지도 이루기도 한다. 그 대표적인 예가 축구선교회다.

모임 중에서도 스포츠 선교위원회 같은 경우에 보면 축구팀, 배드민턴팀, 야구팀, 이런 팀들이 굉장히 활성화가 잘 되어 있습니다. 신앙을 가진 분들이 팀장하고 또 임원들을 구성하게 되었죠. 처음에는 축구만 하는 모임이었어요. 그런데 모여서 이분들이 우리가 그래도 교회에서 만든 축구 선교단이라면 선교하는 역할을 해야 하지 않을까 했던 것이죠.

그래서 축구하기 1시간 전에 모여서 임원들은 축구장 벤치에 앉아서 기도하는 사역을 먼저 시작해요. 자신의 기도만이 아니라 교회 전체 사역을 위해 기도합니다. 교회가 하고 있는 사역과 목사님, 교역자들을 위해 기도하고 자기 부서와 부서팀원들을 위해, 축구팀에 나온 사람들을 위해 기도합니다. 교회에는 안 나오고 축구만 하는 사람들을 위해서도 끊임없이 중보하고 교제합니다. 이를 통해서 예배에도 참석하게 하구요.

축구로 더 섬길 수 있는 것을 찾다가 지금은 베트남 예배팀에 나오는 베트

남 젊은 친구들과 함께 축구합니다. 예배가 끝나면 데려와서 유니폼을 입히고 축구화를 사서 신기고 그러면서 맛있는 것도 함께 먹습니다. 베트남팀과 한국팀으로 경기도 하고 이러면서 외국인들을 섬기는 거예요. 의료보험이 없는 이 사람들에게 교회의 의료 선교팀에게 얘기해서 다친 분들을 병원으로 데리고 가서 수술과 치료를 받게 해 주고 입원도 시켜줍니다. 또 일을 못할 경우에는 생활을 돕고 그들이 고국으로 보내 줘야 하는 것도 도와줍니다. 처음에는 좋아하는 축구를 하는 것이었지만 나중에는 선교를 아름답게 할 수 있게 된 것이죠. 이 조직의 역할에 대한 자부심이 생기고 유대관계가 잘 이루어진 거죠.

또 다른 예를 든다면 교회의 이러한 조직을 통하여 사회에 봉사하는 것이다. 본인이 교수로 있는 실천신학대학원대학교에서는 첫 학기에 목사들로 하여금 지역에 나가서 교회에 대한 설문조사를 하도록 하고 있다. 그렇게 실시되는 설문조사에서 교회에서 무엇을 하면 참여하겠는가를 묻는 질문이 있다. 그런데 이 질문에 교회가 하는 행사나 전도 집회 등에는 별 관심이 없고 교회가 사회봉사를 하면 기꺼이 참여하겠다고 대답하는 사람이 제일 많다. 즉 교회가 소년소녀가장이나 독거노인등과 같이 주변에 도움이 필요한 사람들을 돕는다면 비록 교회를 안 다녀도 참여하고 싶다는 것이다. 이것이 요즘 현대인들의 욕구이다. 대한민국이 이제 민도가 올라가다 보니 이렇게 사회에서 봉사를 하고 싶은 마음, 즉 나눔의 욕구가 있는 것이다. 그런데 아직 이러한 사람들이 참여할 수 있는 통로는 열려 있지 않다. 즉 생각은 있는데 참여할 수 있는 방법은 그렇게 많지 않고, 일반적인 사람들이 직접 나서서 참여하는 것이 쉽지 않은 것이다. 그런데 거룩한빛광성교회는 이러한 부분들이 열려 있어서 많은 참여가 일어나고, 또 그러한 참여를 통해서 의식이 생겨나고, 삶의 만족을 얻기도 한다.

> 그리고 또 하나는 해비타트. 저희 남편도 오자마자 다른 봉사는 안 하고 해비타트만 한다고 하더라구요. 은행을 다녀서 집을 고치는 일을 해 본 적이 없는데 해비타트를 한다고 해서 걱정이 되더라구요. 생각해 보니 에어컨 시원하게 나오는 교회 안에서 하는 봉사 뿐 아니라 조금은 더 힘들겠지만 몸으로 뛰는 것도 봉사더라구요.
> 첫 날 바람이 심하게 불어서 유리창이 깨지는 바람에 유리 파편이 눈에 들어가서 응급실에 가서 치료를 받았어요. 다행히 큰 이상은 없었는데 그 다음에도 가겠다고 하는 거예요.
> 그리고는 아이들도 함께 데리고 갔어요. 처음 갔다 와서는 아이들도 힘들어 했지만 큰 아이는 그 일에 보람을 느끼더라구요.
> 알아보니까 개인적으로는 못 하겠더라구요. 광성교회가 아니면 해비타트를 하지 못해요. 아이들에게 참 교육도 되고 이렇게 봉사할 수 있다는 것이 너무 감사하더라구요. 여기 와서 하게 된 모든 봉사를 보면 하나님의 섭리가 기가 막힌 것 같아요. 비록 봉사하느라 아이들과 남편에게 아침, 점심을 못해주지만 지지해줘요. 남편과 아이들도 봉사하면서 느끼니까요. 보이는 봉사나 인정받고 싶은 봉사가 아닌 숨어서 하는 봉사가 진정한 봉사가 아닐까 생각해요.

위에서 살펴본 바와 같이 거룩한빛광성교회는 성도들이 참여할 수 있는 공간을 다양하게 만들어 주고, 동시에 성도들이 스스로 그룹을 만들고, 활동을 만들어 가는 것을 적극적으로 권유하기도 한다. 이러한 활동을 통해서 성도들은 참여의식과 함께 주인의식을 갖게 되고, 그러한 것을 통해서 자신의 취미활동을 만들어 가기도 하고, 더 나아가서는 신앙의 훈련을 갖기도 한다. 이를 통해서 자신을 발견하기도 하고, 그래서 자아정체성을 가지게 되고, 사회에 봉사하는 기회를 가짐으로 삶의 보람을 느끼게도 된다. 이러한 다양한 활동을 통해서 대형교회가 혹 놓치게 되는 친밀감을 가지게 된다.

2) 다양성이 이루는 아름다움

이렇게 자율성을 강조하다 보니 교회의 사역은 아주 다양하다. 사역뿐만 아니라 교회 안에는 다양한 생각과 다양한 신앙이 서로 공존하고 있다. 이것은 대형교회이기 때문이 아니라 교회가 가지고 있는 철학에 근거하고 있다. 담임목사는 에큐메니칼 진영에서 많은 사역을 감당하고 있다. 그러면 보통 한국교회의 지형에서 진보적 인사로 분류된다. 그런데 교회 안에서는 해병전우회가 교인들을 맞이한다. 일반적인 사회의 상식으로는 공존하기 힘든 모양인데 이 교회에서는 아주 자연스러운 모습이다. 그리고 신앙적인 모습도 그러하다. 소위 말하는 영성훈련에 근거된 기도의 모습이 있다면, 또 한쪽에서는 베데스다 기도모임과 같이 신유기도회도 이루어지고 있다. 거기다가 외부에서 들어오는 다양한 사역들, 예를 들어 예수전도단이나 조이선교회와 같은 그룹들도 자신들의 사역을 교회 안에서 자연스럽게 하고 있기 때문에 신앙의 색채는 더 다양하다고 할 수 있다.

한 성도는 면접에서 이러한 교회의 모습을 뷔페식당에 비유하고 있다.

특징이라고 하면 제가 생각할 때에 열려있다고 해야 하나요? 저는 그렇게 느끼고 있어요. 그리고 기회가 많은 것도 특징이구요. 누구든지 교회와 하나님 일을 위해서 할 수 있도록 열려 있어요. 어떤 분이 광성교회는 뷔페 같다고 얘기하시더라구요. 그 말을 듣고 깜짝 놀랐었지만 얼마든지 먹고 싶은 것을 먹을 수 있는 뷔페와 같다는 표현이 맞는 것 같다고 제가 얘기했던 기억이나요.

그 분이 봉사할 수 있는 것이 많은데 왜 안 하냐고 하시더라구요. 이제 저도 이런 얘기를 주변에 봉사를 안 하고 싶어 하시는 분들한테 한 번씩 권해 보고 있어요. 저는 한 가지는 해 봐야 하지 않을까 생각해요.

또 다른 성도는 교회의 장점을 이야기하면서 자기는 기도할 일이 있을 때 기도원 대신 교회를 찾아온다고 한다. 이 모든 것을 다 수용해 줄 수 있다는 것이다.

새벽기도나 금요 철야예배 같은 경우는 기도 시간이 아주 뜨거워요. 마음껏 악을 쓰고 울부짖고, 소리를 지르고, 찬양을 하고, 기도를 하고 그래도 눈치 볼 일이 없죠. 또 속상하거나 힘들 때는 맘껏 울어도 되고 또 자랑스러운 것 중에 하나가 기도를 맘껏 할 수 있는 준비가 되어 있어요. 저 같은 경우에는 기도 제목이 생겨서 기도원을 가야 될 만한 상황이 심리적으로든, 상황적으로 발생을 하면 짐을 싸들고 그냥 교회로 들어와요. 3일 이상 솔직히 해 본 적은 없고요, 3일 금식은 교회에 와서 해요. 4층에 가면 선교관에 방이 있고요, 선교사님들이 쉴 수 있는 게스트 룸으로 마련된 것인데 항상 계시지 않으니까 저는 그곳을 이용했어요. 거기서 자고 지하에 가면 묵상 기도실이 있고요, 주차장에 나가면 부르짖으며 기도할 수 있는 독방 기도실이 있고요.

잔디밭 옆에 보면 영성 기도할 수 있는 공간이 있고요, 교회 안에 다 준비가 되어 있어요.

교회는 한 색깔로 자신들을 만들어 가지 않는다. 이렇게 다양한 색채들을 동원하여 교회를 만들어 가고 있다. 어느 것이 옳고 어느 것이 그르다는 것이 아니라 교회 안에 와서 자신의 색을 찾아가라고 많은 가능성을 열어 놓는다. 그래서 교회에서는 항상 관용(Tolerance)이 경험된다. 그리고 성도들은 이러한 관용의 정신 안에서 신앙의 다양한 모습들을 경험하고 있었다.

3) 모두가 어루러지는 은사의 배정

한 성도는 새가족부에서 사역을 하고 있었다. 교회에 출석한지는 1년이 채 안 되었다. 물론 다른 교회에서 신앙생활을 했다. 그런데 이 지역으로 이사를 오면서 교회에 새롭게 출석하게 된 것이다. 11월 첫째 주에 등록을 했는데 두 번째 주부터 새가족부에서 봉사를 한다. 이 과정과 본인이 느끼는 감정과 생각을 잘 설명해 주고 있다.

제가 11월 둘째 주에 심방을 받았어요. 그때 예배가 끝나고 담당 목사님께서 부서 봉사를 해 보라고 말씀 하시더라구요. 저는 어떤 부서든지 마다하지 않겠다는 마음이 있었어요. 그런데 목사님이 성가대, 교사, 다 얘기를 하시더라고요. 그래서 기회만 주신다면 하겠다고 했는데 갑자기 새가족부는 어떻겠냐고 물으셨어요. 저는 새가족부는 어느 부서보다도 가장 핵심적인 부서라고 알고 있었거든요. 그래서 제가 거기서 일을 할 수 있을까요? 라고 말씀드렸더니 해 보시라고 하시더라고요. 그리고 한다는 얘기를 못했어요, 감히. 중요한 부서이기 때문에 준비가 안돼 있어서. 두 주 후에 새가족부 팀장 권사님이 전화를 하셨어요. 목사님이 소개를 해 주셨는데 와서 일을 해 주셨으면 좋겠다고. 순간적으로 기뻤지만 두려워서 잠시 머뭇거렸고 남편과 상의를 했더니 남편이 무조건 가라고 하더라고요. 저도 가고 싶은 마음은 많이 있지만 제가 부족한 부분이 많이 있기 때문에 선뜻 간다고 못 한 거예요. 그래서 일단 알겠다고 말씀드렸더니 그 주에 오라고 하셔서 가서 권사님과 말씀을 나눴는데 잘 할 수 있을 거라고 하셔서 그 다음 주부터 시작을 했죠. 얼마 전에 담당 목사님께서 어떠냐고 하시더라고요. 그래서 저는 행복하다고 했어요. 마치 누가 물어보면 준비된 사람처럼 행복하다고 했어요. 사실 서울로 출퇴근하느라 힘이 든데 주일이 너무 기쁘고 기다려져요. 세상에서 힘든 일이 있어도 교회 문을 들어선 순간부터는 웃음이 끊이지 않아요. 웃을 만한 일이 있는 것이 아니라 그냥 미소가 지어지는 그런 느낌을 많이 받았어요.

이렇게 참여의식을 만들어가는 것은 초창기에 더욱 의미가 있었다. 대표적인 예가 문화센터를 만든 것이다. 일산이라는 지역의 특성이 있다. 주민들의 학력이 높고, 전문성을 가진 사람들이 많은 것이다. 담임목사는 초창기 심방을 하면서 이러한 상황을 파악하고 교회 창립하던 해부터 문화센터를 개설했다. 물론 문화센터를 개설하여 지역사회에 봉사하고 소통하겠다는 의도가 있었지만, 더욱 중요한 것은 다양한 달란트를 가진 사람들이 있는데 이들을 강사로 세우는 것이었다. 그래서 초창기 문화센터는 교인들 중에서 다른 사람들을 가르칠 수 있는 은사를 가진 사람들이 강사로 서게 된 것이다. 그러한 일을 통해서 평범한 가정주부들이 문화센터 강사가 되고 참여의식과 함께 자의식도 갖게 되는 일들이 만들어진 것이다.

또한 이러한 은사배정은 다른 교회에서 신앙생활을 하다가 교회로 유입된 사람들에게는 교회에 정착할 수 있는 여건을 마련해 주기도 한다. 한 때 일산지역의 한 교회에서 문제가 생겨서 그 교회 교인들이 흩어진 경우가 있었다. 이 교인들이 소문을 듣고 교회로 찾아온 것이다. 물론 단체로 온 것은 아니고 개인으로 왔지만 그 인원이 약 100명 가까이에 이르렀기에 교회에서도 수용을 위해 변화가 요구되어졌다. 어떻게 생각해 보면 한 교회에 외부의 교회에서 100명 가까이 온다면 아무래도 분위기가 변하기도 하고, 구조적인 영향도 미칠 수 있는 부분이다. 그런데 교회는 유연하게 이들에게 자리를 마련해 주었다. 20명 정도 되는 위원장 자리 중 1-2년 사이에 이들에게 3-4개가 양보되었다. 심지어 교회의 가장 중책이라고 하는 재정위원장도 새로운 사람에게 양보되었다. 그 만큼 교회는 새로 온 사람들에 대해서 많은 배려를 하는 것을 당연한 것으로 알고 있다. 담임목사의 이야기 중에 '돌이 굴러오면 박힌 돌이 알아서 피해 주어야 한다' 는 것도 있다. 이러한 정신이 교회에 자연스럽게 녹아 있다. 그래서 보면 이러한 일로 생길 법한 갈등이 자연스럽게 해소되는 것을 볼 수 있다. 그 과정에 대해서 한 장로는 이렇게 이야기한다.

시간이 그래도 좀 흐름으로 인해서 교회의 어떤 대세부분이 새로 온 사람들에게 양보되는 분위기로 흘러가고 목사님의 정신이 어떻다는 것을 이해하게 되었습니다. 각자 개인 입장에서 보면 할 말도 있고 또 좀 마음에 안 드는 것도 있지만 이것이 어떤 큰 세를 형성하지도 않고 의견이 분출되기 전에 자연적으로 정화가 된다고 볼 수가 있어요. 이런 점이 우리 교회가 건강하다고 할 수 있는 부분인 것 같아요.

교회는 이렇게 은사를 따라서 많은 일들을 배정해 주고 성도들이 모두 주인의식을 가지고 일할 수 있는 여건을 만들어 주고 있다. 또 성도들 역시 이러한 교회의 방향에 대해서 동의하고 따라가기 위해서 노력을 하고 있다. 그것이 이제 교회의 구조와도 연결이 된다. 즉 조직의 유연성이다. 대형교회이지만 시스템으로 짜여 있지 않고 새로 온 사람이 자연스럽게 참여하고 자리할 수 있도록 한 것이다.

4) 담임목사의 설교

어느 교회를 선택할 때면 그 교회 담임목사의 설교는 무엇보다도 중요한 요소일 것이다. 요즘은 많은 사람들이 교회를 선택하기 전에 인터넷을 통해서 그 교회의 설교를 들어보고 나름의 판단을 먼저 하고 들어온다. 그럼에도 불구하고 거룩한빛광성교회에서는 설교에 대한 만족도가 유난히 높다. 무엇보다도 남성들이 만족스러워하고 있었다. 그 이유에 대해서 한 목사는 담임목사의 설교는 간단하고, 명료하고, 정확하다고 한다. 또 어떤 성도는 아주 간단하게 짧아서 좋다고 한다. 다른 교회는 설교가 40분 가량 이어지는데 본 교회에서는 25분밖에 안 된다는 것이다. 자기는 주변에 교회 자랑을 할 때 우리 교회는 설교가 짧다고 이야기한다고 한다. 그런데 단지 짧아서 좋은 것은 아니다. 앞의 목사가 지적하듯이 짧은 메시지를 전하면서 간단하고, 명료하고, 정확하다는 것이 중요하다. 이러다 보니 무엇보다도 논리를 중시하는 남자들에게 다가 가는 것 같다. 예화를 동원하는 감성적인 메시지보다는 명쾌한 논리와 명확한 논지를 들이대는 설교에 매력을 느끼는 것이다. 그리고 무엇보다도 일반적인 상식에서 이해할 때 어려움이 없는 것이다.

> 주로 남자들은 논리적이어서 좋아하고 연세 드신 여자 분들은 그냥 웃기고 재밌어서 좋대요. 좀 젊은 분들은 시원시원하다고 이야기하고요. 남편들이 목사님의 설교가 논리적이고 귀에 딱 꽂혀서 좋다고 하면 여자 분들이 그래서 더 좋아하는 경우가 많더라구요. 남편이 교회 안 다니다가 여기 와서 다니고 있다는 분들 대부분이 그렇게 이야기하시더라구요.

또 다른 성도는 이렇게 이야기한다.

> 저는 오랫동안 교회에 다녀서 목사님들의 설교를 많이 들어봤습니다. 목사님은 굉장히 신앙이 좋으신데 종교적이지 않고 또 굉장히 뜨거우신데 종교적이지 않은 언어를 사용하세요. 기도할 때나 성경 말씀을 전하실 때도 관용어구가 별로 없으시지만 분명하세요. 기도할 때도 반복적으로 하는 말씀이 없으시구요.
> 설교의 내용도 지금보다 젊으셨을 때부터 세상과 유리되지 않고 뭔가 고민하는 흔적들이 많이 보였어요. 삶 속에서 교회의 역할, 교회의 영향력과 같은 것들에 대해서 목사님이 고민하시는 듯해서 좋았습니다. 솔직하시고 다른 기존 교회의 목사님들과는 다르다고 느껴졌고 남자 분들이 생각할 때 더 어필한다고 할까.

즉 구별되어진 종교적 언어가 아니라 성도들의 삶에서 쓰일 수 있는 언어들이 공감을 얻어내고 있다는 것이다. 또 담임목사가 고민하는 것들에 대해서 공감을 하는 것도 볼 수 있다. 정답만을 이야기하고 강요하는 것이 아니라 자신들이 겪어 보았던 갈등을 짚어주고, 같이 고민하여 내어 주는 답이 있다는 것이다. 이와 같은 맥락에서 이 성도는 남자들이 담임목사의 설교에 대해서 어떻게 느끼는지를 잘 설명해 주고 있다.

> 일단 담임 목사님은 그런 면에서 남자들이 굉장히 친근감을 느낄 수 있게 하는 면이 있으시죠. 저희 목장도 새로 오신 분들이 많아서 분가를 했어요. 그래서 지금 저희 목장은 교회에 나온 지 1-2년밖에 안 된 분들인데 저와 똑같이 느끼더라고요.
>
> 특히 남자 분들이 목사님의 설교 중에 나오는 여러 가지 생각들과 목사님이 세상을 바라보는 시각, 교회를 바라보는 시각 또 교회가 어떠해야 한다고 말씀해 주시는 것에 인상깊어 합니다. 남자들이 회사에 다니고 사회생활을 하면서 교회에 대한 갈등이 많잖아요.
>
> 그런데 지금 새로 오시는 교인들도 그런 것을 많이 느끼는 것 같아요. 저희도 그랬지만 교회를 정할 때 아빠들이 싫다고 하지 않았다고 하더라구요. 목사님께 뭔가 이해 받는 느낌이 드는 거죠. 신앙이 없진 않지만 뜨겁지는 않은 남자 분들이 있잖아요. 이런 직장 생활하는 남자분들 입장에서는 이해받으면서도 어떻게 해야 한다고 제시를 해 주시니까 많이 좋아하시는 것 같아요. 도전을 받으면서 이해받는 면을 좋아하는 것 같아요. 이 교회를 선택하는 기준도 되는 것 같구요.

바로 이 부분이지 않을까 싶다. 설교를 들으면서 남자들이 이해를 받고 있다는 느낌을 갖는단다. 자기만의 갈등이나 어려움이 아니라 목사가 함께 체휼하고 있다는 것이다. 그리고 그러한 동감에서 머무르지 않고 지적할 부분은 지적하고, 도전을 제시한다는 것이다. 그래서 그것이 남자들이 설교를 좋아하는 이유라고 한다.

5) 담임목사의 리더십

담임목사의 리더십을 한 마디로 정리한다면 '아사교회생(我死敎會生)'이다. 담임목사의 방에 걸려 있는 문구이다. '내가 죽으면 교회가 산다'는 뜻이다. 이것은 담임목사가 설교시간과 기타 여러 시간에 자주 이야기했기 때문에 모든 교인들이 알고 있는 문구이다. 교인들은 담임목사가 정말 교회를 위해서 헌신하고 있다는 것을 알고 있다. 그리고 그렇게 담임목사를 바라보고 있다. 월급을 470만 원을 받고 있다고 설교 시간에 밝히고, 교회 건축기간에 약정해서 월급 전액을 다 헌금하고 있다는 이야기도 한다. 그리고 아예 자신은 부흥회해서 받는 사례로 생활을 하고 있다고 공개한다. 목회자들은 회사원이 아니라고 보너스도 없고 헌신하는 것을 당연한 것으로 한다. 무엇보다 오래 다녔던 교인들은 담임목사가 솔선해서 변소청소하던 기억을 가지고 있다. 담임목사, 부교역자, 장로들이 교회 청소를 도맡아서 다 하는 그런 섬김의 모습들을 교인들이 머릿속에 가지고 있는 것이다.

우리 목사님이 돈도 없어요. 다 뭐 이렇게 내시니까 본인 사례비 다 내시니까… 얼마 전 까지만 해도 티코 타고 다니셨어요. 네, 차 바뀐 지 얼마 안 됐어요. 지금은 이제 교인들이 여러 가지 체면도 있고 하니까 그래서 그런 거지, 티코 타세요. 티코. 그것도 일부러 남 보여 주기 위해서 타는 게 아니더라고요.

또 다른 교인이 담임목사가 변함이 없는 것에 대해서 이야기를 한다. 특히 재정적인 면에서 그렇다는 것이다. 질문은 교회의 자랑할 것이 무엇이냐는 것이었다. 그런데 이 분은 담임목사가 물질을 대하는 면이 가장 자랑할 거라며 이러한 이야기를 한다.

> 첫째는 정말 담임목사님의 물질 대하는 부분이에요. 그것은 초창기에나 지금이나 정말 변함없이 한결같으세요. 그것은 아마 모든 성도들이 그 얘기를 할 거예요. 이미 10년이 넘은 성도들은 그것이 굉장히 중요하잖아요. 엊그제 온 성도들에게 물어볼 땐 모르잖아요. 저희가 쭉 봐왔기 때문에 알 수 있어요.

이렇게 목사의 대우에 신경 쓰지 않고 솔선수범해서 앞에서 일을 해 나가고, 먼저 헌신하는 모습에서 교인들은 많은 감동을 받는다. 특히 경제적인 면에서 깨끗하고, 희생하고 있다는 것을 모두가 알기 때문에 그런 것에 대한 신뢰가 있는 것이다. 특히 교회의 재정에 대해서는 본인이 손을 대지 않는다, 또는 관여하지 않는다는 이야기들을 들으며 교인들은 담임목사에 대해서 믿음을 갖게 된다. 재정을 담당했던 장로의 이야기이다.

> 우리 교회 같은 경우엔 사실 돈이 부족한 적이 없었어요. 이것은 조금 표현이 이상한 얘기지만 계속 부흥하면서 계획 세워놨던 것은 쭉 달성해 왔습니다. 또 목사님께서도 뭔가를 무리해서 하시는 성향은 아니셨고 이해되지 않는 부분에 돈을 쓰신 적이 없었기 때문에 너무 행복하게 지금까지 재정을 봤죠. 그래서 계속 예산을 세우면서도 목사님 생각이 어떤가에 대해 조금

아는 것 말고는 목사님이 직접 어떤 것을 이렇게 해 달라고 한 적이 없었어요.
거의 그냥 재정 파트에서 내년도에는 성장률이 어느 정도이고 어떤 요인으로 수입과 지출을 하겠다고 당회에 올리면 통과가 되었어요. 목사님도 어떤 생각이 있으심에도 불구하고 많은 것을 위임해 주신다고 봐요. 그렇기 때문에 저에게 주어지는 책임감이 훨씬 더 크기에 기도하게 됩니다.

이러한 희생을 하는 면에서 뿐만 아니라 담임목사는 자신을 신격화하는 것에 대해서도 많은 경계를 한다. 그것을 공개적으로 이야기하면서 자신을 낮춘다. 대표적인 이야기가 자신은 고등학교를 공고를 나왔다든가, 대학은 방송통신대학교를 나왔다는 이야기를 하면서 자신은 결코 특별한 사람이 아니라고 선언을 하는 것이다. 그런 것에서 인간적인 면을 보기도 하고, 친근함을 느끼게 되는 것이다.

교회에서 목사님을 너무 신격화하는 것을 개혁하고자 하시는 것 같아요. 그게 전 '참 좋다'고 생각이 듭니다. 나도 사람이다, 나도 실수하고 목사님의 어떤 거룩한 면을 드러내는 게 아니라 인간적인 것들을 솔직하게 이야기할 때 굉장히 좋아요. 자기의 연약한 부분을 드러내기 참 어려운데 목사님이 내가 방통대를 몇 년을 졸업했다는 등의 얘기를 하실 때면 성도들이 벽을 헐 수 있게 되는 것 같아서 참 좋아요.
물론 목사님이 강단에 설 때 거룩함만 드러내면 저희한테 굉장히 은혜가 되지요. 그렇지만 목사님은 하나님 말씀을 대언할 뿐이지 하나님은 아니잖아요. 우리와 똑같은 사람이라는 것을 성도들한테 일찍 가르쳐 주는 게 저는 좋다고 생각해요. '목사님은 거룩하고 좀 다른 분이야'라고 생각했다가 목사님이 실수하면 그럴 줄 몰랐다면서 쓰러지는 것보다는 나은 것 같거든요. 평상시에 나도 실수, 나도 여자를 보고 음욕이 생긴다는 마음을 서슴없이 말씀하시면 목사님을 위해서 더 많이 기도하게 되고 우리도 조심해야겠다고 여기게 되는 것 같아요.

질문: 그런 얘기를 자주 하시죠?
답변: 네, 수요 예배 때는 특히 더 자주 하시죠. 주일날 낮에는 얘기를 안 하시는데 수요일 오전 예배 때는 개인적인 것을 많이 이야기하세요. 그래서 성도로서 그게 더 좋아 보여요. 인간적인 면이 다 있다는 거. 저렇게 우리와 똑같은 사람인데도 불구하고 하나님 앞에서 굉장히 많이 노력하시는 모습을 보고 존경스럽지요.

리더십을 이야기할 때 또 빼 놓을 수 없는 부분은 합리적인 일 진행이다. 이것이 대표적으로 보이는 것이 바로 회의 진행이다. 교회에는 회의가 자주 열리고 있다. 열린제직회가 대표적인 경우이다. 모든 성도들이 참여하여 자신들이 하고 싶은 이야기, 건의하고 싶은 이야기들을 한다. 이러한 회의가 진행될 때 담임목사의 사회 보는 솜씨가 달인 수준이라고 한다.

우리 정 목사님 토의 방법이 아주 유명하지 않습니까. (질문자: 진행을 잘 하세요?) 그거야 달인이지요, 달인. (웃음) 회의, 토의의 달인입니다. 참 우리 목사님은 어떤 그룹에 가면 토의의 달인이기 때문에 반드시 얼마 되지 않아서 그룹의 리더로 발탁되시고 또 인도해서 이끌고 나가시더라고요. 우리 목사님은 그런 것에 달인이세요, 달인.

이와 연결해서 생각해 볼 수 있는 것은 담임목사와 성도들간의 소통의 문제이다. 언로가 열려 있어서 성도들이 담임목사와 언제든지 대화가 가능하다고 생각한다. 실제적으로 담임목사와의 대화를 위해서 목양실은 언제나 열려 있다. 담임목사가 있는 동안에는 항상 문을 열어놓아서 사전 약속이 없이도 성도들이 직접 문을 열고 들어가는 것이다. 대형교회 목사로서는 쉽지 않은 일이다.

여러 가지 조직보다도 소통할 수 있다는 것, 특히 담임목사님과의 대화는 언제든지 가능하다고 성도들에게 인식되어 있어요. 제가 목사님에게서 제일 첫 번째로 배운 것이 교회에 대한 열정과 성도들에 대한 열정입니다. 지금까지 여러 교회를 다니며 섬겼었지만 목사님처럼 섬기시는 분은 처음 봤어요. 대형교회 목사님이시지만 찾아오는 사람을 한 번도 거절해 본 적 없고 심방해 달라는 사람에게 바쁘다는 핑계로 안 해보신 적이 없어요. 바쁜 와중에도 꼭 찾아가야 할 때가 있으면 찾아가시고 어렵다고 하면 들어주고 해결해 주시는 것들을 옆에서 보면서 그런 열정들을 제가 많이 배우게 됩니다. 그리고 그렇게 만나는 걸 즐겨하시다 보니까 소통이 굉장히 잘 되요. 항상 같이 이야기하시고 실질적으로 시간이 안 될 땐 시간을 약속하시고는 꼭 다시 만나서 얘기를 들어주십니다. 부서들 간의 조정능력이나 각 사람에 대한 은사 분별의 지혜가 뛰어나세요.

이러한 사람들과의 만남뿐만 아니라 실제적으로 교회의 중대한 결단이 있을 때도 과감하게 자신의 주장을 내려놓을 때도 있다. 대표적인 것이 건축과정에서 나타났다. 이미 많이 알려져 있듯이 교회의 새로운 모델을 정할 때도 설계사무실에서 내어 놓은 일곱 개의 모델 중 성도들이 스티커 붙이기라는 과정을 통해서 자신의 의견을 표현할 수 있도록 했다. 그 과정에서 담임목사가 원하던 모델은 선정이 안 되었다. 물론 담임목사도 한 개의 스티커를 행사했을 뿐이다.

또 다른 면은 한국교회 개혁을 위해서 노력하는 모습이다. 보통 개혁을 이야기하고, 한국교회의 문제점들을 지적하면 교인들은 피곤해 한다. 교인들은 일반적으로 자기 교회 이상을 생각하지 않는다. 내 교회에서 내가 신앙 생활하는데 어려움이 없기를 바라지 한국교회 전체에 대해서까지 이야기하는 것에 대해서는 부담을 느끼는 것이다. 아니 오히려 그러한 부정적인 면을 이야기하는 것에 대해서 신앙적이지 않다고 느끼는 경우도 있다. 그것은 오래도록 한국교회가 긍정적 메시지에 물들어 있기 때문이다. 그래서 부정적 시각은 비신앙적이라는 생각을 가지고 있는 것이다. 그런데 거룩한빛광성교회의 성도들은 오히려 그러한 것에 대해서 자부심을 가지고 있다. 특히 담임목사가 그러한 활동을 하는 것에 대해서 자부심과 함께 '대리만족'을 누리고 있다는 것을 느낄 수 있었다.

> 실제로 목사님의 어떤 영향이나 이런 것을 생각했을 때는 더 클 수도 있지 않나 그런 생각이 들어요. 제가 뭐 대형교회를 선호하거나 이런 것은 아니고요, 조금 그래도 영향력이 있지 않나해서요.
> 왜냐하면 지난번에 한국교회개혁 시리즈를 설교 하셨는데 만약에 우리 교회가 더 영향력이 있다면.... 그 설교를 들으면서 굉장히 많이 반성이 됐거든요, 안주하는 제 신앙에 대해서. 그런데 목사님이 더 영향력이 있었다면 이 설교 말씀이 더 파급효과가 크지 않았을까, 좀 많이 아픈 소리기도 하고 그렇긴 한데 그런 생각이 드니까 교회가 더 커도 되겠다는 생각이 들긴 해요.

질문: 그러면 담임 목사님이 교회 개혁, 한국교회 개혁, 이런 말씀 많이 하시잖아요. 부담스러우세요?

답변: 아니요, 그렇지는 않아요. 그것은 개혁을 해야 하는 일이 있고, 그냥 반드시 안 해도 되는데 해야 되는 문제들이 있잖아요. 근데 지금 하시는 것은 반드시 해야 하는 거라고 생각이 들어요. 제가 막 믿음이 좋아서 그런 게 아니고. 하도 한국 기독교가 문제가 많으니까 누군가는 나서서 이렇게 좀 하는 분들이 있어야 될 것 같은데 안 하시는 목사님들도 많잖아요. 그래서 저희 목사님이 그런 거 하시는 거는 저는 좋은 것 같아요. 정확하게 어떤 것을 하시는 지 자세한 내용은 모르지만 (질문자: 지지를 보내시는 거죠?) 네, 그렇습니다.

물론 담임목사의 리더십이 가장 잘 전달되는 것은 설교이다. 설교 중에 담임목사의 생각이나 사상이나, 삶의 모습이 가장 잘 드러나기 때문이다. 설교에 대해서는 이미 언급을 했기 때문에 따로 다루지는 않지만 설교 가운데 보여 주고 있는 담임목사의 세계관이나 삶의 태도, 그리고 한국교회를 향한 개혁의 마음들에 성도들이 공감하고 동의하고 있다. 특히 리더십에서 가장 빛나는 것은 교회가 가지고 있는 3대 목표와 5대 비전이다. 이것을 교인들과 소통하며 설득하고, 숙지시켜 나가고, 한 방향으로 이끌어 가는 것이다. 이러한 과정이 바로 가장 중요한 리더십이라고 생각한다.

6) 3대 목표, 5대 비전

교회는 '섬기는 교회, 인재를 양성하는 교회, 상식이 통하는 교회'

라는 3대 목표와 '지역사회 문화중심, 고양파주 성시본부, 한국교회 개혁모델, 북한선교 전초기지, 세계선교 중심센터'라는 5대 비전을 가지고 있다. 교회는 이러한 목표들에 대해서 끊임없이 이야기하고, 나누고, 선언하고 있다. 면담을 하는 과정에 전부 이 3대 목표와 5대 비전에 대해서 어떻게 생각하는지를 물어보았다. 그것이 거룩한빛광성교회의 특별함이라고 생각이 들었기 때문이다. 질문을 받은 대부분의 교인들은 적어도 3대 목표 정도는 확실히 알고 있었다. 그리고 그러한 부분에 대해서 교인들은 자부심을 가지고 있었고 교회가 그러한 방향으로 나아가고 있다고 생각을 하고 있었다. 특히 적지 않은 면접자들은 3대 목표 중에 '상식이 통하는 교회'라는 말에 감동을 받아서 교회를 찾게 되었다고 했다. 많은 사람들이 다른 교회에서 비상식적인 일들 때문에 마음에 상처를 받았기 때문에 교회에서 상식이 통한다는 사실에 감동하게 된 것이다.

질문: 교회에서 제시한 비전과 목표가 잘 와 닿으세요?
대답: 3대 목표는 저희 교회 안에 매니아 층이 많아요. 사실은 목사님 3대 목표 때문에 온 교인들이 상당히 많아요. 그래서 뭐 거의 저희 교회에 온 교인들은 100% 공감할 것이라고 생각하고요.

질문: 3대 목표에 매니아 층이 있다고 하셨는데 구체적으로 어떤 말씀인지?
대답: 인재를 양성하는 교회, 섬기는 교회, 상식이 통하는 교회, 3대 목표에 다 동의는 하는 것이고, 사실 목표는 멋있는 목표가 다 있잖아요.
그런데 처음에 상식이 통한다거나 이런 것에 대해서 매력을 느끼고 들어왔는데 실제로 그런 목표를 현실화시키려고 교회가 노력하고 목사님이 시행

착오도 있었지만 그래도 그 목표를 구체화시키려고 이것저것 많이 건드려 보고 세운다는 것을 알고 있는 거죠.

3대 목표나 5대 비전에 대해서 이렇게 물어 보면서 느끼는 것은 이러한 과정을 통해서 교회가 한 공동체를 이루어 가고 있다는 것이다. 요즘 공동체에 대한 관심이 많다. 개인주의가 팽배해지면서 교회들 역시 공동체라는 생각이 점점 없어져 가는 것이 한국교회의 문제이다. 더군다나 대형교회에서 이러한 공동체 의식을 찾아본다는 것은 거의 불가능하다고 생각을 한다.

그런데 거룩한빛광성교회는 특유한 공동체성을 가지고 있었다. 그것은 같은 목표와 같은 비전을 갖는 비전공동체이다. 교회에는 교인들 전체가 함께 하는 프로그램이나 행사가 없다. 작은 단위의 행사들이 계속적으로 이루어지지만 동원되거나 교회가 총력을 쏟는 프로그램은 없다. 그러나 교회는 특별한 면에서 공동체 의식을 가지고 있다고 본다. 그것이 바로 이 목표와 비전이다. 이 부분을 계속 강조하고 나누면서, 또 실제적으로 교회가 그러한 방향으로 움직여 가는 것을 보면서 우리는 이 목표를 향해서 나아가는, 그리고 이 비전을 이루기 위해서 일을 해 나가는 공동체라는 것을 교인들은 느끼고 있는 것이다.

현 시기를 포스트모던 사회라고 한다. 포스트모던의 특징 중에 하나는 권위를 인정하지 않고, 전체라고 하는 집단의식에 대한 반발이라고 할 수 있다. 그래서 대형모임이라고 하는 것이 현대에는 쉽지가 않다.

그러나 현대인들을 향해서 P-Generation(Participation Generation)이라고 해서 '참여세대'라고 한다. 그러면 이것은 모순되는 것으로 보일 수 있다. 그러나 문제는 동원이라고 하는 부분에 대해서는 현대인들이 거부감을 가지지만, 자신들이 동의할 수 있고 설득되어지고, 감동되는 것에 대해서는 적극적으로 참여한다는 것이다. 이 교회는 바로 이 포스트모던의 성향이 있다. 교회 전체는 동원이 없다. 강요도 없고, 요구도 없다. 그러나 교인들이 자발적으로 참여하고, 사역에 동참한다. 그 힘이 어디서 생기는 것일까. 물론 그것을 교역자들의 리더십으로도 이해를 할 수 있지만 중요한 부분은 바로 이 3대 목표와 5대 비전의 힘이라고 생각한다. 뚜렷하게 제시되고, 선포되고, 행해지는 이 목표와 비전을 공동으로 품으면서 교회는 집단으로서의 공동체가 아니라 목표와 비전을 공유하는 비전공동체가 되는 것이다.

7) 바른 교회, 투명한 재정

이미 이야기했듯이 교회에는 자진해서 오는 사람들이 많다. 교회에 대한 소문을 듣고 오는 것이다. 그러나 속내를 살펴보면 다른 교회에서 상처를 받은 사람들이나, 교회 분란으로 인해서 못 견디고 나온 사람들이 많다. 이들에게 교회의 시스템은 신선한 충격이다. 투명한 재정과 함께 소통되는 회의가 주는 충격이 있다.

> 저는 교회 와서 너무 신선했어요. 세상에 이런 교회도 있구나. 왜냐면 3개월 됐을 때 전문가들이 나와서 재정에 관한 보고를 하는 거예요. 저희 교회는 주일날 미리 오전 예배 때 재정보고서를 나눠줍니다. 3개월 동안 들어온 헌금과 지출 내역, 현재 잔액은 얼마인지에 대한 보고서 말이죠. 집에 가서 의심되거나 틀린 것이 있으면 '3분 스피치'를 통해서 얘기할 수 있어요. 목사님이 늘 3분 이상은 얘기하지 말라고 그러세요. 회의를 어떻게 할 것인지를

저희한테 가르쳐 주셨어요. 리더지는 말하지 않고 가만히 있으면서 누가 말할 것인가 끊지 않아야 하고요, 의견을 내세울 때는 한 사람이 두 번씩 스피치를 하면 안 된다고요.

교회의 스크린으로 재정 내역을 공개하는, 성도들이 아껴서 낸 십일조와 감사헌금이 어떻게 쓰이는지 알려주는 것이 참 신선했어요. 누구나 알고 싶어 하잖아요. 그렇죠? 하나님께 드린다 하면서도 인간의 본능이라... 그런데 이렇게 적나라하게 보고서를 보니까 사람들이 의심을 안 하고 교회 재정을 믿는 겁니다. 어떤 선교를 하고 얼마가 나가고. 그런 게 신선한 겁니다.

그리고 우리 목사님들은 보너스가 없더라고요. 교회에 하나도 없어요. 목사님들이 보너스를 받으면 안 된다는 거죠. 성직자의 삶은 가난하게 살아야 한다고 항상 강조하시거든요. 그리고 또 담임 목사님이 휴지를 두 장 안 쓰시고 한 장 쓰시고 여름에도 선풍기만 사용하시고. 모든 면에서 검소하시고 겸손하시고 그래요. 그런 것도 굉장히 존경이 되더라고요. 정말로 존경하고 싶습니다. 이런 마음. 그게 참 신선해요.

이 부분이 앞에서 이야기하는 상식이 통하는 교회로 보인다. 그 목표에 맞게 재정은 투명하게 공개하고, 회의는 모두가 참여할 수 있도록 마련해 주고, 재정을 맡은 사람이나 교역자들이 솔선수범해서 헌금, 즉 마련된 재정을 함부로 쓰지 않고 아껴 쓰는 모습에서 성도들은 벌써 감동을 받는 것이다.

8) 세상을 향해 열린 교회

거룩한빛광성교회의 특징 중에 하나는 또 지역사회와 소통하는 교회라는 것이다. 그 대표적인 사례가 평생교육원(현 광성평생배움터)이다. 평생교육원은 교회가 창립되던 그 해부터 시작된 문화센터에서 시작되었다. 이미 언급했듯이 은사를 가진 성도들을 강사로 세우면서 시작된 문화센터는 현재 750명의 수강생이 200여 개의 강좌에 참여하고 있는 커다란 조직이 되었다. 교회가 현 지역으로 이주하였을 때는 최대 1500명까지 참여하는 일이 있었다고 하니 상당히 활발히 움직이는 곳이다. 특히 의미가 있는 부분은 이 평생교육원이 교인들만을 상대로 하는 것이 아니라는 것이다. 오히려 교회를 다니지 않는 일반인들이 많이 참여하고 있다. 수강생의 약 60-70% 정도가 외부에서 오는 인원이라고 한다. 이렇게 보면 정말 많은 사람들이 평생교육원을 통해서 교회 마당을 밟고, 교회 건물을 부담감 없이 들어오고, 식당에서 함께 식사를 나누는 일이 생기는 것이다. 이런 것이 자연스럽게 교회에 대한 좋은 이미지를 만들어 내기도 하고, 이들이 종교에 대한 관심이 생겨날 때 아무래도 이 교회로 발걸음을 옮기게 하는 동기를 주는 것이다.

> 제 생각에 저희 교회는 굉장히 생동감이 있다고 항상 느껴요. 다른 교회는 예배가 있을 때만 열리잖아요. 저희 교회는 일주일 내내 교인이든 아니든 사람들이 항상 오잖아요. 교회가 생동감이 있고 살아 있는 분위기가 느껴져서 좋아요. 이 공간을 교인들만 사용하기에는 너무 아까운데 문화센터를 만들어서 안 믿는 사람들이 드나들 수 있도록 교회의 문턱을 낮췄다는 게 좋은 것 같아요.

또 어느 집사는 교회로 사람들을 초청할 때 어떤 식으로 권유를 하냐고 물어 보았더니 다음과 같이 대답했다.

점심에 밥 먹자고 하면서 밥을 사 주기도 하고 카페와 책을 볼 수 있는 곳도 있고 문화강좌도 있으니까. 백화점에 가면 쇼핑도 하고 밥도 먹을 수 있는 것처럼 저희 교회도 비슷해요. 애들 기다리면서 책도 보고 차도 마시고 또 끝나고 나면 점심도 먹을 수 있어요.

교회를 쇼핑센터로 비유하는 것이 참 재미있다는 생각이 들면서도, 정말 그렇게 느낄 수 있겠다는 생각을 하게 된다. 그러면서 무엇보다도 사람들이 쇼핑센터를 부담 없이 찾아갈 수 있고, 그곳에 가면 뭔가 새롭고 흥미로운 일이 생길 것이라는 예상을 하는 것과 같이 교회도 그렇게 느끼는 것은 참 좋은 것이라는 생각도 해 보았다. 이로 인해서 교회는 항상 사람들로 북적거리고 있다.

평생교육원 외에도 교회의 대표적인 기관은 열린도서관이다. 교회 지하1층 로비에 자리하고 있는 도서관은 개괄식으로 되어 있어서 원하는 사람은 누구나 책을 볼 수 있도록 하였다. 그리고 적은 돈이지만 회비를 내면 책을 대여할 수 있는 시스템으로 운영이 되고 있다. 그런데 아무래도 개괄식이고, 누구나 책에 가까이 갈 수 있기 때문에 관리에 어려움이 있다. 책이 없어지거나 정리가 안 되는 부분이다. 이러한 것 때문에 갇혀진 공간으로 옮기는 것을 생각하지만 열린 공간으로서의 도서관은 이제 교회의 상징처럼 되어 가고 있다. 즉 폐쇄되지 않은, 지역사회와 책을 필요로 하는 사람들에게 열려 있는 도서관으로 나타나고, 이것이 교회의 마음을 보여 주는 것이다.

면접 중에 재밌는 사례도 들었다. 여름이면 교회 마당에 아이들이 놀 수 있도록 간이 수영장을 설치하는 것이다.

여름이면 식당 위의 넓은 공간에 수영장을 만들어놔요. 지하수를 끌어서 수영장 물을 채우고 관리 집사님들이 2-3일에 한 번씩 물을 갈아주시고 청소를 해 주세요.

수영장이 처음 생겼을 때 일입니다. 제가 행정실에 일이 있어서 왔었거든요. 그런데 어떤 여자 분이 끈 나시를 입고 선글라스를 끼고 비치백을 메고 와서는 수영장이 어디에 있느냐고 묻는 거예요. 그래서 저쪽이라고 가르쳐줬어요. 그 때 구역 식구들과 아이들 데리고 왔었는데 조금 있다 가보니까 그 여자 분이 거의 비키니 차림으로 썬탠을 하고 계시더라구요. 저희 교회 분이 아니신 거죠.

제가 전에 했던 사역 중에 2년 동안 외부에서 탐방오신 분들을 안내해 드린 적이 있어요.

그 때 탐방 오신 분들이 왜 외부에 문을 열어 놓느냐고 물었어요. 그러자 목사님이 하시는 말씀이 시간이 지나면 건축물은 어차피 낡게 되어 있으니 사람들이 들락거리면서 낡으면 더 감사한 일이지 않겠냐고 하시더라구요.

교회 안에 나시를 입고 썬탠을 하는 여자가 있어도 그냥 오픈을 해 두실 정도로 외부 사람들에게 오픈을 하세요.

교회가 열려 있음을 보여 주는 상징적 사건이라고 할 수 있을 것이다. 이렇게 열려 있는 교회는 사람들에게 편하게 올 수 있는 곳으로 보였고, 그러한 것이 교회로 사람들의 발걸음을 끌어당긴 것으로 보인다.

이러한 일들 외에도 중요하게 볼 부분은 교회가 하고 있는 다양한 봉사의 장들이다. 예를 들어서 해피월드라고 하는 재단을 세워서 이루어지고 있는 사회봉사이다. 소액대출을 하고 있는 해피뱅크, 파주, 문산에 있는 복지관, 그리고 광성드림학교와 같은 기관들이다. 이러한 기관들을 통해서 교회는 지역사회에 이바지하는 바들이 크다. 특히 이 기관들은 교회와는 별도의 법인을 만들어서 운영되고 있어서 객관성과 전문성을 겸비하고 있고, 이러한 관계로 중앙정부나 지방정부에서 다양한 상과 표창을 얻고 있다. 이러한 것이 사회와 소통하는 교회의 특징이라고 할 수 있다.

II. 성도들이 꼽는 교회의 걱정과 단점

앞 장에서 본 바와 같이 거룩한빛광성교회는 여러 장점을 가지고 있다. 그러나 완벽한 교회가 있을 수는 없는 것이다. 물론 성도들은 상당히 높은 만족도를 가지고 있지만 이 조사의 특성상 교회의 단점이랄까, 건의사항 등을 질문해 보았다. 그랬더니 답변들이 거의 교회가 커나감으로 인해서, 특히 급격하게 성장해 나감으로 인해서 나타나게 되는 문제들을 지적해 주었다. 그런데 여기서 걱정이라는 단어를 일부러 선택한 이유는 몇 가지 사항 중에는 문제로 인식되기보다는 성도들이 앞날을 생각하며 지적하는 문제제기이기 때문이다.

1) 시스템의 구축

아무래도 교회의 조직이 커지다 보니 방만해지는 부분이 있는 것 같다. 물론 교회에서 이 부분에 대해서 관심을 가지고 있는 것으로 안다. 그렇지만 한 번 현장의 목소리를 들어보는 것도 의미가 있을 것이다. 특히 사역이 확장되어만 가는 것에 대한 우려의 목소리들이 좀 있었다.

자율성을 강조하다 보니까 많은 단체가 생기고, 활동도 그 만큼 많아지는 것에 대한 우려이다. 또 교회가 커지면서 그만큼 교회가 해야 할 일들 역시 기하급수적으로 늘어나고 있는 것이다. 그러다 보니 감당할 수 있는 부분인가에 대한 생각도 드는 것이다. 한 번 점검을 하고 넘어가야 할 부분들이라고 생각한다.

왜냐하면 일 중심의 사람도 있고 관계중심의 사람도 있잖아요. 그런데 목사님은 굉장히 일 중심적인 성향이 강하세요. 교회 전체 분위기가 일 중심으로 움직이다보니 관계에 대한 부분이 조금 소홀해지게 되는 것 같아요.
그래서 일을 더 이상 만들지 말고 지금까지 교회가 해 온 많은 일들을 정리할 필요가 있다고 봐요. 하나님과의 관계부분은 목회자분들을 통해서 할 수 있는 부분이지만 사람들과의 관계 부분에 대해서는 어떻게 좀 더 나아질 수 있을까를 고민합니다. 그래서 목양 장로도 세워 하고 있습니다만 그런 것들이 좀 약한 것 같구요.

급성장하다 보니 결속력이 약해요. 사회적인 조직에서도 급성장한 조직은 결속력이 약해지는 부분이 있는데 이 교회가 내 교회라는 오너십이 약한 것이죠. 그래서 걱정이 됩니다.
그나마 담임 목사님이 계시면서 결속력이 약한 부분을 잡고 가는데 이것이 무너지면 한꺼번에 무너지지 않겠습니까. 그래서 걱정이 많이 되는 것이죠. 앞으로 2-3년은 이런 식으로 하셔도 되는데 마지막 남아 있는 5년 동안은 그런 쪽으로 더 신경을 써야 할 것 같습니다. 어떻게 하면 교인들이 교회에 대한 애착심과 이 교회가 내 교회라는 오너십을 갖게 할 것인지 또 각 조직간, 적어도 교회의 중진들 사이에 통하는 결속력에 대한 것을 고민하고 만들어 가야 되는 것이 아닌가.

여기서 지적하는 것은 일 중심으로 나아가다 보니까 사람들 간의 관계나 결속력이 약하다는 것이고, 동시에 교회가 성장하다 보니 아무래도 주인의식이 없다는 것이다. 특히 모든 부분이 민주적이다 보니 문제는 누가 책임을 지는가하는 문제에 봉착하게 된다는 것이다. 중진들조차도 자신들에게 집중되는 것이 없다 보니까 책임의식 내지는 주인의식이 결여된 것이 아닌가 하는 생각이다.

같은 맥락에서 이렇게 이야기하는 사람도 있었다. 즉 하고 있는 사역들을 한 번 물러나서 점검을 할 때가 되었다는 것이다.

> 목사님, 장로님들과 그 이외의 부서가 많잖아요. 그 중에 기획위원회와 같은 핵심적인 부서가 있단 말이죠. 목사님이 혼자서 교회를 주도하지 않으시기 때문에 장로님이나 중요한 부서의 역할이 큽니다. 그런 부서에서 앞으로 10년, 20년 향후의 비전을 계획하고 교회가 어떻게 가야 되겠다는 방향을 잡는 것이 필요하다고 봐요. 건축도 포함이 되겠죠.
>
> 그런데 이런 부분에서 너무 급속도로 빨리 가지 않았나 싶습니다. 이제는 하나님이 지금까지 어떻게 해 오셨고 또 어떤 부분에서 어떤 미스가 있었는지 체크할 필요가 있다는 것이죠.
>
> 이런 것 없이 마구 달려가는 질주의 모습이 하나님 앞에서는 큰 약점이 될 수 있어요. 다른 것은 멈춰질 수 있고 진행이 되다가도 다시 되돌릴 수 있는데 너무 계획과 성장하는 것에 휩쓸려서 질주하다 보면 정말 그것이야말로 위험하죠.

이러한 의견들을 정리한다면 교회가 성장하면서 벌렸던 많은 일들을 정리하고 시스템화하자는 것이다. 이 부분은 일면 이 교회의 장점과는 모순될 수 있는 부분이다. 왜냐하면 이미 장점을 이야기할 때 제일 첫 장점으로 들은 자율성과는 반대되는 것일 수 있기 때문이다. 즉 자율을 주고, 다양한 사역을 권장해서 사람들이 신바람이 나서 이렇게 일을 일구었는데 이제는 정리하고 시스템화 하자는 것이니까 모순이 될 수 있다는 것이다. 그러나 이제 15주년이 되었으니 한 번 정도는 이렇게 돌아보는 시간을 갖자는 것은 의미가 있다. 자율성을 주되 질서를 가지고 하는 것으로 볼 수 있기 때문이다.

2) 조정그룹의 필요

같은 맥락에서 이어지는 이야기일 수 있다. 다양한 부서들이 있다 보니 이곳에 질서를 부여해 줄 수 있는 그룹이 필요하다는 것이다.

> 목사님의 목양이나 목회 행정 쪽에 서포트해 주실 수 있는 부교역자들이 조금 더 필요하지 않겠나 생각이 듭니다. 워낙 조직이 많아요. 평신도 사역이 굉장히 많더라고요. 그러다 보니 관리가 안 되는 거죠.
> …………
> 전체 진행을 다 보시는 분이 없으세요. 전체 파악이 어려울 정도로 방대하더라고요. 본부 측에서는 한 부서가 생성되고 소멸되는 이유와 과정을 다 알아야 하잖아요. 그런데 그것이 잘 안 된다는 거죠.

자율을 주고, 사람들이 신바람이 나서 일하는 것은 좋은데 그것의 전체를 파악할 수 있는 시스템은 없다는 지적이다. 그런데 이 분의 지적 중에 중요한 부분이 나오는데 그것은 중간그룹이 없다는 것이다. 그것을 이 성도는 부교역자들로 보았다. 그 부분이 누구인가에 대해서 특정하여 지적하는 것이 이 교회에서 의미가 있는가 하는 생각이 들기는 하지만 그래도 부교역자의 역할에 대한 것은 따로 다루도록 하겠다.

교회를 보면서 이런 생각이 들었다. 오케스트라에서 지휘자와 단원은 있는데 악장이나 파트장과 같은 존재가 없다는 것이다. 훌륭한 지휘자가 뛰어난 단원들을 훈련하여 좋은 음악은 들려주는데 악장과 파트장이 없어서 불안한 것이다. 그 불안은 무엇보다도 이것이 지속될 수 있을 것인가에 대한 것이다. 훌륭한 음악이 나오고 있는 상태에서는 이 중간조직의 역할이 의미가 없지만, 어느 순간 음악이 어지러워지기 시작하면 그 갈등을 풀어 주고 정리해 줄 사람이 없는 것이다.

교회로 돌려서 생각을 해 보면 현재 교회가 성장하고 의미 있는 사역들이 이루어지고 있기에 큰 갈등은 보이지 않지만 교회가 정체되어지거나, 앞에서 이야기하듯이 멈추어서 좀 돌아보려고 하면 여러 가지 갈등이 생겨 날 수 있다는 것이다. 그 때 나타나는 것이 중간조직이라고 할 수 있는데 현재 교회에는 그러한 조직이 부족하다는 것이다.

실제적으로 인터뷰 중에 나타난 이야기들은 부서간 이기주의가 존재한다는 것이다. 제일 많이 나타나는 것이 공간을 사용할 때 앞의 그룹과 뒤의 그룹이 시간이 겹치게 되는 것이다. 아주 사소한 일이이지만 이러한 문제를 해결할 때 역시 중간에 조정해 줄 수 있는 그룹이 없는 것이다. 왜냐하면 이 중간 그룹에 권위가 없기 때문이다. 각 그룹에 자율성과 자주성을 준 것까지는 좋았는데 이들이 의욕이 넘쳐서 교회가 만들어 준 질서를 넘어서려고 하는 것이다. 예를 들어 부교역자들이나 장로들이 질서나 규칙을 이야기할 때 이러한 것이 조정이 안 되는 일들이 생기고 있다는 것이다.

조정이 안 되는 것뿐만 아니라 중간집단이 없기 때문에 갈등이 있을 때는 각 그룹들이 알아서 해결해야 하는 것이다. 그러면 별 수 없이 갈등이 증폭될 수밖에 없다. 직접 이해당사자들이, 그리고 벌써 갈등이 불거진 집단이 부닥쳐야 하니 문제가 해결되기보다는 더 어려워지는 경우도 있다.

물론 교회가 기획위원회나 운영위원회 등을 두어서 조정의 역할을 하도록 하는 것으로 알고 있는데 실제적으로 그러한 역할에 있어서는 좀 어려움이 있는 것으로 보인다.

3) 부교역자

연결되는 이야기이다. 성도들의 사역이 활성화되면서 부교역자의 역할이 애매해지는 측면이 있다. 아무래도 부교역자는 관리의 역할을 해야 하는데 성도들의 자치활동이 활발한 곳에서 아무래도 악역을 맡아야 하는 일들이 많은 것이다. 그런데 문제는 성도들이 직접 담임목사를 찾아가는 것이다. 자신이 추진하는 일이 잘 안 될 때 담임목사를 찾아서 소위 담판을 짓거나, 허락을 받아오는 것이다. 담임목사의 입장에서도 하겠다는 성도를 막아 낼 방법 역시 없는 노릇이다. 그런데 이런 성도들을 부교역자들이 조정하고 정리하는 과정이 필요한데 이것이 쉽지가 않은 것이다.

물론 부교역자들이 심방하고 교인들의 신앙생활을 독려하는 일에 있어서는 문제가 있을 수 없다. 그런데 이렇게 행정적인 면에서는 아무래도 그 입장이 난처한 상황이 많은 것이다. 현재와 같은 대형교회에서는 부교역자들이 감당해야 할 부분들이 확실히 있다. 바로 그러한 부분들에 대한 오리엔테이션이 부교역자에게, 그리고 동시에 성도들에게도 필요하다고 본다.

특히 부교역자들에게 전문성이 필요한 때인 것 같다. 대형교회가 되면서 이제 한국교계나 한국사회에 교회가 책임을 져야 할 부분들이 있는데, 기획력과 소통의 은사를 가진 부교역자들이 더 보충되어야 할 것으로 건의하는 목소리도 있다.

4) 담임목사 은퇴 이후에 대한 걱정

여러 성도들이 언급하는 부분이다. 현재 교회가 성장할 수 있었던 부분은 담임목사의 역할이 가장 중요했다는 것이다. 이미 언급했던 리더십이나 설교, 그리고 탁월한 행정능력까지 겸비되어 있어서 교회가 성장하고 유지되어 왔다는 것이다. 그리고 무엇보다도 담임목사가 가지고 있는 개혁에 대한 열정들이 있어서 현재의 교회 모습이 가능했다는 것이다. 그런데 이제 담임목사의 은퇴가 가시화되고 있다. 이미 정관에 따르면 65세로 정년을 정해 놓았고, 담임목사도 이제 약 7-8년 후에 정확히 은퇴를 하겠다고 선언을 해 놓은 상태이다.

그러고 나니 현재 교회의 방향을 이어가기 위해서는 두 가지 문제가 생기는 것이다. 첫째는 이미 이야기한 시스템의 문제이다. 다양한 그룹들이 자치적으로 움직이는데 결국 중간집단이 없다 보니 한 사람에 의존해서 교회가 움직이게 되는 것이다. 실제적으로 한 교인은 담임목사가 안식월로 부재중이었을 때 결재가 안 되어서 도움이 필요한 사람을 돕지 못한 안타까운 이야기를 전한 적이 있다. 결국 그 문제는 현 교회에서 해결을 못하고 다른 교회의 도움을 받아 해결했는데 거룩한빛광성교회처럼 큰 교회에서 왜 자기들에게 도움을 요청하는지 모르겠다는 이야기를 들어야 했다. 이런 것이 결국 시스템의 문제라고 할 수 있는데, 과연 은퇴 이후에 이러한 문제를 극복해 나갈 수 있는 시스템이 현재 준비되어 있는가에 대한 우려가 있었다.

둘째는 후임에 대한 문제이다. 은퇴가 아직 꽤 남아 있기 때문에 후임을 걱정하는 것이 일견 이해가 안 되는 부분이기도 했다. 그러나 교인들의 입장에서는 교회가 특별하기 때문에 일반적인 청빙절차를 통해서 후임이 들어오면 유지가 안 될 것으로 보는 사람들이 몇 있었다. 이들은 무엇보다 현재 교회가 가지고 있는 특별함을 이해하고 같이 할 수 있는 목회자가 지금부터라도 훈련이 되어야 하지 않겠는가 하는 의견도 조심스럽게 내어 놓기도 했다.

> 다양한 신앙 색채를 가진 교회라는 것이 굉장히 장점으로 작용하는 것 같아요. 저희 교회 가장 큰 장점은 다양한 신앙이 함께 있다는 것이에요. 극과 극이 공존하는 것, 다 같이 있는 것, 보수와 진보적인 신앙이 함께 하고 있는 것 말이죠. 서로 공격하는 것 없이 인정해주니까요. 목사님이 정치 얘기도 하지 말고, 지방색도 내지 말라는 그런 울타리가 워낙 강하시니까 다양한 사람들이 함께 하는 데 도움이 되었죠.
> 목사님이 그만두시고도 이런 교회 정체성이 유지되었으면 좋겠습니다. 저희 아이들도 다른 곳에 가지 않는 이상 자라갈 것이니까 그랬으면 좋겠어요.

또 다른 목소리이다.

담임 목사님께서는 정말 하시고 싶은 이야기는 대예배 시간에는 잘 안 하시는 것 같고 금요 철야 끝나고 광고하실 때 잠깐 얘기하시거든요. 지난번에 언제 담임 목사님께서 금요일 철야 때 잠깐 말씀하시면서 '포스트 정성진'을 생각해봐야 한다고 하시더라구요.

질문: 그 얘기를 목사님이 먼저 하셨어요?
대답: 네, 제가 아까도 말씀드렸지만 목사님이 재신임 투표를 해서 몇% 이상이 안되면 물러나겠다고 하신 것이 신선하고 참 좋았어요. 그래서 몇 년 더 계시겠지만 목사님이 목회를 은퇴하시게 되면 과연 지금 이 교회가 어떻게 될까 하는 염려를 하시면서 지난번에 말씀을 하시더라고요. 목사님은 지금 30대 후반이나 40대 초반의 목사님을 지금부터 훈련을 시켜서 그 다음에 우리 교회를 이끌어 가실 분을 훈련시켜야 된다고 생각하시는 것 같아요.
그런데 과연 그런 분을 청빙해 오면 교회의 50대 장로님들이 잘 융합해서 할 수 있을까 하고 염려를 많이 하시더라고요. 그 말씀을 듣고 나니까 우리 교회 큰 문제라는 생각이 들어요.
기성 교인들을 잘 아울러 가면서 교회를 발전적으로 이끌어 가실 좋은 분이 나오셔야 될 텐데 하는 생각이 들어요. 또 하나는 목사님의 교회 목회 철학에 이런 것과는 관련이 없을지도 모르는데 성도님들의 어떤 마음이 선했으면 좋겠다는 생각도 들어요.

이러한 우려는 아무래도 교회에 대한 불안을 가져 올 수 있다. 물론 후임에 대한 문제를 논의하기는 너무 이른 시기이기는 하지만 이미 담임목사가 문제제기를 했고, 퇴임에 대한 이야기도 진행이 되었기 때문에 어느 정도 윤곽을 그려 주고, 갈 방향을 예측 가능하게 보여 주는 것은 의미가 있다고 본다.

5) 건축에 대한 걱정

이미 언급한 바와 같이 비전센터를 짓자고 하면서 교회는 한 번 어려움이 있었던 것 같다. 면담 과정에서 몇몇 분들은 건축에 대해서 우려를 표했다. 이전에 건축을 하면서, 그리고 또 드림학교 짓고, 그 앞의 부지를 마련하면서 했던 작정헌금도 다 채우지를 못했는데 또 건축이 시작되는 것이 아닌가 하는 우려이다. 이것은 아주 현실적인 걱정이다. 이제 교회가 또 건축을 하기로 하면 당장 자신이 얼마를 내야 할 것인가 하는 걱정이다.

처음 이곳으로 성전 건축을 할 때는 교인들에게 오히려 감동을 주었던 것 같다. 그 절차가 민주적이고, 사람들의 동의를 얻어가는 과정이 좋았고, 참여를 이끌어 내고, 실제적인 꿈을 서로 나누어 가질 수가 있었던 것이다. 그래서 어느 성도는 그 과정이 은혜였다고 고백하기도 했다. 그리고 건축의 과정이 바로 축제였다고 이야기하기도 했다. 그런데 이제 지난 몇 년간 땅을 구입하고, 건축을 하는 과정이 있었기에 이러한 것에 대한 피곤함과 부담이 찾아온 것이다. 그런데 교인들은 이제 3-4년 후면 비전센터를 짓는 것으로 생각하고 있다. 그러면 그때 자신에게 찾아올 부담에 대해서 걱정들을 하고 있는 것이다. 물론 현실적으로 공간이 부족하고, 교인들이 주일에 오고가는데 복잡한 것이 있지만 그래도 이 시점에서 다시 건축을 논한다는 것에 대해서 부담감을 토로하는 것이다. 이러한 부분에 대해서 교회가 한 번 생각하고, 장기적인 계획 가운데 어떻게 진행될 것인지를 알려 준다면 예측가능성이라는 측면에서 도움이 될 것 같다. 그렇지 않다면 건축에 대한 논의가 엉뚱한 측면으로 나아갈 위험이 있다고 본다.

Ⅲ. 교회의 특별한 점들

이번 조사를 하는 입장에서 교인들이 구체적으로 서술하지는 않았지만 이 과정에서 느끼는 교회의 특별한 점도 있었다. 이러한 것들을 간과하면 교회를 이해하는데 어려움이 있을 것 같아서 덧붙여 본다.

1) 토론의 문화가 살아 있는 교회

교회 3대 목표에 있는 '상식이 통하는 교회'는 교회에서 여러 가지 토론문화로 현실화되고 있다. 교역자들에 의해서 교회가 움직여 가는 것이 아니라 성도들이 참여하고 함께 토론해 가는 문화가 있는 것이다. 대표적인 예가 열린제직회가 될 것이다. 분기별로 저녁예배에 겸하여서 모이는데 중요한 부분은 재정보고이다. 한 분기당 수입과 지출을 아주 잘 정리해서 보여 준다. 재정보고서는 이미 주일 아침예배 때에 전체 교인들에게 나누어주고 잘 살펴보고 저녁예배 시에 열리는 제직회에서 마음껏 질문할 수 있도록 한다. 제직회가 진행되기 위해서는 1층

에만 6개의 마이크가 설치되어서 누구나 발언할 수 있음을 보여 주고 있다. 실제적으로 자유로운 분위기에서 다양한 의견과 건의사항이 나오고 있다. 그 발언들은 어쩌면 아주 소소한 이야기일 수 있다. 예를 들어 여자화장실에 변기가 고장이라는 이야기가 나왔고, 관리위원장이 나서서 사정을 이야기하고 고치도록 하겠다고 답변을 하는 것이다. 이렇게 서로 이야기하는, 토론의 문화가 이루어지는 것이다.

그런데 이 교회에서 토론의 문화를 가장 잘 보여 주는 것은 기획위원회 산하에 있는 기획팀이다. 위원장, 팀장, 부팀장, 그리고 6명의 팀원들이 모이고 있다. 팀원들은 보통 집사들이고 법 전공자, 건축, 연구원, 재무, IT 등의 전문가들이다. 이들은 매주일 오후 1시부터 3시 또는 5시까지 모여서 토론을 한다. 이들이 토론을 하는 것은 교회의 중요한 부분들 내지는 기획하여 변화를 가져야 할 것들에 대한 것이다. 예를 들어서 중직자 선거방법, 선교지원의 방법, 예배시간 조정, 규약개정 등에 관한 것이다. 이러한 주제들은 보통 당회에서 위탁되어 오기도 하고, 자발적으로 연구하고 토론하는 것도 있다. 이렇게 토론된 것들은 당회에 보고서를 올려서 변화를 이끌어 내기도 한다.

이러한 팀에 주목하게 되는 것은 이들이 교회에서는 연륜이 그렇게 길지 않지만 사회에서 가지고 있는 역할들은 중요하다는 것이다. 바로 이러한 인력들이 자신들의 능력을 교회에서 사장하지 않고 쓸 수 있는 공간을 마련해 주었다는 것이다. 사회에서 무엇을 하던지 교회만 오면 어린아이 같은 취급을 받는 것에 대해서 요즘 교회에서 전문인들이 갖는 불만이다. 이것은 이 교회에 대한 것이 아니라 지식인층이 개신교를 벗어나서 천주교로 옮겨가는 것에 대한 연구에서 나온 이야기이다. 거룩한빛광성교회는 어쩌면 이러한 것에 대한 고려가 있었는지 모르지만 이러한 이들이 자신들의 달란트를 가지고 교회의 사역에 참여할 수 있는 통로를 만들어 주었다는 것이다.

일반적인 교회에서는 이러한 조직이 어쩌면 불편할 수 있는 요소이다. 어떤 결정기구가 아니면서 교회의 방향을 제안하고 토론하는 조직이라는 것이 애매한 부분이 있기 때문이다. 또 다른 면으로 보면 이러한 조직으로 인해서 논의, 결정구조가 복잡해질 수도 있다. 보통 다른 교회에서는 이러한 일은 당회에서 이루어지거나 담임목사나 교역자들의 몫이다. 효율적인 면에서는 이렇게 단순한 구조가 좋을 수 있다. 그러나 중요한 점은 과정 가운데서 얻게 되는 지혜와 이들의 참여로 인해서 생기는 풍성함이 있다는 것이다.

바로 이러한 토론의 문화로 인해서 교회는 참여의식이 커지고 있다. 보통 다른 교회에서 나타나고 있는 교회 지도부에 대한 불만이 없다. 물론 교역자들이나 장로들이 권위적이지 않고 섬기는 자세를 가지고 있기 때문이기도 하겠지만 이러한 토론의 문화를 통해서 소통하기 때문에 가능하다고 본다. 면접 과정에서 일부러 장로들에 대해서 어떻게 생각하는가를 물어 보았다. 다른 교회들에서는 보통 젊은 사람들이나, 안수집사 층에서 장로들에 대해서 불만을 가지고 있기 때문이다. 그러나 면접자들 중 어느 누구도 그러한 부분을 지적하는 사람은 없었다. 다들 장로들에 대해서 존경과 애정을 표시했다. 이것이 이 교회의 큰 힘이 되는 것 같았다.

2) 소조직에 의해서 세워지는 교회

　거룩한빛광성교회의 특징 중에 하나는 특별한 프로그램이 없다는 것이다. 교회를 대표하는 행사나 프로그램이 없이 이렇게 성장할 수 있었던 것은 성도들의 다양한 참여에 의해 가능했다고 할 수 있다. 특별히 지원하는 프로그램이 없이 여러 팀들이 만들어 내는 사역들이 다양하게 꽃을 피우며 그것이 교회의 보이지 않는 프로그램이 되는 것이다. 이 교회의 특별한 점 중에 하나는 주보에 연속하여 광고되는 행사가 없다는 것이다. 몇 달 전에, 심지어는 몇 주 전에 전 교회가 지원하고 독려하는 프로그램이 없다. 주보를 보면 바로 그 주간에 진행되는 행사를 소개하는 것이 전부이다. 심지어 그 주일 저녁예배 시간에 행해지는 일들에 대한 광고가 나오고 있다. 사람들을 동원하려는 의도가 전혀 없어 보인다.

　그렇기 때문에 수 천 내지는 수 백 명이 모이는 행사는 드물어 보인다. 오히려 각 곳에서 10명, 20명으로 이루어지는 소모임들이 이 큰 대형교회를 움직여 가는 것이다. 그것은 사역으로 나타나기도 하고, 취미활동, 성경공부, 기도모임, 남선교회, 여전도회, 목장 등으로 나타난다. 조금 큰 형태라면 소극장선교회 같은 경우라고 할 수 있다. 이러한 모든 것들이 성도들에 의해서 자발적으로 이루어진다. 때로는 서로 부딪치기도 하지만 그러한 것들이 만들어 내는 역동성이 바로 거룩한빛광성교회의 장점이다. 이를 통해서 10명의 리더로, 20명의 리더로, 심지어 2명, 5명의 리더로 서는 사람들이 나타나는 것이다. 바로 이들이 교회의 중심이 될 수 있다. 가장 좋은 공부는 직접 몸으로 부닥치는 것이다. 더 좋은 공부는 직접 가르쳐 보는 것이다. 바로 이들이 리더로 서면서 이렇게 직접 부닥치고, 공부해 보는 일들이 일어나는 것이다. 바로 이러한 일들이 교회의 구석구석에서, 운동장에서, 체육관에서, 학교와 복지관에서, 그리고 가정과 일터에서 일어나고 있는 것이다. 이것이 광성의 힘이다.

3) 항상 새로워지는 교회

거룩한빛광성교회의 장점 중에 하나는 항상 새로운 교우들이 들어온다는 것이다. 물론 처음 신앙생활을 하는 사람들도 들어오지만 많은 경우는 기존 교회에서 신앙생활을 하다가 교회를 옮기는 경우들이다. 그 이유는 이사가 큰 비중을 차지하지만 또 적지 않게는 전에 다니던 교회에 문제가 있어서 개혁을 내세우는 이 교회를 찾아오는 것이다. 이렇게 기성 신자가 들어오게 되면 교회의 조직은 변화를 맞게 된다. 더군다나 이 교회는 새로운 신자들에게 은사를 따라 사역을 할 수 있는 자리를 마련해 주는 것을 중요한 장점으로 가지고 있다. 이미 언급했듯이 이렇게 자리를 배정해 주기 위해서는 기존의 제직들이 자신들의 자리를 양보해야 하는 경우도 생기는 것이다. 심지어 교회의 핵심이라고 할 수 있는 재정위원장의 자리까지도 새로운 성도들에게 내어 줄 수 있을 정도로 이 교회는 유연성을 가지고 있다. 이러한 과정을 통해서 교회는 항상 새로워진다. 기득권 자체를 주장하지 않고 새로운 성도들에게 교회의 일들을 맡기면서 자연스럽게 교회는 소위 말하는 구조조정을 경험하는 것이다.

여기에 더해서 교회는 항존직이 존재하지 않는다. 담임목사가 먼저 권리를 내려놓았다. 6년마다 신임투표를 해서 교인들에게 신임을 묻는

다. 65세에는 은퇴할 것이라고 규약을 통해 정해 놓고, 심지어 여러 자리를 통해서 자신은 이제 65세가 될 때 물러날 것이라고 강조한다. 그리고 원로목사도 없고 개척자의 기득권마저 내려놓는다고 이야기한다.

장로 역시 마찬가지다. 65세 정년에 6년 단임이다. 6년이 지나면 사역장로가 되어서 당회에는 참여를 안 한다. 또한 장로들이 사역에 실무 책임자들이 아니다. 안수집사가 위원장을 하고 시무장로는 자문과 후원의 역할을 할 뿐이다. 즉 장로로서의 모든 권리를 내어 놓은 것이다. 위원장의 자리는 20개 정도가 있다. 임기는 1년 임기에 1년 더 연임을 하는 것이 보통이다. 한 자리를 차지하고 있는 기득권도 포기되는 것이다. 이렇게 임기가 정해져 있기 때문에 자리는 항상 로테이션 된다. 그 자리에 새로운 사람이 들어오기도 하고, 임기를 따라서 항상 변화된다.

이러한 과정들을 통해서 교회는 정해진 틀에서 유지되는 것이 아니라 항상 새로워진다. 새로운 사람들로 인해서 변화되고, 임기제를 통해서 들어오는 새로운 사람들로 인해서 변화된다. 여기에 더해서 정해진 프로그램이 없기 때문에 항상 새롭게 생겨나는 작은 규모의 프로그램들로 인해서, 또 새로운 작은 규모의 조직들 때문에 새로워진다. 이러한 변화의 역동성을 거룩한빛광성교회에서는 매일 새롭게 경험할 수 있다.

4) 프로그램의 아웃소싱

거룩한빛광성교회 안에서는 다양한 조직들이 경험되어진다. 예수전도단, JOY, Rise up Korea 같은 파라처치 조직들이 교회 안에 상존한다. 보통 이러한 파라처치 조직들이 기존 교회들과는 관계가 그렇게 원활하지 못하다. 그 이유는 아무래도 전체적인 통일성을 강조하는 한국 교회의 구조에 있다고 할 수 있다. 담임목사의 입장에서는 자신이 양육하여 성도들이 이 교회에 충성하고, 자신의 제자가 되기를 원할 수밖에 없는데 아무래도 교육을 이러한 조직에 맡겨 놓으면 이런 부분이 약해질 것이기 때문이다.

그런데 이 교회에서는 이러한 조직들이 아주 활성화되어 있다. 교회의 중직자들도 이러한 프로그램에 적극적으로 참여하고, 담임목사 역시 광고 등을 통해 참여를 독려하기도 한다. 이를 통해서 교회에는 많은 인재들이 세워지고 있다. 아무래도 전문단체들이 양육에 전문성과 탁월성을 가지고 있기 때문이다.

교인들은 이러한 교회의 태도에 대해서 자부심을 가지고 있다. 담임목사가 이러한 부분들을 인정해 주고 격려해 주는 것이 좋은 것이다. 그래서 교인들은 편하게 훈련을 잘 받고 교회를 더 잘 섬기게 된다. 심지어 훈련 받은 교인이 그 단체의 간사로 섬기게도 되고, 또 돌아와서는 교회를 섬기는 일도 있는 것이다.

> OOO나 예수전도단 프로그램이 있고 죠이선교회나 MF 등 거의 대부분의 선교단체가 들어와 있습니다. 훈련들 받고자 여쭤보면 목사님이 흔쾌히 오케이를 하시거든요. 훈련을 받고 그것이 좋으면 가서 섬기면 된다, 훈련을 잘 받고 교회에 와서 더 잘 섬기면 된다고 말씀하시니까 교인들이 편하게 훈련을 받습니다. 훈련 받은 것으로 교회를 섬기구요.
> 또 그 중에 극소수이기는 하지만 뜻이 있어서 간사로 섬기시다가 몇 년 후에 다시 오기도 합니다. 그러면서 배운 노하우를 쓸 수 있는 장을 목사님이

마련해 주시는 것 같더라구요. 그런 면에서 열려 있고 개방적이지 않나 하는 생각이 들어요.

이들을 포용할 수 있는 것이 이 교회의 장점인 유연성에 있다. 다양함에 대해서 열려 있고, 그러한 것을 통해서 다양한 모양의 꽃을 피워내는 이 교회의 장점이 보여 주는 부분이다.

5) 남성이 많은 교회

거룩한빛광성교회는 다른 교회들에 비해서 남성 성도들의 비율이 높다. 보통 다른 교회들은 여성 성도들의 비율이 70% 정도까지 되고 있는데 이 교회는 55:45 정도로 거의 절반에 가깝다. 어떻게 이렇게 남성 성도가 많을까.

이미 언급했듯이 담임목사의 설교가 남자들에게 어필이 된다. 간단, 명료, 정확한 메시지가 남자들에게 잘 전달되는 것이다. 아래는 한 부교역자의 설명이다.

> 목사님의 설교는 간결하고 성도들이 이해하기 쉬워요. 에둘러 설교하지 않으세요. 그냥 바로 탁, 탁. 그것을 남자 성도들이 시원하다고 되게 좋아해요. 다른 곳에 가면 빙빙 돌리고 무슨 말인지 모르겠고, 유명 설교가보다 못하다고 하는 분들이 되게 많아요.
> 그런데 설교 자체가 깔끔하다는 얘기를 많이 해요. 설교가 신선하고 깔끔하다보니 여성분들이 한 번만 가보자 해서 오신 남성분들이 한두 번 설교를 들어보고는 설교가 좋다고 한다고 하더라고요. 제가 심방을 다녀 보면 우리

남성들이 제일 많이 하는 얘기가 우리 목사님 설교가 되게 깔끔하다, 빙빙 돌리지 않는다고들 해요. 그런 스타일로 설교를 하세요.

이러한 설교의 영향력과 함께 담임목사의 목회방침이나 프로그램도 남성들이 교회를 찾는데 중요한 역할을 하기도 한다. 같은 목사의 이야기이다.

일단 담임 목사님이 남자들이 와서 일을 할 수 있게 판을 깔아 놔요. 보통 교회들이 여자성도 중심으로 일을 많이 꾸민다면 목사님은 남성분들에게 맞는 것들도 많이 열어놨어요.

질문: 예를 들면 어떤 것이 있을까요?
대답: 가장 좋은 예는 남성들이 제일 우월적으로 생각하는 해병전우회를 만든 것입니다. 저희 교회는 해병교우회가 있거든요.
또 팀장으로 남자들을 많이 세워줍니다. 남자들이 회사원이거나 직장인이기 때문에 사회에서는 리더십을 부여받지 못하는 경우가 많잖아요. 다른 교회에서 팔로워였다면 여기서는 리더를 할 수 있는 기회가 주어진 경우가 많아요. 10명의 리더일 수도 있고, 5명의 리더일 수도 있어요. 여기서는 남성의 기를 살려주고 팀장이라는 직책을 주니까 교회에 오면 리더가 되잖아요. 리더를 돕는 헬퍼로 섬기다가도 나중에는 자신도 리더가 될 수 있다는 동기부여가 되요. 그래서 남성들이 많지 않나 하는 게 저의 개인적인 판단입니다.

요즘 더욱 한국교회에 남자 성도들이 줄어들고 있다. 남자들이 개신교보다는 천주교에 끌리고 있다. 천주교가 간단히 말해서 더 합리적이고 지성적이라는 것이다. 합리적이라고 하는 것은 삶의 태도이다. 술, 담배의 문제나, 조상제사, 타 종교에 대한 태도들을 볼 때 개신교보다는 천주교가 합리적이라고 생각한다. 특히 가르치는 것을 볼 때 사회생활을 하는 남성들의 입장에서 개신교 목사들의 엉뚱한 논리와 가르침이 이해가 안 되는 부분들이 있는 것이다. 그리고 개신교는 찬양과 통성기도 등과 같은 너무 감성적인 부분만 강조함으로 인해서 지성적인 부분을 선호하는 남성종교성에 반하고 있는 것이다. 결과적으로 이야기해서 1985년부터 2005년까지 천주교는 남성 성도가 2.5배 늘었는데 비해서 개신교는 점점 줄어든 것이다. 이 부분이 천주교가 증가하는데 큰 역할을 했다.

이러한 상황에서 거룩한빛광성교회가 남성 성도들을 이끌어 내는 것은 교회 자체로도 중요한 표시이지만, 한국교회를 위해서도 중요한 부분이라고 생각한다. 이러한 노하우를 한국교회와 나누는 것이 필요하다고 본다.

IV. 결론: 미래를 위한 제안

1) 지역사회와의 소통을 넘어 리더십 확립

교회는 열린 태도로 지역사회와 소통을 잘 해 왔다. 평생교육원이나 작은도서관 등을 통해서 많은 지역민들이 교회를 드나들고 있다. 그 뿐만 아니라 해피뱅크나 여러 사회복지관과 사회봉사활동을 통해서 지역을 섬기는 일을 잘 감당해 왔다. 이제 여기에 더해서 지역사회에 대한 리더십을 만들어 갈 필요가 있다. 단순히 섬기고 소통하는 수준을 넘어서 지역을 하나의 공동체로, 그리고 살기 좋은 고장으로 만들어 가는 일을 감당해야 한다는 것이다. 그것을 리더십이라고 하는 부분으로 제안을 한다.

2) 미래사회 대비

현재 전 세계적으로 지역공동체 운동에 대한 관심이 많다. 마을 만들기나 커뮤니티 빌딩(Community Building)과 같은 용어로 나타나는 이러한 경향은 이제 한국사회에서도 많은 관심이 생겨나고 있다. 심지어 정부나 지자체 차원에서 여러 방도를 통해서 지원하고 활성화를 위해서 노력하고 있다. 그런데 이러한 정부 지원의 지역공동체 운동의 문제는 경제적인 부분으로만 너무 치중되어 있다는 것이다. 또 정부에서 하다 보니 밑에서부터 시민들에 의해서 만들어져야 한다는 시민사회의 정신이 무너진다는 것이다. 이러한 이유들로 인해서 현재 농어촌 지역에서는 지역공동체 운동이 지역을 공동체화 하는 것이 아니라 오히려 공동체를 파괴하는 것으로 나타나기도 한다. 그러나 중요한 것은 이러한 지역공동체에 대한 관심이 늘어나고 있고, 실제적으로 그러한 일들이 대한민국 각 곳에서 이루어지고 있다는 것이다.

지역이라고 하는 곳은 교회가 가장 잘 섬길 수 있는 단위이다. 거룩한빛광성교회도 이미 5대 비전 가운데 '파주고양 성시본부' 라는 것도 있다. 즉 지역에 대한 관심은 항상 있어 온 것이다. 그리고 많은 부분 교회가 섬기고 있기도 하다. 그러나 이것을 지역 리더십과 함께 지역공동체운동으로 더 나아가야 할 것이다. 그래서 지역민들이 거룩한빛광성교회가 있어서 이 지역이 더 살기 좋다고 느낄 수 있고, 교회 입장에서는 파주일산 지역에 하나님 나라를 건설해 나가는 일이 될 것이다.

그러기 위해서 몇 가지 제안을 해 본다면 지역 NGO의 허브 역할과 함께 지역 NGO 지원센터를 만들어 보는 것이다. 몇 년 전에 시민사회에 대한 연구를 하면서 들은 이야기가 고양시에 NGO가 200여 개가 있다는 것이다. 이렇게 많은 NGO, 즉 시민단체들은 정치적이나 이념적인 단체뿐만 아니라 봉사단체, 구호단체, 환경단체들과 같은 우리의 생활과 밀착되는 것도 많다. 교회의 입장에서는 이러한 지역의 시민단체들을 지원하는 일을 하면 좋을 것 같다. 중앙무대를 상대로 하는 그런 단체들이 아니라 정말 파주와 고양을 그 자리로 하는 단체들을 지원하고, 또 새롭게 무엇을 해 보려고 하는 단체들을 지원하는 일을 할 수 있다면 이들을 통해서 교회가 자리하고 있는 이 파주와 고양 지역을 변화시켜 갈 수 있다고 본다.

특히 교회가 가지고 있는 전문 인력과 새로운 조직들을 만들어 낼 수 있는 능력 등을 결합한다면 이 지역에 시민사회 활성화에 큰 힘이 될 것으로 본다.

그리고 한 가지 더 제안을 한다면 생활협동조합을 만들어 보는 것이다. 일본과 같은 경우는 생활협동조합운동을 통해서 정말 가정주부들이 만들어 가는 지역공동체를 세워가고 있다. 한국도 이러한 일이 교회를 통해서 가능하다고 본다. 조직과 인력, 그리고 여러 가지 자원들이 있기 때문에 오히려 더 많은 가능성을 가지고 있다. 얼마 전 일본에서 본 것은 이러한 생활협동조합을 통해서 지역민들이 서로 돕고 나누어서 아주 풍성한 삶을 사는 것이다. 특히 노인복지에 큰 역할을 하고 있었는데, 노인들이 나이가 들어서도 자신의 마을을 떠나지 않고, 자신이 살던 집에서 최적의 복지를 경험하고 있는 것이다. 교회를 통하면 이러한 일들이 이 지역에서도 충분히 가능하다고 본다.

3) 남성 멘토의 육성

교회에는 남성 성도가 많다. 교회는 이들에게 제공할 서비스를 생각해 보아야 한다. 대한민국의 남성들은 현재 멘토를 필요로 하고 있다. 실제적으로 인터뷰를 진행하면서 남자들 중에 이러한 이야기를 한 사람도 있다. 그냥 신앙적인 훈련을 시켜주는 분으로서 뿐만 아니라 인생을 나누고, 사업의 노하우를 얻고, 삶의 위기에서 기댈 수 있는 멘토를 필요로 하는 것이다. 그러한 면에서 일대일 양육은 좋은 기회라고 한다. 거기서 만난 장로님을 자신의 멘토로 생각하는 남자 성도가 있었다. 그러면서 지혜를 나누어 주었다. 35살과 55살이 만났을 때 상당히 좋은 결과가 나온다는 것이다. 이것은 철저히 이 분의 경험에서 나오는 삶의 지혜이다. 이것에 대해서 교회가 귀를 기울여 볼 필요가 있다.

> 제가 바라는 점은 별로 크지 않는데 교회에서 세대 간의 활동이 많았으면 좋겠어요. 청년회 같은 경우는 멘토라는 것을 많이 하거든요. 20대 후반의 청년이 20대 초반의 청년과 만나서 이야기를 나누는 것입니다. 우리가 먼저 경험하거나 앞서가다 보면 가르쳐 줄 것이 있거든요.
> 제가 생각하기에 옛날 세대와는 다르게 요즘 50-60대 되시는 분들은 상당히 공부도 많이 하셨고 신앙적인 역량이 훌륭하신 분들이 많거든요. 그런 분들이 30-40대와 연결이 되어서 자기가 앞서 가던 것들과 앞서 가다 못한 것들, 후회하는 것들, 하지 말아야 하는 것들, 하면 좋은 것들, 이런 것들에

대해서 멘토링을 해준다면 상당히 좋은 영역 또는 결과가 나오는 것을 봤어요. 그런 것들이 사실 지금도 전혀 없는 것은 아니에요.

일대일 제자양육을 통해서 일대일, 일대이, 일대삼 이렇게 맺어집니다. 잠시 맺어지는 관계들이지만 굉장히 좋은 역할을 합니다. 35살과 33살이 만나는 것보다는 55살과 35살이 만났을 때 상당히 좋은 결과가 나오는 것을 들었어요. 그런 부분들을 좀 더 신경을 써서 활성화시키면 교회의 조직상에도 좋고 개인적으로는 좋은 배움이 될 것 같아요.

요즘 아버지를 잃어버린 대한민국의 남성들은 어른들을 찾고 있다. 삶의 분기점에서 조언을 들을 수 있고, 삶의 지혜와 요령을 듣고 싶은 것이다. 그런데 거룩한빛광성교회는 항상 새로워지다 보니 어른이 없다. 이런 어른을 만날 수 있는 장이 없는 것이다. 이러한 것을 극복하기 위해서 멘토를 만들어 주면 좋을 것 같다. 부담 없이 교제하고, 시시때때로 같이 식사를 나눌 수 있고, 특별한 프로그램이 없을지라도 그냥 세상 사는 이야기, 장사하고, 사업하는 이야기를 나눌 수 있는 관계다. 그리고 힘들 때는 잠시 기댈 수 있는 그런 어른을 만들어 줄 기회를 마련해 보자.

4) 소조직 창립지원단

교회에는 소조직이 많이 있고, 또 많이 생겨나고 있다. 그런데 소조직을 만들어 갈 때 도움을 받을 곳이 마땅치 않다. 스스로 찾아가면서 만들어야 하는데 교회라는 조직에서 어디로 가서 어떤 도움을 받을 수 있는지, 그리고 자신들이 하는 일이 옳은 방향인지를 지도 받기가 쉽지 않다. 그리고 스스로 좌충우돌 만들어가다 보면 또 주변에 상처를 주기도 하고, 어려움을 안겨 주기도 한다. 그래서 상설적으로 조직을 만들 때 도움을 줄 수 있고 지도해 줄 수 있는 그룹이 필요해 보인다. 특히 교회를 잘 아는 사역 장로와 같은 분들이 하면 좋을 것 같다. 그래서 교회의 여러 인력들과 연결을 해 주기도 하고, 지도와 자문을 해 주는 일을 해 주는 것이다. 이것은 큰 일로 보이지 않을 수 있지만 교회에 익숙하지 않은 사람들의 입장에서는 모임 장소를 정하는 것, 모임에 대한 허락을 받는 것, 소품을 준비하는 것 등도 어려울 수 있다. 그래서 이러한 상설조직이 이들이 새로운 조직을 만들어 가는데 도움을 준다면 더 활성화가 될 수 있다고 본다.

그리고 부분적으로는 전문적인 지식을 가진 사람이 이 조직에 존재하면 좋을 것 같다. 앞에서 이야기한 지역공동체 운동이나 대사회적인 일들에 있어서는 이러한 도움이 필요할 것이다. 이 부분은 은퇴하신 공무원이나 회사원들이 도움을 줄 수 있지 않을까 한다. 그야말로 관공서에서 서류를 발급받거나, 보고서, 기안서 등을 만드는 것도 도와준다면 사회생활로 바쁜 성도들이 더 효율적으로 일을 감당할 수 있을 것이다. 동시에 은퇴자들로 하여금 자신들이 가지고 있는 능력을 활용할 기회를 얻게 할 수 있다.

5) 전문성 개발

교회에 전문분야를 만들 필요가 있다. 교인들이 계속 사역분야를 만들고, 또 맡은 일들이 자주 바뀌다 보니까 전문성을 가진 인력이 교회에 부족하다는 지적이 있다. 스스로 하기에는 만족할 수 있을지 모르지만 다음 세대를 교육하고 지도하기 위한 전문성이 필요로 한 것이다.

그리고 교회는 직업적으로 일하는 사람들보다는 성도들의 자발적 참여로 움직여 가고 있다. 그러나 보니 조금씩 부족한 부분들이 보이고 있다. 따라서 이러한 사람들에게 소위 말하는 연수의 기회를 주는 것도 필요하다. 교육을 받을 수 있도록 격려하고 도움을 주는 것이다. 그리고 전문가를 초청해서 자문을 받고 지도를 받을 수 있는 기회도 만들어 준다면 인재를 양성하는 교회의 역할을 할 수 있을 것이다.

6) 복지재단이나 사회활동과의 연관성

교회에는 해피월드재단이나 천사가게, 광성드림학교 등과 같은 봉사, 교육 기관들이 있다. 그런데 이번 인터뷰 과정에서 이러한 부분들을 언급한 성도들은 그렇게 많지 않았다. 어떻게 보면 교인들은 이러한 부분들에 대해서 자신의 일로 여기지 않는다는 느낌이 들었다. 교회라고 하는 큰 조직에서 이런 일들을 하지만 이것을 자신의 일로 연결하지는 못하는 것이다. 이 부분이 어떻게 극복될 수 있을까에 대해서는 뾰족한 대안이 있는 것은 아니다. 그러나 소액후원과 같은 정기후원이나 자원봉사 등을 통해서 교회와의 연관성을 높여가는 것도 중요할 것 같다. 그러면 교인들이 교회에 대해서 더 큰 자부심을 얻을 것 같다.

7) 담임목사에 대한 서포트팀의 필요

대형교회로 발돋움이 된 현 교회의 상태에서 교회는 점점 많은 일들이 요구되고 있다. 그것은 장기적인 계획에 의해 이루어져야 하고, 또

전문성 가운데서 이루어져야 한다. 그렇게 보면 현재의 자발적 조직으로는 이러한 것들을 다 감당할 수 없다. 특히 담임목사에게 가중되어 있는 여러 가지 대외적 활동이나 역할들을 생각해 볼 때, 그리고 교회가 하고 있는 일들을 생각해 볼 때 담임목사를 전문적으로 보필할 수 있는 기획력 있는 팀이 필요로 된다. 이러한 부분에 대해서는 인터뷰를 진행한 몇 성도들도 지적하는 바이다.

8) 일자리 창출

교회가 커지고, 많은 활동들이 이루어지면서 자원봉사로 다 감당이 안 되는 부분들이 있다. 예를 들어 평생교육원, 카페, 지혜모아 등이다. 이러한 곳에서는 거의 아르바이트 수준의 급여로 주부 교인들이 사역을 하고 있다. 이 지역의 특성상 능력이 있는 주부들이 많이 있는데 이들에게 이러한 일자리들을 더욱 늘려 주면 좋을 것 같다. 현재와 같이 실업이 많고, 일자리를 찾고 있는 사람이 많은 때에 교회가 그들에게 의미 있는 일자리를 만들어 주는 것이다.

앞에서 언급한 일본의 생활협동조합을 보면 워커스 콜렉티브(Workers Collective)라고 하여서 주부들이 1주일에 2-3일 정도로 참여하여 일을 감당하는 자리가 있다. 주부들 입장에서는 가정일을 하면서 부담 없이 일을 할 수 있다는 장점을 갖는다. 이렇게 부담이 없다면 급여는 크게 신경을 쓰지 않는 것이다. 일을 주는 입장에서는 안정적인 인력을 공급 받으면서 경제적 부담이 적다는 장점을 갖는다. 그래서 여러 가지 일들이 이러한 주부인력을 통해서 이루어지고 있다.

교회도 이러한 부분을 발달시켜 보면 좋을 것 같다. 물론 많은 부분을 이렇게 할 수는 없다. 그러나 수익이 생기고, 자립이 가능한 곳이라면 이러한 일자리를 통해서 주부들에게 기회를 주는 것은 좋을 것 같다. 이로 인해 지역경제에도 도움을 줄 수 있을 것이다.

좀 더 욕심을 낸다면 교회가 사회적 기업을 만들어 보는 것도 의미가 있다. 주부들뿐만 아니라 장애인이나 탈북인들에게 기회를 만들어 주는 사회적 기업은 교회가 해 볼 수 있는 사역이라고 본다. 특히 교회가 가지고 있는 전문인력들이 도움을 주고, 서로 도와준다면 성공적인 일들이 일어날 수 있을 것이다.

거룩한빛광성교회는 어떻게 정리하기에 어려운, 사역과 모습이 다양하고 방대한 조직이다. 물론 대형교회이기 때문이기도 하지만 그것만으로는 다 설명이 안 되는 이 교회만의 특색이 있다. 이것은 30쪽이 넘는 이 방대한 보고서가 증명하고 있다. 그러나 이것으로도 다 채워지지 않는 부분들이 있다. 분명 부족하고 빠진 부분들이 있을 것이다. 그러나 이 보고서가 모든 것을 다 담을 수는 없다. 이미 들어오면서 언급한 바와 같이 이 보고서는 심층면접이라고 하는 방법을 통해서 나온 이야기들에 근거하기 때문이다. 이제 문제는 이러한 분석과 제안 안에서 교회가 어떠한 논의를 이끌어 오느냐이다. 거룩한빛광성교회는 이러한 논의를 건설적으로 만들어 갈 수 있으리라 생각한다.

교인 의식 조사 설문지

부록:교인 의식 조사 설문지

이 설문조사는 거룩한빛광성교회의 목회현장을 분석하고 더 좋은 교회로 가기 위해 실시하는 것입니다. 가능한 한 설문에 정성껏 답해 주시면 목회에 큰 도움이 될 것입니다. 본 조사의 질문에는 정답이 없으며 귀하께서 평소에 생각하시던 바를 솔직하게 답해주시면 됩니다.

설문조사의 결과는 본 교회 프로그램 개발을 위한 자료로만 사용되며 다른 용도로는 사용되지 않습니다. 조사결과는 종합적으로 통계 처리되기 때문에 여러분의 개인적인 의견과 정보는 외부로 유출되는 일이 전혀 없음을 알려드립니다. 본 조사는 약 20분 정도가 소요될 예정입니다. 조사에 응해주셔서 감사드립니다.

교인 의식 조사 설문지

※ 다음의 질문을 잘 읽고, 평소의 생각을 솔직하게 답해 주시기 바랍니다.

1. 귀하가 거룩한빛광성교회에 출석하기로 결심한 가장 중요한 이유는 무엇입니까?
   두 개만 골라 주십시오.(,)
   ① 교회의 좋은 이미지   ② 목사님의 좋은 설교
   ③ 민주적인 교회 운영   ④ 편리한 교회 시설
   ⑤ 교회의 위치   ⑥ 교회의 규모
   ⑦ 교회 프로그램   ⑧ 주일학교 교육
   ⑨ 교회의 대사회 활동
   ⑩ 기타: _____

2. 귀하는 교회의 3대 목표와 5대 비전을 인식하고 있습니까? (   )

   ① 매우 잘 인식하고 있다   ② 대체로 인식하고 있다

   ③ 그저그렇다   ④ 잘 모르고 있다

   ⑤ 전혀 모른다

3. 귀하는 교회의 3대 목표와 5대 비전에 동의하십니까? (   )

   ① 매우 그렇다   ② 대체로 그렇다

   ③ 그저그렇다   ④ 별로 그렇지 않다

   ⑤ 전혀 그렇지 않다

3-1. 위 3번에서 ④나 ⑤에 답하신 분은 그 이유를 써 주십시오.

   _____

4. 귀하는 우리 교회가 3대 목표와 5대 비전을 이루기 위해 효율적으로 노력하고 있다고 생각하십니까? (   )

   ① 매우 그렇다   ② 대체로 그렇다

   ③ 그저그렇다   ④ 별로 그렇지 않다

   ⑤ 전혀 그렇지 않다

4-1. 위 4번에서 ④나 ⑤에 답하신 분은 그 이유를 써 주십시오.

   _____

5. 귀하는 교회의 교육 프로그램에서 여러 개 포함하여 1년 이상 교육이나 훈련을 받았습니까? (   )

① 받았다　　　　　　　② 받지 않았다

5-1 받았다면, 그 프로그램 이름들을 써 주십시오.
_____

6. 귀하는 교회의 프로그램(성경공부, 봉사)에 참여하는 것이 신앙 성숙에 도움이 된다고 생각하십니까? (　　)

　① 매우 그렇다　　　　② 대체로 그렇다
　③ 그저그렇다　　　　④ 별로 그렇지 않다
　⑤ 전혀 그렇지 않다

6-1. 위 6번에서 ④나 ⑤에 답하신 분은 그 이유를 써 주십시오.
_____

7. 귀하는 현재 교회에서 몇 개의 사역에 참여하고 계십니까? (　　)

　① 1개　　　　② 2개　　　　③ 3개
　④ 4개 이상　　⑤ 없다

8. 현재 교회 안팎에서 어떤 활동들을 하고 계십니까? 다음 중 해당사항 모두에 표시해 주십시오.(　　　　)

　① 전도활동　　　　　　② 성경공부 모임
　③ 남선교회/여전도회 모임　④ 중보기도 모임
　⑤ 주일 학교 교사　　　⑥ 교인들 심방하여 기도/권면
　⑦ 성가대　　⑧ 구역, 속회, 순, 셀, 다락방 등 소그룹 활동
　⑨ 교회 밖 신앙적 활동(직장 신우회 등)

⑩ 교회내 봉사활동(화장실청소, 식당봉사, 주차관리 등)

⑪ 교회밖 구제/봉사 활동(양로원/고아원 방문 등)

⑫ 교회밖 사회 활동(시민 사회 단체)

⑬ 기타: _____

9. 현재 교회에서 시행하고 있는 담임목회자 재신임제에 대하여 어떻게 생각하십니까? (   )
   ① 매우 찬성한다   ② 대체로 찬성한다
   ③ 그저그렇다   ④ 대체로 반대한다
   ⑤ 매우 반대한다

9-1. 위 9번에서 ④나 ⑤에 답하신 분은 그 이유를 써 주십시오.
   _____

10. 현재 교회에서 시행하고 있는 장로 임기제에 대해 어떻게 생각하십니까? (   )
    ① 매우 찬성한다   ② 대체로 찬성한다
    ③ 그저그렇다   ④ 대체로 반대한다
    ⑤ 매우 반대한다

10-1. 위 10번에서 ④나 ⑤에 답하신 분은 그 이유를 써 주십시오.
   _____

11. 귀하는 담임 목사님의 설교에 대해 얼마나 만족하십니까? (   )
    ① 매우 만족한다   ② 대체로 만족한다
    ③ 그저그렇다
    ④ 별로 만족하지 않는다   ⑤ 전혀 만족하지 않는다

11-1. 위 11번에서 ④나 ⑤에 답하신 분은 그 이유를 써 주십시오.
    _____

12. 귀하는 교회 이외에 인터넷이나 방송을 통해 정기적으로 듣는 설교가 있습니까? (   )
    ① 정기적으로 듣는 설교가 있다
    ② 정기적이지는 않지만 이따금 듣는다
    ③ 별로 듣지 않는다   ④ 전혀 듣지 않는다

13. 귀하는 본당에 못 들어가서 주일예배를 영상으로 예배를 보게 될 때 얼마나 만족하십니까? (   )
    ① 매우 만족한다   ② 대체로 만족한다
    ③ 그저그렇다   ④ 별로 만족하지 않는다
    ⑤ 전혀 만족하지 않는다

13-1. 위 13번에서 ④나 ⑤에 답하신 분은 그 이유를 써 주십시오.
    _____

14. 귀하는 지난 1년간 몇 사람에게 복음을 전하였습니까? (　　)

　　① 1명　　　② 2명　　　③ 3명

　　④ 4명　　　⑤ 5명 이상　⑥ 없다

15. 귀하는 지난 1년간 몇 사람을 우리 교회로 전도하였습니까? (　　)

　　① 1명　　　② 2명　　　③ 3명

　　④ 4명　　　⑤ 5명 이상　⑥ 없다

16. 귀하는 우리 교회를 설명한 다음의 내용들에 대하여 어떻게 생각하십니까?

　　옆에 있는 숫자에 ○표 하여 주십시오.

	매우 그렇다	조금 그렇다	그저 그렇다	별로 그렇지 않다	전혀 그렇지 않다
(1) 예배 시간에 하나님의 임재를 경험하게 한다	5	4	3	2	1
(2) 그리스도와 인격적인 관계를 맺도록 도와준다	5	4	3	2	1
(3) 신앙생활의 다음 단계로 나아가도록 도와준다	5	4	3	2	1
(4) 성경을 더 깊이 이해하도록 도와준다	5	4	3	2	1
(5) 소속감을 느끼도록 도와준다	5	4	3	2	1
(6) 영적 멘토를 찾도록 도와준다	5	4	3	2	1
(7) 우리 교회는 관계 중심이라기보다는 일 중심이다	5	4	3	2	1

17. 다음 질문들 각각에 대해 귀하께서는 얼마나 그렇다고 생각하십니까?

1번부터 5번사이로 솔직하게 적어주시기 바랍니다.

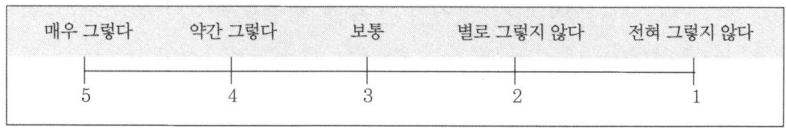

① 나는 교회의 각종 예배와 집회에 잘 참석하고 있다 (   )

② 나는 교회 봉사활동을 적극적으로 하고 있다 (   )

③ 나는 교회 성도들과 매우 적극적으로 교제를 나누고 있다 (   )

④ 나는 십일조나 헌금생활을 매우 적극적으로 행하고 있다 (   )

⑤ 나는 교회 안의 목장 활동을 적극적으로 하고 있다 (   )

⑥ 나는 늘 전도를 하고자 노력한다 (   )

⑦ 나는 열심히 기도생활을 하고 있다 (   )

⑧ 나는 열심히 성경말씀을 읽고 묵상한다 (   )

⑨ 나는 실제 생활하면서 매순간 하나님이 내 삶의 주인이라고 생각한다. ( )

⑩ 나는 지난 1년 동안 이웃이나 단체에게 물질적인 기부를 한 적이 있다 ( )

⑪ 나는 지난 1년 동안 개인적으로 고아원이나 양로원 등에서 봉사활동을 한 적이 있다 ( )

⑫ 나는 사람들로부터 '참된 신앙인'이라는 얘기를 자주 듣는다 ( )

⑬ 나는 나를 평가할 때 성령의 9가지 열매를 다 갖고 있다고 생각한다( )

⑭ 사회생활을 하다 보면 어쩔 수 없이 정직하지 못할 때가 많다 ( )

18. 다음의 내용 중 귀하의 신앙 상태를 가장 잘 표현한 것은 어느 것입니까? ( )

① 나는 하나님을 믿지만, 내 믿음은 삶에서 큰 비중을 차지하지 않는다

② 나는 예수님을 믿으며, 그분을 알기 위해 여러 가지 노력을 하고 있다

③ 나는 그리스도와 가까이 있으며, 매일 그분의 인도하심에 의지한다

④ 하나님은 내 삶의 전부이며, 나의 모든 일은 그리스도를 드러낸다

19. 귀하는 우리 교회가 개인 구원과 사회 구원 사이에 균형을 잘 이루고 있다고 생각하십니까? (   )

① 개인 구원에 치우쳐 있다   ② 사회 구원에 치우쳐 있다
③ 균형이 잘 이루어져 있다   ④ 잘 모르겠다

20. 귀하는 우리 교회가 가장 잘 하고 있는 사역이 무엇이라고 생각하십니까? (   )

① 주일학교 교육   ② 민주적인 교회 운영
③ 교회 재정의 투명성   ④ 사회봉사 및 참여 활동
⑤ 다양한 교육 프로그램   ⑥ 깊이 있는 예배
⑦ 기타: _____

21. 귀하는 우리 교회가 개선해야 할 것이 무엇이라고 생각하십니까? 모두 골라 주십시오. (   )

① 주일학교 교육 강화   ② 보다 민주적인 의사 결정
③ 바람직한 교회 재정의 사용 ④ 사회봉사 및 참여 활동의 강화
⑤ 교육 프로그램 강화   ⑥ 보다 깊이 있는 예배
⑦ 부서 이기주의 극복   ⑧ 보다 친밀한 교우 관계
⑨ 기타: _____

22. 귀하는 우리 교회가 현 시점에서 우선적으로 추구해야 할 목표가 무엇이라고 생각하십니까? (   )
   ① 교회의 부흥과 성장   ② 성도의 신앙적 성숙
   ③ 교회의 체계를 정비하는 것   ④ 사회봉사 및 참여 활동
   ⑤ 기타: _____

23. 귀하는 우리 교회에서 가장 내세울 만한 기관이나 시설이 무엇이라고 생각하십니까?
   하나만 고르십시오. (   )
   ① 광성 드림학교   ② 한나래 선교원
   ③ 파주시 노인 복지관   ④ 해피천사
   ⑤ 해피뱅크   ⑥ 광성 노인 요양시설
   ⑦ 평생교육원   ⑧ 올리브 향기 카페
   ⑨ 광성 북카페   ⑩ 스포츠 선교단
   ⑪ 지저스 아트홀   ⑫ 광성 해비타트
   ⑬ 체육관   ⑭ 쿰 치유센터
   ⑮ 노아스쿨   ⑯ 문산종합사회복지관
   ⑰ 기타: _____   ⑱ 없다

24. 귀하는 거룩한빛광성교회의 성도가 된 것에 대하여 자랑스럽게 생각하고 있습니까? (   )
   ① 매우 그렇다   ② 대체로 그렇다
   ③ 그저그렇다   ④ 별로 그렇지 않다
   ⑤ 전혀 그렇지 않다

24-1. 위 24번에서 ④나 ⑤에 답하신 분은 그 이유를 써 주십시오.
_____

25. 우리 교회가 한국 교계에 개혁 교회 또는 건강한 교회의 모델로 제시될 수 있다고 보십니까? (　　)
    ① 가장 좋은 모델이라고 생각한다
    ② 비교적 좋은 모델이라고 생각한다
    ③ 별로 좋은 모델이 아니라고 생각한다
    ④ 전혀 좋은 모델이 아니라고 생각한다
    ⑤ 잘 모르겠다

25-1. 위 25번에서 ④나 ⑤에 답하신 분은 그 이유를 써 주십시오.
_____

26. 거룩한빛광성교회의 전반적인 사역에 대하여 0점에서 10점까지로 평가할 때 몇 점을 주시겠습니까? (　　)점

27. 귀하가 만일 거룩한빛광성교회를 떠난다면 어떤 이유가 될 것 같습니까? (　　)
    ① 예배의 문제　　　　　② 교회 운영의 문제
    ③ 교회 건축 문제　　　　④ 대형 교회로서의 문제
    ⑤ 목회자와의 갈등　　　⑥ 교우들과의 갈등
    ⑦ 기타: _____

28. 귀하는 현재 한국 교회의 모습에 대하여 어떻게 생각하십니까?(   )

　　① 매우 우려스럽다　　　② 조금 우려스럽다

　　③ 그저그렇다　　　④ 별로 문제되지 않는다

　　⑤ 전혀 문제 되지 않는다

29. 귀하는 한국교회의 부정적인 모습이 우리 교회가 성장하는 데 저해가 된다고 생각하십니까? (   )

　　① 매우 그렇다　　　② 대체로 그렇다

　　③ 그저그렇다　　　④ 별로 그렇지 않다

　　⑤ 전혀 그렇지 않다

30. 귀하는 한국교회의 부정적인 모습이 자신의 신앙 성장에 저해가 된다고 생각하십니까? (   )

　　① 매우 그렇다　　　② 대체로 그렇다

　　③ 그저그렇다　　　④ 별로 그렇지 않다

　　⑤ 전혀 그렇지 않다

※ 통계처리를 위한 질문입니다. 다음 사항에 대하여 답해 주십시오.

31. 귀하의 성별은 무엇입니까? (   )

　　① 남자　　　② 여자

32. 귀하의 나이는 어떻게 되십니까? (   )세

33. 귀하의 학력은 무엇입니까? (   )

　　① 중졸 이하　　② 고졸　　③ 대졸　　④ 대학원졸 이상

34. 귀하의 직분은 무엇입니까? (   )

　　① 장로　　　　　② 안수집사　　　　③ 권사
　　④ 서리집사　　　⑤ 직분 없음

35. 지금까지 신앙생활을 하신 지 얼마나 되었습니까? (   )년

36. 거룩한빛광성교회에 다니신 지 얼마나 되었습니까? (   )년

※ 끝까지 성심껏 답해주셔서 감사드립니다.

지역 사회 조사

부록:지역사회 조사 설문지

안녕하십니까? 설문에 응해 주셔서 감사드립니다. 본 설문은 일산 덕이동에 위치한 〈거룩한빛광성교회〉가 〈목회사회학연구소〉에 의뢰하여 진행되는 지역조사 프로젝트입니다. 본 연구를 바탕으로 거룩한빛광성교회는 앞으로 일산 및 교하 운정 지역의 지역 활성화와 지역공동체를 세우는 일에 최선을 다해 봉사하려고 합니다. 바쁘시겠지만 부디 협조해 주셔서 의미 있는 성과가 있도록 도와주시기 바랍니다.

본 조사의 질문에는 정답이 없으며 귀하께서 평소에 생각하시던 바를 솔직하게 답해주시면 됩니다. 설문조사의 결과는 본 교회 프로그램 개발을 위한 자료로만 사용되며 다른 용도로는 사용되지 않습니다. 조사결과는 종합적으로 통계 처리되기 때문에 여러분의 개인적인 의견과 정보는 외부로 유출되는 일이 전혀 없음을 알려드립니다. 본 조사는 약 20분 정도가 소요될 예정입니다.

조사에 응해주셔서 감사드립니다.

2011. 8.
거룩한 빛 광성교회/목회사회학연구소

지역사회 조사 설문지

♣ 기본적인 인적사항에 관한 질문입니다.

※ 다음 중 해당되는 사항에 "V"표를 해 주세요.

성 별	__① 남자　　　　　　　　__② 여자
연 령	__① 20세 미만　　　　　__② 20세~30세 미만 __③ 30세~40세 미만　　__④ 40세~50세 미만 __⑤ 50세~60세 미만　　__⑥ 60세 이상
혼인여부	__① 미혼　__② 기혼　__③ 이혼　__④ 사별　__⑤ 기타(　　)
최종학력	__① 중학교 졸업 이하　　　__② 중졸 또는 고등학교 중퇴 __③ 고졸 또는 전문대학 중퇴 __④ 전문대졸, 대학중퇴 또는 대학재학　__⑤ 대졸 __⑥ 대학원 재학 이상
종 교	__① 개신교　__② 천주교　__③ 불교　__④ 유교　__⑤ 무속 __⑥ 무교　__⑦ 기타(　　)
주 택 소유형태	__① 자가　　__② 전세　　__③ 월세　　__④ 영구임대 __⑤ 무허가　__⑥ 기타(　　)|

주거형태	__① 단독주택　　__② 다세대/빌라(연립) 주택　__③ 아파트 __④ 주상복합주택　__⑤ 무허가주택　　　　__⑥ 기타(　　)
직 업	__① 의회의원, 고위임직원 및 관리자　__② 전문가(법조계, 의료계 등) __③ 기술공 및 준전문가　　　　__④ 교육/연구직 __⑤ 문화예술 기획/경영인　　　__⑥ 사무직 종사자 __⑦ 판매/서비스직 종사자　　　__⑧ 문화예술직 종사자 __⑨ 농업, 임업 및 어업 숙련 종사자　__⑩ 자영업 __⑪ 일반 작업직　　　　　　　__⑫ 단순 노무 종사자 __⑬ NGO/시민단체 종사자　　　__⑭ 무직 __⑮ 전업주부　　　　　　　　__⑯ 학생 __⑰ 기타(　　　)
고용형태	__① 미취업　__② 자영업　__③ 무급가족종사자　__④ 가내부업 __⑤ 정규직　__⑥ 비정규직(임시직-시간제)　__⑦비정규직(전일제) __⑧ 기타 비정규직(일용직, 용역, 파견직) __⑨ 기타 (　　　　　　) * 무급가족종사자란 전업주부나 가구원의 사업에 참여하여 임금을 받지 않고 일하는 경우를 말합니다.
가족구성 형 태	__① 부부　　　__② 부부+자녀　　__③ 조부모+부부+자녀 __④ 부(모)+자녀(한부모가정)　　__⑤ 조부모+손자녀 __⑥ 성인 1인 가구　　__⑦ 65세 이상 노인 1인 가구 __⑧ 소년소녀가장 가정　__⑨ 기타(　　　　)
가족수	(　　)명
가 구 월평균 총수입	__① 100만원미만　　　　　　__② 100~150만원미만 __③ 150~200만원미만　　　__④ 200~250만원미만 __⑤ 250~300만원미만　　　__⑥ 300~350만원미만 __⑦ 350~400만원미만　　　__⑧ 400~500만원미만 __⑨ 500만원이상
현거주지 거주기간	약 (　)년 (　)개월　　현근무지 근무기간　약 (　)년 (　)개월

※ 지역에 관한 질문입니다.

1. 귀하는 다음 중 어디에 해당됩니까?
　　__① 지역 주민　　__② 지역 직장인　　__③ 기타:＿＿＿＿＿

　　1-1 위 질문에 ①에 답하신 경우, 어느 지역 주민이십니까?
　　__① 교하읍　　　　　　__② 탄현동/덕이동
　　__③ 기타 일산 지역　　__④ 기타 파주지역
　　__⑤ 기타:＿＿＿＿＿＿＿

2. 이 지역의 발전을 위해서 행정기관에 요청하고 싶은 것은 무엇입니까?
　　__① 주민여론 청취　　　__② 주민위주 행정 유도
　　__③ 민원 해결　　　　　__④ 민원정책실 운영
　　__⑤ 주민 공청회 개최　　__⑥ 시민 공공이용시설 확충
　　__⑦ 공공질서 확립　　　__⑧ 기타:＿＿＿＿＿＿＿＿＿

3. 귀하께서 지역사회에서 가장 먼저 해결해야 할 문제는 무엇이라 생각하십니까?
　　지역주민만 답해 주십시오.
　　　　　　1순위 (　　　),　　　　2순위 (　　　　)
　　__① 교통 및 주차문제　　__② 자연환경문제
　　__③ 생활유해환경문제　　__④ 보건 및 의료문제
　　__⑤ 경제문제　　　　　　__⑥ 자녀교육문제

__⑦ 지역주민의 공동체 의식   __⑧ 주택 및 주거문제

__⑨ 범죄문제   __⑩ 문화시설 부족 문제

__⑪ 기타(구체적으로   )

4. 지역사회 발전 및 문제 해결의 주체는 누구라고 생각하십니까?

__① 일반시민   __② 마을위원회(주민자치위원, 바르게살기 등)

__③ 학교   __④ 정치인(시 · 도의원, 국회위원)

__⑤ 종교단체 및 지도자   __⑥ 시민단체

__⑦ 사회복지 기관   __⑧ 관공서(동사무소나 시 · 구청)

__⑨ 기타(구체적으로:_____)

5. 지역사회가 더 바람직하게 발전하기 위한 방안을 제안해 주십시오.

1)

2)

3)

※ 거룩한빛광성교회에 관한 질문입니다.

1. 귀하께서는 지역에 거룩한빛광성교회가 있다는 것을 알고 있습니까?
    __① 매우 잘 알고 있다   __② 대체로 알고 있다
    __③ 별로 잘 알고 있지 못하다   __④ 전혀 모르고 있다

2. 귀하께서는 거룩한빛광성교회 하면 어떤 기관이나 시설이 가장 먼저 떠오르십니까?
    __① 광성 드림학교   __② 한나래 선교원
    __③ 파주시 노인복지회관   __④ 해피천사
    __⑤ 해피뱅크   __⑥ 광성 노인 요양시설
    __⑦ 평생교육원   __⑧ 올리브향기카페
    __⑨ 광성 북카페   __⑩ 스포츠 선교단
    __⑪ 지저스홀   __⑫ 광성 해비타트
    __⑬ 체육관   __⑭ 쿰 치유센터
    __⑮ 노아스쿨   __⑯ 문산종합사회복지관
    __⑰ 기타:_____   __⑱ 없다

※ 다음은 거룩한빛광성교회에서 운영하고 있는 시설에 대한 질문입니다.
아래 설명을 참고하여 다음의 질문을 읽고 오른쪽 번호에 ?표 하여 주십시오.

광성 드림학교	세계와 겨레를 섬길 리더를 양성하는 기독교 대안학교
한나래 선교원	하나님의 말씀을 바탕으로 유아기 성장에 필요한 교육을 담당하는 광성교회 부설 교육기관
파주시 노인 복지관	지역사회 노인들의 여가선용과 휴식의 공간을 제공하는 등 종합적 복지서비스를 제공하는 기관
해피 천사	여러 가지 이유로 절망가운데 빠진 사람들에게 회원들이 모은 성금과 사랑으로 희망을 전하는 기관
해피 뱅크	기독교정신에 입각하여 자활의지가 있는 가난한 이웃들에게 심사를 통해 일정금액을 대출해주는 빈민구제은행
광성 노인 요양시설	치매, 중풍, 와상등 각종 노인성질환으로 거동이 불편한 노인들을 돌보는 노인전문요양시설
평생 교육원	지역사회를 대상으로 지식, 교양과 꿈을 나누는 평생교육 및 문화기관
올리브향기카페	차와 음료를 마시며 각종 전시회를 관람할 수 있는 갤러리형 카페
광성 북카페	책을 읽고 쉴 수 있는 교회내 도서관
스포츠 선교단	각종 스포츠를 통해 교류하고, 선교적 과제를 달성하는 교회내 모임
지저스아트홀	각종 연극과 콘서트등을 연중개최함으로 지역사회 문화적 필요를 충족시키는 공연장
광성해비타트	매월 4주차 토요일 사랑의 집짓기 운동을 통해 이웃사랑을 실천하는 봉사팀 – 해비타트와 연계
체육관	지역주민들과 교인들을 위한 체육시설
쿰 치유센터	사정상 의료보험이 없는 사람들을 위한 무료 의료시설
노아 스쿨	노년을 아름답게 보낼 수 있도록 끊임없는 자기성장의 기회를 제공하는 노인전용 평생교육프로그램
문산종합사회복지관	문산시의 어린이, 청소년, 노인등을 대상으로하는 종합 사회복지관

3. 귀하께서는 아래 시설들에 대하여 알고 계셨습니까?

	알고 있었다	전혀 몰랐다
(1) 광성 드림학교	1	2
(2) 한나래 선교원	1	2
(3) 파주시 노인 복지회관	1	2
(4) 해피 천사	1	2
(5) 해피 뱅크	1	2
(6) 광성 노인 요양시설	1	2
(7) 평생 교육원	1	2
(8) 올리브향기카페	1	2
(9) 광성 북카페	1	2
(10) 스포츠 선교단	1	2
(11) 지저스 아트홀	1	2
(12) 해비타트	1	2
(13) 체육관	1	2
(14) 쿰 치유센터	1	2
(15) 노아 스쿨	1	2

4. 귀하께서는 아래 시설들을 얼마나 이용해 보셨습니까?

	여러 번 이용해 보았다	한두 번 이용해 보았다	이용해 본 적이 없다
(1) 지저스 아트홀	3	2	1
(2) 올리브향기카페	3	2	1
(3) 광성 북카페	3	2	1
(4) 평생 교육원	3	2	1
(5) 체육관	3	2	1
(6) 광성 노인 요양 시설	3	2	1
(7) 쿰 치유센터	3	2	1
(8) 노아 스쿨	3	2	1

5. 귀하께서는 앞으로 이 시설들을 이용할 의향이 있으십니까?

	매우 그렇다	조금 그렇다	그저 그렇다	별로 그렇지 않다	전혀 그렇지않 다
(1) 지저스 아트홀	5	4	3	2	
(2) 올리브향기카페	5	4	3	2	1
(3) 광성 북카페	5	4	3	2	1
(4) 평생 교육원	5	4	3	2	1
(5) 체육관	5	4	3	2	1
(6) 광성 노인 요양 시설	5	4	3	2	1
(7) 쿰 치유센터	5	4	3	2	1
(8) 노아 스쿨	5	4	3	2	1

6. 귀하께서는 거룩한빛광성교회가 지역사회의 복지와 지역 발전에 어느 정도 기여하고 있다고 생각하십니까?

　__① 매우 많이 기여한다　　__② 어느 정도 기여한다

　__③ 그저 그렇다　　　　　__④ 별로 기여하지 않는다

　__⑤ 전혀 기여하지 않는다

7. 거룩한빛광성교회의 시설을 어떤 용도로 개방하면 좋겠다고 생각하십니까?

　__① 휴게 공간　　　__② 회의 장소

　__③ 교육 공간　　　__④ 결혼식장

　__⑤ 주민 회관　　　__⑥ 공연 장소

　__⑦ 기타:_____

8. 거룩한빛광성교회가 지역사회를 위해 해야 하는 일이라고 생각되는 것을 우선순위대로 2가지만 선택해 주십시오.

　　　　　　　1순위 (　　　), 2순위 (　　　　)

　__① 지역 사회 발전을 위한 프로그램 운영과 공간 개방

　__② 소년소녀가장 가정 지원

　__③ 노약자나 장애인을 위한 복지 활동

　__④ 환경보호활동(청소, 재활용품 수거, 환경캠페인, 환경보호교육 등)

　__⑤ 방범 및 범죄예방(청소년유해환경, 퇴폐업소 감시 등)

　__⑥ 호스피스, 만성질환자 보호 서비스

　__⑦ 긴급재난 이웃돕기(수재해, 사고 등)

__⑧ 다문화가족(국제결혼가족) 지원(언어·문화·자녀교육, 주민 인식개선활동 등)

__⑨ 학생들을 위한 학습 지원

__⑩ 지역 문화 발전을 위한 활동

__⑪ 지역 사회를 위한 봉사 활동

__⑫ 기타(구체적으로 :   )

9. 거룩한빛광성교회가 지역사회를 위한 위와 같은 프로그램을 시행한다면 귀하께서는 프로그램을 이용하시든지 함께 지역사회봉사에 참여하시겠습니까?

__① 꼭 참여할 것이다   __② 참여할 것이다

__③ 고려해보겠다

__④ 참여하고 싶으나 여건이 안 된다(9-1번으로)

__⑤ 참여할 의사 없다(9-1번으로)

9-1. 참여하시지 않는다면 그 이유는 무엇입니까? (한 가지만 선택)

__① 바쁘고 시간이 없어서   __② 참여한다고 달라질게 없으므로

__③ 적절한 프로그램이 없어서

__④ 참여하고 싶지만 방법을 몰라서

__⑤ 경제적인 문제 때문에

__⑥ 교회에서 실시하는 프로그램이라서

__⑦ 교통이 불편해서

__⑧ 기타 이유:_____

10. 귀하께서 거룩한빛광성교회가 앞으로 지역 사회를 위해 하기를 바라는 것이 있다면 써 주십시오.

_____

♣ 기타 거룩한빛광성교회에 바라는 점이 있다면 자유롭게 의견을 주시기 바랍니다.

설문에 끝까지 응해 주셔서 대단히 감사합니다.
여러분의 의견을 수렴하여 지역사회를 건강하게 만들어 가는 일에 더욱 노력하는 거룩한빛광성교회가 되겠습니다.

※ 아래는 대상자에 관한 개별적인 문항입니다. 해당되는 문항에 응답해 주세요.

♣ 귀하가 성인에 해당하시는 경우 응답해주십시오.

1. 다음은 성인과 관련하여 가장 어렵다고 생각되는 문제는 무엇인지 우선순위대로 2가지만 선택해 주십시오.

   1순위 (   ),   2순위 (   )
   ① 경제적인 문제   ② 자녀양육 및 교육문제
   ③ 가족 간의 불화   ④ 이웃 간의 불화
   ⑤ 건강문제   ⑥ 취미나 여가활동 부족
   ⑦ 직장문제   ⑧ 실직문제
   ⑨ 기타(구체적으로 :   )

2. 다음은 성인을 위한 프로그램입니다. 필요하다고 생각되는 것을 우선순위대로 2가지를 선택해주십시오.

   1순위 (   ),   2순위 (   )
   ① 체육교실(에어로빅, 스포츠댄스, 탁구교실 등)
   ② 취미, 기능교실(통기타, 바이올린, 외국어, 요리 등)
   ③ 집단활동, 클럽활동 등
   ④ 가족문제상담 및 부모상담, 부모역할 훈련
   ⑤ 가정생활교육(부부교실, 예비부부교실, 모자교실, 부자교실 등)
   ⑥ 맞벌이 및 한부모, 미혼모를 위한 탁아사업
   ⑦ 자원봉사모임활동
   ⑧ 없다

⑨ 기타(구체적으로 :   )

3. 위에서 응답한 프로그램이 거룩한빛광성교회에서 시행된다면 귀하께서는 참여할 의향이 있으십니까?

　__① 꼭 참여할 것이다　　__② 참여할 것이다

　__③ 고려해보겠다

　__④ 참여하고 싶으나 여건이 안 된다(3-1번으로)

　__⑤ 참여할 의사 없다(3-1번으로)

3-1. 참여하지 않는다면, 그 이유는 무엇입니까? (한 가지만 선택)

　__① 바쁘고 시간이 없어서　　__② 참여한다고 달라질 게 없으므로

　__③ 적절한 프로그램이 없어서

　__④ 참여하고 싶지만 방법을 몰라서

　__⑤ 경제적인 문제 때문에

　__⑥ 교회에서 실시하는 프로그램이라서

　__⑦ 교통이 불편해서　　__⑧ 기타 이유(　　　　　)

♣ 귀하가 아동·청소년에 해당되거나 그에 해당하는 자녀가 있는 경우 응답해주십시오.

1. 아동·청소년과 관련하여 가장 어렵다고 생각되는 문제는 무엇인지 우선순위대로 2가지만 선택해 주십시오.

　　　　　　　　　1순위 (　　　), 2순위 (　　　　)
   ① 아동을 돌보아 줄 사람이 없는 육아의 어려움
   ② 교육시설의 부족
   ③ 양육 또는 교육비 부담　　　　④ 학교 부적응
   ⑤ 학교 폭력 또는 집단 따돌림 문제　⑥ 인터넷 중독
   ⑦ 문화공간 부족　　　　　　　⑧ 학업 또는 진학 및 진로문제
   ⑨ 부모 및 가족과의 불화
   ⑩ 기타(구체적으로 :　　　　　　　　　)

2. 다음은 지역의 아동·청소년을 위한 프로그램입니다. 필요하다고 생각되는 것을 우선순위대로 2가지만 선택해 주십시오.

　　　　　　　　　1순위 (　　　), 2순위 (　　　　)
   ① 어린이집 또는 방과후 교실, 독서실 운영
   ② 취미·기능교실(예체능 및 외국어특강 등)
   ③ 문화활동(문화유산답사, 연극, 견학 등)
   ④ 아동 및 청소년 상담, 집단프로그램(성격, 정서, 성(性), 학업, 진로문제 등)
   ⑤ 장애아동을 위한 특별프로그램
   ⑥ 동아리프로그램(어린이 독서교실, 청소년 예체능 동아리, 자원

봉사동아리 등)

　⑦ 청소년 유해환경 개선 활동

　⑧ 청소년 선도 활동(결연·후원사업, 멘토링, 보호관찰 등)

　⑨ 기타(구체적으로 : 　　　　　　　　　)

3. 위에서 응답한 프로그램이 거룩한빛광성교회에서 시행된다면 귀하께서 참여하거나 자녀를 참여시키실 의향이 있으십니까?

　__① 꼭 참여할 것이다　　__② 참여할 것이다

　__③ 고려해보겠다

　__④ 참여하고 싶으나 여건이 안 된다(3-1번으로)

　__⑤ 참여할 의사 없다(3-1번으로)

3-1. 참여하지 않는다면, 그 이유는 무엇입니까? (한 가지만 선택)

　__① 바쁘고 시간이 없어서　__② 참여한다고 달라질 게 없으므로

　__③ 적절한 프로그램이 없어서

　__④ 참여하고 싶지만 방법을 몰라서

　__⑤ 경제적인 문제 때문에

　__⑥ 교회에서 실시하는 프로그램이라서

　__⑦ 교통이 불편해서　__⑧ 기타 이유(　　　　　　　)

♣ 귀하가 65세 이상 어르신이시거나 어르신을 모시고 있는 가족이면 응답해주십시오.

1. 어르신이나 어르신을 부양하는 가족이 어렵다고 생각되는 문제는 무엇인지 우선순위대로 2가지만 선택해 주십시오.

　　　　　　　　　1순위 (　　　), 2순위 (　　　　)

① 건강문제　　　　　② 심리·사회적인 고립 및 외로움
③ 경제적인 문제　　　④ 가족들과의 불화
⑤ 여가 및 문화활동 부족　⑥ 일상가사생활의 어려움
⑦ 사회의 편견　　　　⑧ 기타(　　　　　　　　)

2. 어르신에게 필요한 프로그램입니다. 어르신들에게 가장 필요한 순서대로 2가지만 적어 주세요.

　　　　　　　　　1순위 (　　　), 2순위 (　　　　)

① 정서적, 심리적 안정을 위한 상담 프로그램
② 평생교육 프로그램(한글교실, 노인대학 등)
③ 부업 및 일자리 제공을 위한 직업상담 활동
④ 야유회, 온천관광 등 특별활동 프로그램
⑤ 풍물강습, 서예교실 등 여가 및 취미활동 프로그램
⑥ 체력과 근력을 유지하기 위한 체육활동 프로그램
⑦ 무료급식 제공 프로그램
⑧ 가사지원 프로그램(식사, 청소, 세탁, 이·미용 등)
⑨ 외출지원 프로그램(병원, 목욕, 쇼핑, 나들이 등)
⑩ 간병서비스

⑪ 기타(   )

3. 위에서 응답한 프로그램이 거룩한빛광성교회에서 시행된다면 귀하께서는 참여할 의향이 있으십니까?
　　__① 꼭 참여할 것이다　　　__② 참여할 것이다
　　__③ 고려해보겠다
　　__④ 참여하고 싶으나 여건이 안된다(3-1번으로)
　　__⑤ 참여할 의사 없다(3-1번으로)

3-1. 참여하지 않는다면, 그 이유는 무엇입니까? (한 가지만 선택)
　　__① 바쁘고 시간이 없어서
　　__② 참여한다고 달라질 게 없으므로
　　__③ 적절한 프로그램이 없어서
　　__④ 참여하고 싶지만 방법을 몰라서
　　__⑤ 경제적인 문제 때문에
　　__⑥ 교회에서 실시하는 프로그램이라서
　　__⑦ 교통이 불편해서　__⑧ 기타 이유(　　　　　　)

♣ 귀하가 장애인이거나 장애인과 함께 사는 가족이면 응답해주십시오.

1. 장애인의 생활에서 장애인 본인이나 가족이 어렵다고 생각되는 문제는 무엇인지 우선순위대로 2가지만 선택해 주십시오.

   　　　　　　　　　　1순위 (　　　), 2순위 (　　　　)

   ① 저소득으로 인한 경제적인 문제
   ② 실직, 퇴직에 대한 문제나 취업의 어려움
   ③ 장애가족의 재활 및 치료에 대한 의료적인 어려움
   ④ 장애자녀의 양육 및 교육 등 자녀교육문제
   ⑤ 장애가족, 거동불편 노인 등 부양가족 돌봄의 어려움
   ⑥ 삶의 의욕상실, 사회적 차별 등 심리 · 사회적 소외감
   ⑦ 가족 간의 불화(대화단절, 비장애가족의 심리적 문제, 부부싸움 등)의 문제
   ⑧ 청소, 설거지, 빨래 등 일상가사생활의 어려움
   ⑨ 여가나 취미, 문화활동의 부족으로 인한 문제
   ⑩ 특별한 어려움 없다
   ⑪ 기타(구체적으로 :　　　　　　　　)

2. 지역사회 장애인을 위한 프로그램입니다. 가장 필요하다고 생각되는 문항을 우선순위대로 2가지만 골라주세요.

   　　　　　　　　　　1순위 (　　　), 2순위 (　　　　)

   ① 가족 · 생활문제에 대한 상담
   ② 생활자립을 위한 취업훈련 및 취업알선프로그램

③ 사회적응 프로그램(일상생활적응 프로그램)

④ 가사지원 프로그램(식사, 청소, 세탁, 이·미용 등)

⑤ 외출지원 프로그램(병원, 목욕, 쇼핑, 나들이 등)

⑥ 재활 및 치료프로그램(조기특수교실, 물리치료 등)

⑦ 보호장구 지원

⑧ 여가·휴식공간 및 재활정보 제공

⑨ 기타(구체적으로 :   )

3. 위에서 응답한 프로그램이 거룩한빛광성교회에서 시행된다면 귀하께서는 참여할 의향이 있으십니까?
  __① 꼭 참여할 것이다   __② 참여할 것이다
  __③ 고려해보겠다
  __④ 참여하고 싶으나 여건이 안 된다(3-1번으로)
  __⑤ 참여할 의사 없다(3-1번으로)

3-1. 참여하지 않는다면, 그 이유는 무엇입니까? (한 가지만 선택)
  __① 바쁘고 시간이 없어서
  __② 참여한다고 달라질 게 없으므로
  __③ 적절한 프로그램이 없어서
  __④ 참여하고 싶지만 방법을 몰라서
  __⑤ 경제적인 문제 때문에
  __⑥ 교회에서 실시하는 프로그램이라서
  __⑦ 교통이 불편해서 __⑧ 기타 이유(   )